21世纪经济管理新形态教材·金融学系列

金融服务营销

宋彤 ◎ 主编

U0368178

清华大学出版社
北京

内 容 简 介

本书内容力求紧扣时代脉搏，呼应金融服务日益全球化、信息化的趋势，以及新技术对金融服务营销产生的冲击性影响，以大量鲜活的实证案例，从战略性视角探讨金融服务营销的一系列关键主题，包括金融服务的环境与消费者特征、金融服务的市场细分和目标市场、金融服务的品牌创建和维护、金融服务的定价与价值创造等，帮助读者理解金融服务的价值创造，具有理论价值和实践意义。

本书模块化设计提供了理论框架，大量实战案例可为项目报告等提供背景资料，与现有的实训教程相比，具有较强的针对性。本书吸收借鉴近年来国内外金融服务营销学科和相关研究领域的最新研究成果，具有一定的前瞻性，对研究生而言，教材中金融服务能力训练部分颇具指导意义。

本书既可作为高等院校经济类本科生、研究生的教材，又可作为金融从业者参考读物，也可作为金融机构培训、考试参考书。

本书封面贴有清华大学出版社防伪标签，无标签者不得销售。

版权所有，侵权必究。 举报：010-62782989，beiqinquan@tup.tsinghua.edu.cn。

图书在版编目（CIP）数据

金融服务营销 / 宋彤主编. —北京：清华大学出版社，2022.11（2025.1 重印）
21 世纪经济管理新形态教材.金融学系列
ISBN 978-7-302-62036-5

Ⅰ.①金… Ⅱ.①宋… Ⅲ.①金融市场－市场营销学－高等学校－教材 Ⅳ.①F830.9

中国版本图书馆 CIP 数据核字(2022)第 191965 号

责任编辑：胡　月
封面设计：汉风唐韵
责任校对：王荣静
责任印制：沈　露

出版发行：清华大学出版社
　　　　　网　　　址：https://www.tup.com.cn, https://www.wqxuetang.com
　　　　　地　　　址：北京清华大学学研大厦 A 座　　　邮　　编：100084
　　　　　社 总 机：010-83470000　　　　　邮　　购：010-62786544
　　　　　投稿与读者服务：010-62776969，c-service@tup.tsinghua.edu.cn
　　　　　质量反馈：010-62772015，zhiliang@tup.tsinghua.edu.cn
印 装 者：三河市龙大印装有限公司
经　　销：全国新华书店
开　　本：185mm×260mm　　　印　　张：16.25　　　字　　数：419 千字
版　　次：2022 年 12 月第 1 版　　　印　　次：2025 年 1 月第 2 次印刷
定　　价：55.00 元

产品编号：093743 -01

前　言

在以信息革命和全球化为特征的知识经济、服务经济时代，金融改革和发展业已进入崭新的历史阶段。一方面，金融作为重要的宏观调控工具，在经济发展和政策传导中发挥着至关重要的作用；另一方面，发展带来经济总量增加，社会和个人财富的绝对量呈上升趋势，人们更加关注财富的管理和增值。对于金融的研究，除了关注与经济的宏观走向相关的领域外，聚焦如何满足机构和个人作为金融消费者的需求，其责任也日益重大。

一、教材编写和出版恰逢其时

运用金融理论，采用恰当的金融工具，以专业的服务为消费者提供更好的金融服务和产品；通过专业的运作和服务为客户量身制定解决方案，使金融真正成为社会优质"消费品"，对于经济社会发展、提高金融行业社会认同等，都具非常重要的作用。

伴随服务创新的推进，金融体系中，以营利为目的的金融企业发生颠覆性的变革，它们关注市场和消费者的视角发生了重大的变化。与此同时，金融体系中的非营利性组织也日益认识到，获得支持和达到目标同样离不开营销。

现代营销理论与实践的发展、碰撞与新生令人目不暇接。尤其是近年来，伴随互联物联技术的突破、信息科技的飞速发展，金融服务环境、管理体制和服务方式等发生了重大变化，金融服务营销从未像今天这样充满创新和变数。时代呼唤专业化的金融服务营销，《金融服务营销》正是基于这样的迫切需求完成的。

二、教材力求适应社会需求

如果说金融服务的本质是创造客户价值，那么金融活动，包括生产与管理、发展与研究等都是围绕这一使命展开的，即客户价值是金融活动的出发点和结果。在为金融消费者创造价值的过程中，研发、生产和管理等一系列活动都是为提供满足客户需求的服务和产品。

从客户的金融需求角度出发，在金融领域，需求是人们使自己从不满意到满意的渴求和愿望，是人们对满足的感受。当人们觉得不满足时，需求就产生了。不满可能源于物质的短缺，也可能由于精神的失落。

在工业革命为人类带来基本需求的极大满足后，创造新的需求以及使新需求为大众所接受，成为推动社会经济进一步发展的关键。作为竞争性生产型服务业，金融这个领域在创造新的需求方面功能独特、大有可为，金融专业毕业生具有广阔的就业前景。

三、内容紧扣金融服务的核心价值

金融服务的本质是提供和创造客户价值。加强对金融服务营销价值的认知，是进一步加深对金融本质认识的重要环节和步骤。认知金融服务营销价值，可从价值识别、价值创造、价值传递、价值保障四个方面进行。通过市场调研和环境分析，市场细分、目标市场选择和市场定位等探索消费者未被满足或未被完全满足的需求，从而明确金融服务营销的价值起点。

由于资源有限，需求无限，即使"大到不能倒"的金融机构也不可能帮助全球所有的客户创造一切价值。无论大机构还是小机构，能做到将消费者的需求与金融机构产品有效对接，满足消费者需求，都可以创造客户价值。

金融机构的营利冲动常常使机构出现短视惯性，对长期战略重视不足。金融机构如果仅仅重视追逐短期盈利和股东回报最大化，忽视社会责任，甚至不惜对社会、消费者等造成非正面影响，会进一步加剧对金融服务道德规范的要求。本教材重视基于社会理性的金融服务营销理论，更有效地贴合市场环境变化，力争最大限度实现社会理性和公平。

金融产品是宏观调控的工具，也是满足客户需求的实质性手段。在经历了洞悉市场机会、连接客户、策略推进后，消费者需求得到创造与传递。深刻认识到消费者需求的存在，明确满足需求的条件和渠道，目标客户的需求亟待实现。此时，金融机构需要做好质量控制和客户管理，帮助目标顾客实现需求。组织与控制承接金融服务营销前后期活动，是需求满足、价值创造和传递是否成功的试金石。

金融服务营销执行，由于市场环境的多变性可能存在偏差，因此，金融机构还须建立一套有效的评估控制机制，及时发现、分析营销执行中的问题，通过控制纠偏来确保企业战略的实现。从金融产品（服务）的供应商到金融产品（服务）的消费者，从价值识别到价值保障，形成闭环，不断循环往复，从而推动金融服务的价值创造生生不息，永不间断。

四、注重结构体系的科学性和教学便利性

第一，结构体系设计符合认知学习规律。本教材在构建框架体系时，参照教育部高教司"市场营销学教学基本要求"进行内容框架优化。按照经典营销理论框架的内在顺序，依次阐述"营销分析""目标营销""营销组合"（简称"ASTP/4Ps"），并把全书分为理论篇和实战篇，注重营销理论对当下中国金融现实的呼应。

理论篇十章内容分为有机的四个部分：价值识别、价值创造、价值传递、价值保障，从金融服务全程动态监控的角度，阐述金融服务营销的核心内容。理论篇各章前都增加了知识目标、能力目标、重要知识点，并用导入案例或问题引入，每章后有本章小结、重要术语和概念，并专设自我认知和专业认知实训练习，便于读者使用。

实战篇十个实战案例选取自学习者实践、金融机构实战优秀典型案例，案例后设置"角色模拟""案例思考""思维启蒙"等环节，供学习者实训及金融机构培训使用，格式规范，内容丰富，形式灵活多样。

第二，与学校专业培养目标相适应。为便于读者学习、应用，编写者按照"基本概念清楚、原理阐释简洁有层次、方法和策略完整实用、兼收并蓄国内外前沿理念和最新战略策略"的质量要求，在内容安排上，本着理论和实务并重、前沿和基础兼顾的原则，既有对金融服务营销基本原理的理论阐述，又有具体可行的实际办法介绍。

采用实际案例清晰阐述金融服务业的关键专业技能和方法，紧扣行业特点，展示了金融服务战略及策略各类活动，案例内容涵盖较广，内容鲜活，为提升学生金融专业能力和实践能力奠定基础。上述这些努力，形成了本书的品位和特色。

五、再版力求体现时代特点

教材通过总结在相当长时间内、经实践证明有效的科学知识和技能，也将在一段时间内保持稳定性。2017年本书初版面世，读者反响颇佳，曾获北京高校"优质本科教材课件"（2021年度）奖项。

此次再版时，一是按照课程思政的要求，整体设计思政元素融入方式和预期效果，打造金融服务营销思政特色教材，在体例上新增二维码栏目，方便读者阅读；二是采用国际先进的金融服务营销原理，总结吸收我国金融服务营销实战经验，具有鲜明的时代感和现实意义；三是全面更新案例，清晰阐述金融服务业的关键专业技能和方法，紧扣行业特点，展示了金融服务、服务战略各类活动。案例涵盖较广，内容鲜活，为提升学习者金融专业能力和实践能力奠定基础。

除了以上修订，为更好地服务金融服务营销教学，按照清华大学出版社要求，进一步积极开发补充性、拓展性教辅资源，也为建设金融服务营销学 SPOC 网络课程教学资源作出有益的尝试。本次出版的教学资源包括：（1）教学大纲；（2）课程思政指南；（3）教学指南；（4）可修改补充的教学课件；（5）题库。这些资源不仅有利于学生学习掌握金融服务营销的基本理论、方法和策略，也利于教师更有效地实现教学计划。

在本教材的撰写过程中，得到了产教协同育人合作单位工商银行、平安银行、光大银行、浦发银行、邮政储蓄银行、北京银行、民生银行、华西证券、招商证券、中信证券、北京国际信托、格上理财等大力支持，提供相关经典案例，在此衷心感谢！

中国人民银行总行、香港金管局、中国银行业协会、中国金融出版社、中国保险学会、哈佛大学、中央财经大学、中欧国际工商学院等相关学者提供了宝贵建议，在此表示最恳切的谢意！

本教材还借鉴参考了国内外理论界诸多前辈和同仁的研究成果和有价值的观点，参阅引用了大量著作、教材及论文等学术成果，由于体例及篇幅限制原因，未能一一列出，在此，一并对学界师友和先行者致以最诚挚的感谢！

再版时，本教材线上教学辅助资源的建设得到北京城市学院在校生吴佳怡、洪晓轩、霍一、梁振业、任佳祎、郭嘉雯的帮助和支持，他们还积极汇集读者建议反馈给编写组，在此一并致谢。

在国内的管理教育界，金融服务营销处于金融学和营销学的交叉领域，研究还处在起步阶段，科学完整的教学体系仍在建设中。

路漫漫其修远兮，虽力未能逮，窃不敢荒疏，本书编写组期望通过持续努力为金融服务水平的不断提升贡献绵薄之力。

宋彤

2022 年 8 月

目　录

第二篇 价值识别篇

第三篇　价值创造篇

第四篇　价值传递篇

第五篇　价值保障篇

实　践　篇

1

第一篇

导论篇

第一章
金融服务营销导论

【本章提要】

本章阐述了服务、金融服务基本概念，对研究服务营销及金融服务营销的意义进行了概述，并从金融服务，尤其是中国金融服务的发展历程说明对于金融这一特殊服务行业，用营销理论指导金融服务营销发展的重要性。同时，本章阐述了金融服务营销研究范围、研究方法、学科基础和理论体系。

【知识目标】

1. 掌握服务、金融服务基本定义、特征和分类。
2. 了解服务营销对现代人类生活的意义。
3. 了解金融服务营销特征和发展历程。
4. 了解金融服务营销的研究范围、方法、学科基础等。

【能力目标】

1. 初步掌握金融服务营销理念在实践中的表现。
2. 能鉴别不同服务营销实践。
3. 能够运用金融服务营销理念分析金融机构经营行为。

【课程思政案例讨论】

扫描此码　　　阅读文章

模块一　理论分析

 导入案例

王亮是大学三年级学生，尝试着在学校里创业实践，开起了一家校园小超市。由于超市位置偏僻，同学们来光顾的次数比较少，超市一直不温不火的，王亮总想着有些突破。

结合超市的情况，营销社团为超市制定了两条策略：第一，本店为爱心社团免费提供活动空间；第二，本店免费提供快递包裹代收代寄服务。就这么一个看起来笨笨的策略，经过王亮一个月的执行，超市客流量增加了 20% 还多呢！

资料来源：本书撰写组根据高校社团实践编写。

讨论：

对于王亮的超市客流量增加，你怎么看？你还有什么方法可以帮助王亮的超市人气更旺？

第一节　服务与金融服务

一、服务的概念

服务是一方能够向另一方提供的各种无形或有形的活动，其结果不导致所有权的变更。服务可能与某种有形产品联系在一起，也可能没有任何联系。

早在 20 世纪 50—60 年代，市场营销学界就开始对服务概念进行研究，具有代表性的定义有以下几种：

1960 年美国市场营销学会（AMA）的定义为：服务是"用于出售或者是同产品连在一起进行出售的活动、利益或满足感"。

1963 年，著名学者雷根的定义是：服务是"直接提供满足（交通、房租）或者与有形商品或其他服务（信用卡）一起提供满足的不可感知活动"。

1990 年北欧学者格隆鲁斯的定义为：服务是指"或多或少具有无形特征的一种或一系列活动，通常（但并非一定）发生在顾客同服务的提供者及其有形的资源、商品或系统相互作用的过程中，以便解决消费者的有关问题"。

英国学者 A. 佩恩在分析了各国营销组织和学者对服务的界定之后，把服务界定为：服务是"一种涉及某些无形性因素的活动，它包括与顾客或他们拥有财产的相互活动，它不会造成所有权的更换。条件可能发生变化，服务产出可能或不可能与物质产品紧密相连"。

当代最著名的市场营销学专家菲利普·科特勒对服务的定义：服务是"交换的一方能够向另一方提供的任何一项活动或利益，它本质上是无形的，并且不涉及所有权转移。它的生产可能与某种有形产品相关，也可能毫无联系"。

从上述定义中，我们至少可以获得以下信息：

（1）服务是用来交换的产品。

（2）服务可以是一种独立的产品，也可以是一种与有形实物相关联的产品。

（3）服务的本质是无形的。

（4）在服务交换过程中不存在所有权转移的问题。

综上所述，本书将服务定义为：服务是具有无形特征，可以给人带来利益或满足感的，可供有偿转让的一种或一系列活动。

二、服务的重要性

服务作为一个"独立"产品，不是从售后才开始的，它贯穿于企业生产的所有环节：市场调查、产品设计、声场、广告宣传、销售、渠道管理、售后服务等。产品购买只是其中的一个环节。

服务会给产品增加价值。产品在经过每一个环节都会接受相关服务而被赋予新的价值，这种价值的高低取决于它是否真正地满足了消费者的利益。在实际购买过程中，有些服务是消费者能够直接感受到的，如产品介绍、使用说明、保修服务等，有些服务是消费者不能直接感受到的，如需求调研、产品设计、产品生产、销售管理等，它们都内化在产品的营销过程中，并通过产品的价格及其他要素来体现。

因此，企业仅关注产品销售是远远不够的，还必须注重消费者在消费过程中的全部感受与满意程度。

服务在为消费者创造价值的同时，也在为企业创造利润。

> **经典案例 1-1**
>
> 小周是一家韩国化妆品企业负责为消费者提供试用等服务的一名客户服务人员，他有时会说起拜访客户时的苦恼。
>
> 他最担心拜访新客户，特别是初次拜访，新客户往往避而不见或者是在面谈几分钟后表现出不耐烦的情绪。
>
> 想一想：拜访人小周为消费者带去化妆品试用的服务，理应受到消费者欢迎，可是小周为什么会感到苦恼呢？拜访客户、提供试用服务能为产品增加价值吗？

在全球范围内，各国服务业的快速增长已是不争的事实。随着人均国民收入的增长，全球经济正迅速转型为以服务业为主导的经济。在全球经济中，服务业创造的价值几乎占到国内生产总值（GDP）的 2/3。在发达经济体中，那些与高科技相关或有相应劳动者素质的服务业被界定为知识型服务业，事实已经证明，知识型服务已成为一国经济中最具活力的产业。

三、服务的营销学分类

服务触及人类生活的每一个细节。实际上，从产品生产到产品消费过程中的所有环节都存在各种各样的服务项目。不同行业对服务的分类采取的标准并不相同，在此，可做如下简单归纳：

（1）按时间标准，一般分为售前服务、售中服务和售后服务。例如，空调售前广告介绍、售中产品测试和售后产品安装等。

（2）按服务于所需设备条件的标准，可分为以人为基础的服务和以设备为基础的服务。例如，法律咨询属于以人为基础的服务，健身房主要提供以设备为基础的服务。

（3）按服务是否营利和是否私有的标准，可分为私有营利服务、私有非营利服务、公有营利服务、公有非营利服务。例如，114电话查询属于公有非营利服务，美容服务则属于私有营利服务。

国际标准化组织制定的ISO 9000质量管理体系对服务业的分类按表1-1序列展开。

表1-1 具有代表性的服务业一览表

1. 公用事业	5. 工商服务、专业性和科学性服务
煤气公司	广告
电力	顾问咨询
供水	营销研究
2. 运输与通信	会计
铁路	法务
乘客陆运	医药和牙医
货品陆运	教育服务
海运	研究服务
空运	6. 娱乐与休闲业
邮政	电影和剧院
电信	运动和娱乐
3. 分销业	旅馆、汽车旅馆、餐厅、咖啡厅
批发	公用场地和俱乐部
零售	伙食包办费
4. 保险、银行和金融	7. 杂项服务
保险业	修理服务
银行业	理发
融资业	私人家庭
担保服务	洗熨业
产权服务	干洗店

资料来源：国际标准化组织ISO 9000

阅读扩展

如图1-1所示，要把有形商品与无形服务严格区分开是十分困难的，每一个行业产品都渗透着服务，它们的区别只是在于所包含的服务成分的多少。

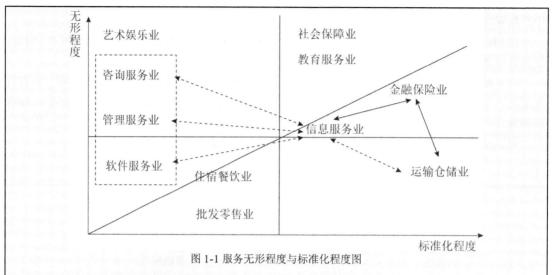

图 1-1 服务无形程度与标准化程度图

与此同时，不同行业服务要求的标准化程度也各有不同，有的行业要求整齐划一，全球通用；有的行业要求百花齐放。

产品与服务的多样性和标准化特点，帮助我们进一步拓展对服务的认识。

四、金融服务概述

金融是货币流通和信用活动，以及与之相联系的经济活动的总称，广义的金融泛指一切与信用货币的发行、保管、兑换、结算、融通有关的经济活动；狭义的金融专指信用货币的融通。

近年来，金融机构的类型呈现出多样化的趋势。各种金融机构根据自身的核心优势，从实现规模经济的内在要求确定业务范围，并根据交易成本的约束选择内部分工与外部分工的模式。与传统金融业的分业经营格局下的金融体系相比，未来银行、证券、保险、信托等支柱体系严格区分的局面已有所改变。

金融服务是指金融机构运用货币交易手段融通有价物品，向金融活动参与者和客户提供的共同受益、获得满足的活动。按照世界贸易组织的文件内容，金融服务的提供者除银行、保险公司外，还包括各类信托机构、证券公司等，从本质上看，金融机构提供的产品就是服务。

一般情况下，金融机构主要提供以下几类服务：

（1）存、取现金。

（2）资金安全性服务，如保管箱、中远期结算汇等安全的货币存取业务。

（3）货币转移服务，如结算、支付、薪水代发等业务。

（4）授信、延期支付服务，如贷款、承兑、担保等业务。

（5）金融顾问、代客理财服务。

（6）投资、证券、保险业务。

（7）其他与资金相关的服务及衍生服务。

时至今日，金融服务已经发展成为服务行业中非常重要的组成部分。随着科技的不断发展，有理由相信金融服务的方式和种类会不断创新发展，成为人们生活中密不可分的部分。

■ 五、金融服务的特点

金融企业提供服务与工商业等企业提供的产品相比，有其自身的特点，这与金融服务本质有关。金融服务是围绕资金展开的，与货币有直接或间接的关系，而货币具有同质性，金融服务也体现出无形性、不可分割性、易模仿性等特点。

（一）无形性

金融服务是一系列活动，而非一个物理形态的物品，所以客户在购买金融服务前，很难清楚地感知服务的内涵。

即使金融企业多次强调金融服务的概念和功能，客户形成的认识也多为感性认识，而非理性认识。所以西方学者认为商品是"一个物体、一台设备、一个东西"，而服务是"一种行为、一种性能、一种努力"。

金融服务无法触摸，所以它有不可感知的特点，这就使金融营销存在难度。如果客户无法对金融服务进行理性的理解，就会面临金融购买决策的困难和障碍。

（二）不可分离性

金融企业提供的服务无法储存并下次使用，因为金融服务的生产和消费是同时进行的，金融消费者在服务过程中是合作生产者，金融企业客户的需求、行为会实时影响服务的生产，这就构成了服务过程的一部分。

（三）易模仿性

金融服务一般不存在专利保护的情况，一家金融企业推出一种服务，同行很容易模仿。如果这种金融服务受到欢迎，很容易形成各家金融机构纷纷跟风的情况。

究其原因，是因为金融产品一般没有物理形态，缺乏技术秘密，几乎所有的金融服务表现出来的都是一种制度安排和流程。金融服务的核心价值在于满足客户的某种金融需求，当一种金融服务被客户理解、接受后，就相当于将服务的内容公之于众，在竞争对手面前也就没有专利秘密可言了。

第二节　金融服务营销

■ 一、金融服务营销的概念

金融服务营销目前没有统一定义，我们可以将其概括为：金融企业通过创造、出售，并与消费者及金融活动参与方自由交换产品和服务，以获得各自所需的一种社会管理活动。

金融服务营销不仅适用于消费者及金融活动参与方对于物质金融产品的需求和满足过程，也适用于消费者及金融活动参与方对服务的需求及满足过程。金融服务营销在产品和服务交换过程中，双方都获得满足和价值，而不单是卖方或买方任何一方获得价值。

关于对金融服务营销的理解，以下几个方面值得注意：

（1）金融服务营销是一个有机的整体性活动过程，不等同于一次性推销。

（2）金融服务营销全过程质的规定和核心观念是商品及服务的交换。金融服务营销并不局限于商品和服务交换活动，但一切金融服务营销活动都与商品和服务交换有关，都是为了实现商品和服务交换，并且实现商品和服务价值。

（3）金融服务营销学是一门科学，是金融企业的一种社会经济行为，也是一项复杂的经营管理艺术。

（4）在以信息、网络、知识为经济本质的当前，金融服务营销充满创新与变数，金融服务营销理论与实践的发展、碰撞与新生让人目不暇接。

二、研究金融服务营销的意义

纵观世界各国的发展，服务和创新已成为经济发展的重要主题，服务产业的营销研究也成为传统市场营销的重要分支。金融服务营销，是市场营销学与金融学知识交叉的跨学科理论体系，严格来讲，是市场营销理论及方法在金融业的延伸与运用。

毋庸置疑，金融作为国家的宏观调控工具，在一个国家的经济发展中起到至关重要的作用。而金融作为典型和特殊的服务行业，在经济发展中不仅要为个人消费者以及各行业提供资金支持和服务，还要为整个国民经济发展提供就业机会。而从事资金经营获利导致的风险性、流动性等特点使金融企业具有与一般服务企业不同的特殊性，因此，对于金融这一特殊服务行业营销问题的研究，在日益发展的经济中备受关注。

（一）营销研究是金融服务营销管理中必不可少的重要环节

营销研究可以为营销决策提供依据，同时对营销管理计划执行中的问题和规律进行很好的总结，并促使营销改进。金融服务营销的研究主要包括以下几个方面：

（1）顾客群体的行为变化研究。消费者群体购买行为对于金融服务企业营销策略具有重要意义。

（2）顾客需求与期望特征研究。通过研究金融服务零售市场的顾客需求与期望的特征，使销售人员能够更有效地提供金融产品和服务。

（3）行业购买与分布的研究。主要研究金融服务企业顾客购买行为及市场需求状况，为金融企业营销决策和营销服务提供依据。

（4）创新金融服务或新计划的测试标准研究。主要根据金融服务市场的需求，研究金融服务的创新策略，以及创新金融服务营销计划的测试标准研究。

（5）金融服务营销的有效性研究。金融服务市场资源的合理配置需要进行一系列的营销研究，如广告的研究、金融品牌的营销和价值研究等。这对金融营销具有重要的作用。

（二）金融营销研究有助于解决金融企业面临的服务和市场问题

金融机构每天需要面对客户，这意味着金融企业必须提供一定质量的服务使顾客满意。保持高标准的服务意味着需要花费较高的成本，相反，低标准的服务则会导致失去顾客。那么，金融机构怎样才能知道应保持何种水准的服务呢？这就需要依靠有关金融服务的市场研究。通过营销研究，收集分析更多与市场相关的信息，利用这些信息，制定和实施更多、更好的营销计划，提高相应的服务标准，提高顾客满意度。

金融服务营销的功能在很多领域得到了成功运用，如市场细分、顾客行为和金融服务选择标准、顾客的忠诚度、服务质量、分支机构及渠道、产品研究、技术调查、金融服务成功的关键因素贡献度等。

三、市场营销和金融服务营销理论的发展阶段

市场营销学脱胎于经济学，吸收了管理学、行为科学、心理学和社会学等学科的相关理论，逐步发展。推动市场营销发展的主因是由生产力的发展带来的供需关系的变化。为适应这种供需关系的变化，市场营销也在不断改变基本观念及内容。据此，市场营销观念的发展大体上可分为生产观、产品观、推销观、顾客观和社会观五个阶段。

（1）生产观。生产观的基本观点是定价合理的产品无须努力推销即可售出，在企业经营管理中的具体体现是"能生产什么，就卖什么"，形成的经济基础是供小于求。生产观也适应于市场相对过剩的情况，即在本质上市场是供小于求，但表现上却经常是供大于求，主要原因是顾客购买力不足而造成的生产相对过剩，即价格超过人们的购买力。在这种情况下，提高购买力的途径要么是增加收入，要么是降低价格。企业更多是通过降低价格来提高购买力，企业经营的重点自然落在生产管理上，强调提高产品质量，降低单位产品成本。在生产观时期，相对于生产、采购、财务等职能，市场和销售居于次要地位，市场营销理念尚在孕育之中。

（2）产品观。"酒香不怕巷子深"是对产品观的一种经典描述。产品观的基本观点是顾客会欢迎质量最优、功能最多的产品，并愿意付更多的钱。这种观念产生的经济基础是市场上产品总体处于供求平衡，顾客开始有了一定的挑选余地，并且开始对产品质量、功能提出了超出基本配置的更高要求。不久，这种高质量、多功能的产品观就被证明存在重大问题，容易引发"营销近视症"。一方面，企业总是相信自己的研发人员和工程师等，很少关注顾客的需求；另一方面，因对替代产品视而不见，企业常常错失发展良机，深陷被市场淘汰的困境。

（3）推销观。推销观也称销售观，认为顾客通常表现出一种购买惰性或抗衡心理，如果听其自然的话，顾客一般不会足量购买某一品牌，因此，企业必须通过主动推销和积极促销来刺激他们的大量购买。企业的工作重心转向销售，开始重视广告术及推销技巧。推销观形成的经济基础，是生产力的进一步发展使得许多产品开始由相对过剩向绝对过剩过渡。

（4）顾客观。顾客观的基本观点是企业必须以顾客为中心，一切工作服务于满足顾客的需求，从而达到顾客满意，即"顾客需要什么，企业就生产经营什么"。顾客观产生的经济基础是供过于求，在卖方市场条件下，企业不得不首先了解市场需求什么，据此制定有效的营销计划，生产出比竞争对手更能满足顾客需求的产品与服务，在满足需求的同时获取利润。

（5）社会观。社会观的产生源于顾客观表面上看似以顾客为中心，但在现实中企业并未考虑顾客需求的合理性，使消费者的需求、利益与长期的社会福利之间存在冲突。企业开始反思其传统的营销活动，意识到企业营销应承担一定的社会责任。社会观就是在这种背景下提出的，学术界和企业界都试图在可持续发展的前提下构建新的市场营销体系，在营销活动中考虑社会与道德问题，将企业利润、顾客需求与公共利益统一起来，不仅体现消费者个人当前愿望，更顾及消费者整体的利益，追求人与自然的和谐、社会长远的发展。

金融营销是市场营销理论与方法在金融业的延伸发展和运用。西方各国对于金融营销的研究发端于20世纪50年代，至今大致经历了5个阶段。从最初金融企业认识到营销是广告、销售促进和公共宣传，发展为20世纪60年代的友好服务以赢得顾客忠诚，金融业间的竞争使营销在20世纪70年代升级为市场细分和创新。到了20世纪80年代，随着顾客的金融需求日益多样化，金融业发现不可能满足所有顾客的需求，需要以差异化定位确定自身的竞争优势，便于顾客选择适合自己的服务。

如今，欧美国家的金融营销已进入"营销计划、控制"时代，金融企业在开展广告、促销、满意服务、创新和定位后，认识到要使经营业务保持优势地位，获得持久的良好业绩，必须加强对金融营销环境的调研和分析，制定本企业的战略目标和经营策略，制定长期和短期的营销计划。换言之，是通过分析、计划、实施和控制，谋求实现和保持金融企业与目标客户之间互利的交换，达到本企业的目标。

纵观西方发达国家金融服务营销的发展历程，我们看到它经历了一个由营销技巧上升到营销策略，再到营销观念转变的过程。人们对于金融服务营销的认识是伴随着经济环境的变化、竞争的加剧不断深化的。

四、我国金融服务营销的发展历程

我国对于金融服务的认识也随着经济的发展而逐步深入，认识这一点对于我们学习金融服务营销，开展金融服务营销，有着特别的意义。

经济发展决定金融发展。新中国成立初期若干年的计划经济体制下，金融行业本身竞争并不激烈。改革开放后，我国选择了社会主义市场经济道路，金融行业与市场接轨，金融行业更加尊重消费者选择。市场需求决定产品供给，对于金融市场而言，消费者对于金融服务产品的需求及其相对应的市场发展速度决定金融服务的创新发展。

从1978年改革开放至今，经济体系无论从制度完善程度还是竞争实力都有了飞跃性发展，并正继续朝着健康、稳定的方向前进，在这个发展过程中，金融服务作用日益明显。由于银行业资产在金融行业中的占比高，我国金融改革以国有商业银行为主脉络，因此，结合我国经济改革，对于金融服务营销的发展历程分析也围绕国有商业银行改革的进程为主线展开。

（1）第一阶段：1978—1992年。中国经济运行体制市场化改革的探索阶段，与经济改革相适应，多年来计划经济主导下的中国金融体制开始重大变革。

1984年以前，我国实行的是"大一统"的银行体制。1984年，在中国改革开放的大背景下，从中国人民银行中分设出中国工商银行，加上专营外汇业务的中国银行和原行使财政职能的中国人民建设银行，以及1979年恢复的中国农业银行，这四家银行成为国家专业银行，中国人民银行则专门行使中央银行职能。自此，中国形成了各司其职的二元银行体制。

在此阶段，银行在我国金融体系中占据绝对主导地位，银行业务中，对公业务占比高，个人业务无论从业务量还是产品品种所占份额都很低。资本市场开始发育，随着经济的发展，个人收入有所增加，个人投资意愿崭露头角。保险业开始恢复和发展。

（2）第二阶段：1992—2000 年。市场经济体制运行，市场化初步建立，消费者对金融服务产品有了初步选择余地。

1992 年 10 月，党的十四大报告中明确了中国经济体制改革的目标，即建立社会主义市场经济体制。1994 年，国家成立了三家政策性银行，实现了政策性金融与商业性金融的分离；1995 年，颁布实施了《中华人民共和国商业银行法》，明确国有商业银行是"自主经营、自担风险、自负盈亏、自我约束"的市场主体。至此，四家专业银行从法律上定位为商业银行。

1997 年，亚洲金融危机爆发，同年 11 月中央召开了第一次全国金融工作会议，随后陆续出台了一系列国有商业银行改革措施，主要包括：中央财政定向发行 2700 亿元特别国债，专门用于补充四家银行资本金；将 13939 亿元不良资产剥离给新成立的四家资产管理公司；取消贷款规模控制，实行资产负债比例管理；强化法人管理、绩效考核等。

这一阶段，先进理念和方法开始引入，经营绩效和风险内控机制逐步建立，外部行政干预明显弱化。但就总体而言，这一阶段的改革主要在于梳理内外部关系、引进先进管理技术、处置不良资产等层面上进行，尚未触及体制等深层次问题。

股票、债券和基金的交易开始逐渐出台一系列规定，进一步规范市场，稳定了投资者。保险业开始商业化运作。金融服务在这个阶段被更多关注，消费者开始对金融企业提出服务的需求，此时金融企业尚未树立明确的服务理念，与消费者的要求还不能匹配。

（3）第三阶段：2001 年至今。中国经济运行体制市场化逐步完善，商业银行等股份制改革不断推进。

2001 年 11 月 20 日，世贸组织总干事致函世贸组织成员，宣布中国政府已于 2001 年 11 月 11 日接受《中国加入世贸组织议定书》，成为世贸组织第 143 个成员。2003 年底，党中央、国务院决定，选择中国银行、中国建设银行进行股份制改革试点，并动用 450 亿美元外汇储备注资，希望借此改革原有商业银行体制。

此次改革总体上分为三个步骤。一是财务重组，即在国家政策的扶持下消化历史包袱，改善财务状况。财务重组是国有商业银行股份制改革的前提和基础。二是公司治理改革，即根据现代银行制度的要求，并借鉴国际先进经验对银行的经营管理体制和内部运行机制进行改革。公司治理改革是国有商业银行股份制改革的核心和关键。三是在资本市场上市，即通过在境内外资本市场上市进一步改善股权结构，真正接受市场的监督和检验。资本市场上市是国有商业银行股份制改革的深化和升华。

回顾我国商业银行改革的三个阶段，前两个阶段以治标为主，兼顾治本，并为下一阶段的改革奠定基础；第三个阶段在前两个阶段的基础上，改革以治本为主，标本兼治。所谓治本，就是借鉴国际股份制银行的通行做法，对国有商业银行进行股份制改革。股份制商业银行制度是当今世界各国普遍采用的一种制度模式，也是中国银行业发展过程中的选择。

大型商业银行是我国银行业的主体，在国家经济资源配置和支付系统运转中处于十分重要的地位。国有商业银行股份制改革并上市，被视为国有银行为应对全面向外资开放挑战、增强国际竞争力的果敢之举。

五、金融创新、科技进步给金融行业带来新的变化

先看一系列资本市场标志性时点和事件。1984 年 9 月 26 日，上海飞乐音响公司和延中实业公司两家股票在上海上市交易，这是新中国第一个股票交易日。1990 年至 1991 年，上海交易所和深圳交易所先后正式开业。A 股沪深两市正式诞生，中国资本市场呱呱坠地。1992 年 10 月，国务院证券管理委员会（以下简称国务院证券委）和中国证券监督管理委员会（以下简称中国证监会）成立，标志着中国资本市场开始逐步纳入全国统一监管框架，全国性市场由此形成并初步发展。

经过短短几十年的发展，中国资本市场从无到有，从区域到全国，在充分借鉴国际实践经验、适时总结历史经验教训的过程中，探索出一条科学发展的道路。我国证券市场上，制度创新也有了翻天覆地的变化。资本市场基础制度不断完善，多层次资本市场进一步健康稳定发展，直接融资，尤其是股权融资比重得到提高。在一系列宏观政策指引下，中国股票市场快速发展，已经成为全球第二大股票市场，并发展成由主板（包含中小企业板）、创业板、科创板、全国中小企业股份转让系统（"新三板"）和区域性股权市场组成的多层次市场结构，多层次多元的市场主体对于金融服务营销的需求猛烈增加。

从 1949 年中国人民保险公司与新中国一道诞生开始算起，中国保险业一路走过了 70 余年的砥砺之程，保险业的改革发展几乎是与国家的改革发展进程同步推进。如今的中国保险业，"量"上来说，保费已突破 4 万亿元、总资产已突破 20 万亿元，成为全球第二大保险市场，成绩可谓斐然；从"质"上来说，无论是保险深度、保险密度，还是保险市场的业务结构、市场环境，保险业还有很大的发展空间。与此同时，保险业做出了高水平、宽领域、分阶段的开放承诺，并取得重大进展，保险市场初步形成了以国有商业保险公司为主体、中外保险公司并存、多家保险公司竞争发展的新格局。

社会主义市场经济下，由保险公司、保险中介机构、再保险公司、保险资产管理公司等市场主体组成的统一开放、竞争有序、充满活力的保险市场体系逐步建立。古老的保险业在蓬勃发展的中国显得年轻有活力，保险在中国始终被视为"朝阳行业"，发展潜力巨大，竞争益发激烈。金融服务营销水平关乎保险机构生死存亡的大局，保险企业对提升金融服务营销能力有内在的强烈需求。

当前，我国经济发展面临着改革开放四十余年来从未有过的、挑战和机遇同生并存的大变局，社会财富积累加速。政府、企业、个人消费者不约而同地关注财富的保值增值的运作和规则，信托、基金等行业发展迅猛，竞争加剧。金融服务营销的重要性被全球更多消费者了解和认识。

20 世纪 60 年代后，金融国际化、金融创新、科技进步等成为国际金融业的新趋势，随着互联网等技术的不断发展，科技对金融变革推动作用日趋明显，互联网金融发展迅猛。西方国家的金融企业积极调整经营策略，推进金融创新，并积极研究营销理论在金融业的运用。以大数据、人工智能、区块链等为代表的金融科技已经深刻地改变了金融行业的形态，也成为驱动金融行业发展的新动力，传统金融行业发展方式被打破，新的行业发展思路在重塑。

在全球化的金融市场中，行业发展路径呈现更加多元的特征。一些金融企业致力于为金融消费者提供全方位的服务，一些金融企业聚焦垂直细分领域，对客户进行分类或者分层，深耕客户

经营。无论发达国家还是发展中国家，金融客户都希望得到更优质、更专业的金融服务，都愿意获得金融服务的专门知识。

金融行业生机盎然，服务营销充满活力。金融服务与我们的生活息息相关，金融服务本身非常具有吸引力，因其具有多样性、动态性和复杂性。同时，它又是深不可测的，体现科学性和艺术性的统一。毋庸赘言，金融服务营销发展前景无限。

第三节 金融服务营销的学科基础

经典案例 1-2

最早对营销思想发展做出贡献的四个人

美国人对市场营销学贡献颇丰。美国市场营销学界最早对市场营销思想发展做出贡献的四个人是爱德华（Edward D. Jones）、西蒙（Simon Litman）、乔治（Georege M. Fisk）和詹姆斯（James E. Hagerty）。他们于1902—1905年分别在密歇根大学、加利福尼亚大学、伊利诺伊大学和俄亥俄大学开设了市场营销课程。

爱德华·琼斯1895—1901年在威斯康星大学执教经济学，1902年，到密歇根大学任教，当时的经济学系正在开展一项"向更实用的人类活动扩展学科"的运动，爱德华·琼斯开设一门叫"美国分销管理产业"（the distributive regulative industries of the U.S.）的课程。这门课的内容，包括对商品进行分类、分级、品牌化、批发和零售及其他各种市场营销方法。这是最早的市场营销课程。

西蒙·利特曼原为美国加利福尼亚伯克利分校经济学教授，1903年1月由加利福尼亚大学新成立的经济系主任阿道夫·米勒（Adalph C. Miller）推荐，为该系开设了市场营销课程。这门课程主要讲授：商业和贸易的技巧——对商业组织、机构、商业形式及实践的研究。西蒙·利特曼后来到伊利诺伊大学接替乔治·菲斯克，并进一步发展了这门课程。

想一想：在你印象中，哪些有关金融服务营销的论断对你影响最深？请进行分享。

一、金融服务营销的基本功能

金融服务营销的目的是通过其产品和服务满足消费者的需求。金融企业要发挥金融服务营销的功能，需要克服妨碍满足消费者需求的市场障碍。这些障碍包括：

（1）地理障碍。提供某产品或服务的金融企业和需要该产品和服务的消费者一般在空间上总是存在着一定的距离。

（2）时间障碍。由于受到设计流程、成本、政策规定等方面因素的影响，金融企业生产某产品或提供服务的时间和消费者需要该产品或服务的时间存在差异。

（3）信息障碍。消费者和金融企业之间存在信息不对称。不仅如此，金融产品复杂程度高、专业性强，普通消费者需要投入更多精力加以了解。

（4）价值障碍。金融企业提供的产品与消费者所需要的产品在品种、结构、功能和价格等方面可能存在不一致。

要克服上述市场障碍，金融服务营销须发挥以下功能：

（1）交换功能。交换功能包括购买和销售两个方面。两者共同之处是实现产品所有权的转移。此外，购买的功能还包括购买的内容、对象、数量和时间等；销售的功能还包括寻找市场、销售促进、售后服务等。价格是购买和销售价值的契合点，定价就成为交换功能的必备内容。

（2）渠道功能。渠道功能又称为物流功能，是指为了实现产品在空间位置上的转移，通过存储产品的使用价值（克服时间障碍），调剂产品的供求矛盾。企业必须确定合适的分销渠道模式，选择合适的中间商，正确确定各中间商的责、权、利，使分销渠道成为消除时间障碍和空间障碍、沟通企业与消费者之间联系的桥梁。

（3）便利功能。便利功能是指便利交换、物流的功能，包括资金融通、信息沟通、产品标准化和分级等。借助资金融通和商业信用，可以控制和改变产品的流向和流量，从而给买卖双方带来交易上的方便和利益。金融企业不仅要了解消费者的需求和市场上的竞争情况，还必须使金融企业和消费者之间能实现双向沟通，消除企业与消费者之间的信息障碍。

（4）示向功能。通过对市场的调查、研究、分析，描述出消费需求对产品的预期，以及市场上的供求态势、竞争状况等，从而对金融企业因时、因地制宜地推出适销对路的产品发挥示向作用。

不仅如此，金融服务营销的职能还在不断拓展，如从应用于营利领域向应用于非营利领域拓展等。

二、金融服务营销特征

对于金融服务及产品的属性，不少国内外的专家都提出了相似的见解，较有代表性的观点是亚瑟·梅丹（Arthur Meidan，1996）的观点，他集中列举了金融服务营销的 10 个基本特征：无形性，不可分性，高度个体化的营销系统，缺少专门特性，异质性或产品、服务的广泛范围，地理分散，增长必须与风险相平衡，需求波动性，信托义务，劳动力密集。由于金融服务营销是服务营销的一个分支，而服务营销是脱胎于有形商品的市场营销的，它们之间既有联系，又有区别。要想真正弄清楚金融服务营销的特征，须从与有形商品营销和一般服务营销的关系入手。

与有形商品的市场营销及一般服务营销相比，金融服务营销的特征主要表现为：

（1）不可感性。金融服务与有形商品比较，组成服务的元素许多情况下都是无形无质的，它看不见，摸不着，不采取任何具体的物质形式来展示，而通常采取账簿登记、契约文书等形式。人们购买某项金融产品，并不一定非要持有具体的金融资产，而只需保存代表该资产的某种凭证即可。

（2）品质差异性。金融服务的主体和对象均是人，人是服务的中心，包括提供服务方和接受服务方两个方面，而人又具有个性。服务品质的差异性既由服务者素质的差异所决定，也受顾客本身的个性特色的影响。不同素质的服务人员会产生不同的服务质量效果，同样，同一服务人员为不同素质的顾客服务，也会产生不同的服务质量效果。服务人员、顾客的知识水平、道德修养等基本素质，也直接影响服务质量效果。

同一企业的若干分支机构，如果销售有形产品，相对更易于统一企业形象；如若销售服务则会产生各分店服务质量优劣不等的差异性。由于这种差异性的存在，少数提供劣质服务的分支机构给整个金融企业带来的负面影响，可能影响大多数优质服务的分支机构所形成的良好企业形象而产生的美誉度。

（3）所有权的不可转让性。金融机构所提供的部分服务在交易完成后便消失了，消费者所拥有的对服务消费的权利并未因服务交易的结束而产生，如同有形商品交换那样获得实在的东西，物权从供应者转移到消费者手中。如银行存款，并未发生货币所有权的转移。

（4）营销的实现方式不同。有形货物的市场营销主要是企业对客户的外部营销，有形货物生产企业一线员工通常只担负生产功能，而不担负营销功能，而在金融企业中，一线员工成为营销活动的主体，这些员工的素质直接决定着顾客的满足程度。因此，金融企业在做好企业与顾客的外部营销的同时，必须把一线员工作为内部"顾客"，对一线员工做好内部营销。

与此同时，金融业是服务业的一种，因此服务营销所具有的特征，金融业也同样具有。金融服务营销作为是服务营销的一个分支，它们之间的关系就好像胎儿与母体的关系一样，胎儿既具有与母体相同的基因，又同时具有自己的特征。

（5）相对庞大的营销网络。相对于其他一些种类的服务行业而言，金融服务业的分支机构数量相当庞大，如中国银行，它的分支机构遍及海内外，在中国大陆，从总行到各省的分行，到城市的各大支行，再到支行下辖的营业网点，一级一级呈金字塔式分布。金融机构之所以会有如此庞大的销售网络，一方面是由于在客户看来，同一行业的不同金融机构所提供的服务是同质的，利率、汇率都一样，在哪里办理业务的机会成本基本上都是相同的，他们选择金融机构的标准是基于便利原则；另一方面，顾客对金融服务无论在地理上还是时间上的连续性有更高的要求。银联的出现，证券公司和保险公司的跨地区客户服务、POS 终端销售系统、ATM 自动提款机、自助银行、网上银行的普及，都是为了满足客户对金融服务随时随地的要求。因此，金融服务营销不仅比其他服务行业需要更多的网点支持，而且还需要更广泛的科技应用，以此来构成强大的客户服务系统。

（6）以非价格竞争为主。金融产品的价格受到国家金融当局的严格监管，弹性变化小，不像旅游业、酒店业或美容业等别的服务行业可以根据淡季和旺季抬高或降低价格，利用价格的大幅落差来谋取利润。金融产品的价格是相对稳定的，同行业内同种金融产品在同一时间里价格基本上是无差别的，如银行调高或降低存贷款利率必须遵守一定规范。同时，为了保证保险人的偿付能力，保险监管部门也对保险费率进行统一管理，所以价格竞争在金融服务营销中并不占有重要地位，优质、专业的服务才是最有力的竞争砝码。

（7）营销设计的统一性。在其他种类服务中，总部通常都会赋予分支机构一定的营销决策权，让他们有权决定所属地域范围内的产品设计、服务流程等。如老字号全聚德，一家以北京烤鸭而著称的京味饭馆，为了迎合广东人的口味，在广东的分号里都增加了粤菜的菜谱，但金融业却不能。一项新的金融服务的面世，通常是由总行或分公司全权策划，各分支机构主要是负责如何组织服务人员推广、落实这些新的服务。不同的分支机构无论是服务的种类，还是门面的装修格调，甚至广告的宣传标语都是一致的，整个营销工作具有高度的统一性。

（8）服务营销人才专业性。由于金融产品的复杂性，一般的顾客对其的了解并不是很透彻，这时就需要具备良好的专业知识和良好的口头表达能力的服务者加以讲解阐释，帮助消费者更好地满足需求。此外在设计金融产品时，需要进行精密的计算和周详的考虑（包括经济学、社会学、心理学，甚至医学等因素），因此专业知识丰富、综合素质高的员工是金融服务营销成功的关键。

三、金融服务营销发展前景

20 世纪中后期以来，在全球一体化、金融自由化以及科技发展浪潮推动下，西方发达国家金融机构纷纷调整经营策略，千方百计满足消费者新的金融需求。目前，欧美国家的金融服务营销在经过数十年的发展后，已经取得明显效果。综观西方国家金融业务的发展状况，我们发现如下特点值得重视：

（1）超前的客户需求和消费心理研究。
（2）全方位的服务能力及无处不在的服务方式。
（3）科学的客户分层和精准的市场定位。
（4）完善的客户信息与系统的客户管理机制。
（5）发达的移动互联物联技术与高素质人才队伍保障。

四、金融服务营销学的研究范围和研究方法

（一）研究范围

谢尔比·D.亨特在总结菲利普·科特勒 1972 年研究成果的基础上，于 1976 年提出了"三重二分模式"。该模式认为所有市场营销现象、话题或问题均可以用三个分类二分法来进行划分，具体包括：

（1）营利部门—非营利部门（profit sector - nonprofit sector）。
（2）微观—宏观（micro - macro）。
（3）实证的—规范的（positive - normative）。

如果按照宏观/微观二分法，金融服务营销学可分为宏观金融服务营销和微观金融服务营销学。其中，宏观金融服务营销学是指在社会层面对营销过程、营销活动、营销组织和营销结果的研究；微观金融服务营销学是指在组织、产品或品牌层面对营销过程和活动的研究。

据亨特和博内特（1982）的分类，凡研究营销系统、交换关系网络、社会观运用、营销对社会的影响和社会对营销的影响，属于宏观市场营销学；凡研究个人及营利组织的营销活动、个人及非营利组织的营销活动、具体企业的营销实践和消费者行为，属于微观市场营销学。

宏观市场营销学和微观市场营销学有着不可分离的关系。宏观市场营销是以企业的微观市场营销为基础的，而微观市场营销的正常开展又必须以宏观市场营销为前提和背景；宏观市场营销努力营造的良好的市场环境和健康的市场运行机制能促使微观市场营销活动的有效开展，而微观市场营销活动规范与高效的运行又是促使宏观市场营销效率提升的基

本条件。

由于人们最初是站在企业的角度来认识市场营销的，因此市场营销学的理论基础最早形成于微观市场营销。本教材也将以微观市场营销的讨论为主体，将宏观市场营销作为一种市场环境因素加以展开。

（二）研究方法

1. 传统研究方法

从其理论和实践的成熟过程而言，金融服务营销学的背景研究，即市场营销学研究的角度是在不断发生变化的，大体上有产品研究法、职能研究法、机构研究法和管理研究法几种方法。

（1）产品研究法。20 世纪初，市场营销研究刚刚开始，营销学者主要是通过对各种不同产品在市场交易活动中的特征分析来研究企业的营销行为，如韦尔德最早的市场营销学著作是《农产品的市场营销》（1916）；梅尔文·科普兰在 1923 年提出了著名的产品分类理论，将所有的消费品分为便利品、选购品和特殊品。

（2）职能研究法。从企业营销职能的角度对市场营销学进行研究集中于 20 世纪 30 年代之前，阿切·肖 1912 年在《经济学季刊》中第一次提出了职能研究的思想。当时他将中间商在产品分销中的职能归结为五个方面：风险分担；商品运输；资金筹措；沟通与销售；装配、分类与转载。

（3）机构研究法。同职能研究法不同，机构研究法主要分析执行营销职能的组织及其相互之间的关系。早期的机构研究主要集中于中间商和分销渠道的组织与效率。韦尔德在《农产品的市场营销》中指出，"要执行营销职能，问题是要发现最经济的职能组合"，他针对一些人对中间商的偏见，指出"用第一手资料不偏不倚地研究营销系统，将发现总体上已发展的营销系统是胜任的，且不极端臃肿和浪费的，已发展的组织形式有恰当的实际原因"。

（4）管理研究法。从 20 世纪 50 年代开始，随着国际市场竞争的日益激烈，从企业整体角度进行营销的战略决策变得格外重要。企业要获得营销的成功，决不能仅依赖于在某一具体部门或个别行为上的努力，而更取决于企业各种营销资源的有效组合和相互支撑，于是市场营销的研究也就自然而然地进入了以管理为导向的阶段。

2. 现代研究方法

（1）概念模型描述。营销概念模型是对现实世界中营销活动的一般抽象的描述。

（2）计量模型描述。营销计量模型是描述营销现象及其主要因素之间数量关系的方程式。

（3）实证研究方法。以调研、统计分析以及实验分析的方法检验并发展理论（营销实验学派）。

（4）应用研究方法。以案例、对策研究的方法，进行营销理论的实践分析及对策研究（营销应用学派）。

五、金融服务营销学的学科基础和理论体系

"市场营销学这门学科源于何处呢？显然，营销学的父亲是经济学，母亲是行为科学；数学乃营销学的祖父，哲学乃营销学的祖母。如此源远流长，我们完全可以期待未来会衍生出更为强

健的新一代的营销学。"菲利普·科特勒（1987）在纪念美国市场营销学会成立 50 周年大会上的发言，较好地描述了营销学的学科基础，对理解金融服务营销学科基础有一定的帮助。

（一）金融服务营销学的学科基础

（1）经济学基础。萨缪尔森认为："经济学研究人和社会如何做出最终抉择，在使用或不使用货币的情况下，来使用可以有其他用途的稀缺的生产性资源来在现在或将来生产各种商品，并把商品分配给社会的各个成员或集团以供消费之用。它分析改善资源配置形式所需的代价和可能得到的利益。"

市场营销理论起源于经济学，但其更注重市场交换的过程研究。按照晁钢令的观点，市场营销学有其明确的理论内核，但不是"交换"，而是"交换障碍的克服"。交换中存在的主要障碍包括客观障碍和主观障碍两类。客观障碍包括顾客需求障碍、时间空间障碍、交换心理障碍、竞争干扰障碍；主观障碍主要有分销渠道障碍、信息沟通障碍、内部行为障碍、政策法规障碍等。如何通过客服市场交换障碍，顺利实现市场交换，进而达到实现企业和社会经济效益之目的，是市场营销学研究的核心内容。交换不仅是一种现象，更是一种过程。

（2）金融学及投资学基础。金融服务营销在目前的阶段，涉及金融学最核心部分的实际需求尚不迫切，一方面，学科中涉及的金融学知识主要是金融市场特征及产品认知和描述；另一方面，学科从金融企业角度出发，更多涉及应用金融学、商业银行经营与管理、证券机构经营与管理、金融投资、个人及公司理财、互联网金融等理论知识。

（3）行为科学基础。行为科学的导入使市场营销学得以独立。经济理论提供了对购买者认识的传统规范式框架……然而，营销学者对这种僵化的经济学上的理解从未感到满意。卡特纳领导了一场将经济学与行为学相融合的运动……大量综合性的理论结构被提出来以便于对购买者行为进行研究和理解（本·M. 恩尼斯等所著《营销学经典》序言）。

（4）心理学与社会学基础。心理学是研究包括认识、情感、意志等心理过程和能力、性格等心理特征在内的心理规律的科学。社会学是以人类的社会活动及其发展为研究对象的学科。心理学和社会学均以人及其组织、行为为研究对象。

金融服务营销活动作为人类有目的的社会活动，其主体包括金融服务营销者、顾客、消费者、中间商、竞争者、市场监管者及其他利益相关者。无论是有效开展金融服务营销活动，还是开展金融服务营销理论和学术研究，都离不开心理学和社会学理论的指导。

（5）其他学科基础。在金融服务营销学术研究中，数学、计算机和统计学的应用越来越广泛和深入。数学是研究现实世界的空间形式和数量关系的科学。数学的理论往往具有非常抽象的形式，但它同时也是现实世界空间形式和数量关系的深刻反映，因此可以广泛地应用到自然科学和技术的各个领域。

随着金融服务营销的发展，在金融服务营销的活动的全过程，从市场调研与预测、决策与规划，到价格制定、成交结算以及盈亏分析，从资源配置到竞争博弈、购并扩张等，均需要定量研究与分析，计算机和统计学等学科应用需求明显。

此外，金融服务营销学科基础还包括哲学、管理学、商品学、伦理学、语言学、历史学、地理学、系统科学、信息科学、政治学、传播学、法学、文学和人类学等。

（二）金融服务营销学的学科性质

1. 金融服务营销学是一门交叉综合的新兴学科

我们常说，管理学是一门新兴的交叉学科，事实上营销学比管理学更为年轻。它于 19 世纪末萌芽，20 世纪初产生，真正成型是在第二次世界大战结束后，而成熟则是在 20 世纪七八十年代以后。

进入 21 世纪以来，全球金融市场发生重大变化，金融新职能、管理新体制、技术新突破、金融新产品、服务新方式层出不穷，金融业面临着前所未有的新机遇和新挑战，金融服务营销学作为市场营销理论及方法在金融行业的延伸和运用，是非常年轻、充满生机活力的交叉学科。

交叉学科是由两门或两门以上不同学科交叉渗透形成的，按其相互作用的数量和程度不同，由低到高可大致分为六大类型：比较学科、边缘学科、软学科、综合学科、横断学科（横向学科）和超学科（元学科）。

金融服务营销学是一门交叉综合，正在形成中的新兴学科。其基底学科是经济学，植入学科包括金融学、心理学、社会学、数学、统计学等。

2. 金融服务营销学是科学，也是艺术

科学至今还没有一个为世人公认的定义。1888 年，达尔文曾给科学下过一个定义："科学就是整理事实，从中发现规律，做出结论。"达尔文的定义指出了科学的内涵，即事实与规律。

科学要发现人类所未知的事实，并以此为依据，实事求是，而不是脱离现实的纯思维空想。至于规律，则是指客观事物之间内在本质的必然联系。一般认为，科学有四大特征：有清晰的主题；有对主题的描述和分类；有与主题相关的共性、规律和因果关系结构；科学方法的采用。所以，以上述对科学内涵的界定以及作为一门科学的标准衡量，根据金融服务营销学现有的理论体系，作为具有清晰的主题和层次结构、具有独特的规律、采用科学的方法的金融服务营销学是一门科学。

根据《辞海》的定义，艺术是通过塑造形象具体地反映社会生活，表现作者思想感情的一种社会意识形态。艺术是人类以情感和想象为特征，把握和反映世界的一种方式，是艺术家知识、情感、理想和意念等综合心理活动的有机产物。艺术一般通过塑造形象来反映生活。艺术形象、艺术载体、艺术手段等构成艺术的基本要素；而风格特点、个体差异、创意形式等则构成艺术的特征。所以，我们完全可以说，金融服务营销是一门艺术。

从图 1-2 中可知，金融服务营销的学科定位频谱。

图 1-2　金融服务营销学科定位频谱

【本章小结】

1. 服务是具有无形特征却可以给人带来利益或满足感的可供有偿转让的一种或一系列活动。服务会给产品增加价值。产品在经过每一个环节都会接受相关服务而被赋予新的价值。这种价值的高低取决于它是否真正地满足了消费者的利益。服务在为消费者创造价值的同时，也在为企业创造利润。

2. 金融服务是指金融机构运用货币交易手段融通有价物品，向金融活动参与者和客户提供的共同受益、获得满足的活动。按照世界贸易组织的文件内容，金融服务的提供者除了银行、保险公司，还包括各类信托机构、证券公司等，从本质上看，金融机构提供的产品就是服务。

3. 金融服务营销，是市场营销学与金融学知识交叉的跨学科理论体系，是科学和艺术的统一。金融作为国家的宏观调控工具，在一个国家的经济发展中起到至关重要的作用。而金融作为典型和特殊的服务行业，在经济发展中不仅要为个人消费者以及各行业提供资金支持和服务，还要为整个国民经济发展提供就业机会。而从事资金经营获利导致的风险性、安全性及流动性等特点使得金融企业具有与一般服务企业不同的特殊性，因此，对于金融这一服务行业的营销问题的研究，在日益发展的经济中备受关注。

4. 回顾我国金融体系改革发展历程，金融服务的需求越来越普遍，金融服务营销的作用日益重要。

【重要术语和概念】

服务　服务营销　金融服务　金融服务营销

模块二　能力训练

【知识回顾】

1. 服务＿＿＿＿＿＿＿＿所有权的产生。

2. 金融服务营销并不局限于商品和服务交换活动，但一切金融服务营销活动都与商品和服务交换有关，都是为了实现＿＿＿＿＿＿＿＿＿＿＿＿＿＿＿＿＿＿＿。

【判断说明】

1. 有一位金融机构从业者认为"金融服务营销就是金融企业把产品销售给消费者的过程"，你认为这种说法正确吗?请说明理由。

2. 网评上说"教育不是服务"，请判断正误，并说明理由。

【思考反思】

1. 请举两例并对比说明哪个行业产品无形的特点更明显？哪个行业有形的特点更明显？

2. 中国金融行业在发展的各个阶段所面临的服务需求主要有哪些？

3. 本章所讨论的金融服务营销与你之前了解的有何不同？

4. 金融服务营销提供了哪些职业发展途径？你喜欢或适合什么？

【能力拓展】

1. 展望你大学毕业后的生活方式，探讨金融业对你未来生活的作用。

2. 为你的就业求职起草一份自我推荐方案大纲，并随着课程进展逐步完善。

【自我认知】

态度的作用

表面看来，态度就是你把自己的情绪或意向传递给你的客户或合作者的方式。当你乐观并且希望与他人的会面取得成功时，你就传递了一种积极的态度，而对方通常也会作出对你有利的回应。当你很消极，总想着最坏的结局时，你的态度就是消极的，客户也可能会躲开你。所有一切都从你的意识中流出，态度就是你意识的一种调整装置。它就是你看待事物的方式。

王美美是一名毕业于某 211 大学且各方面都很突出的硕士生，她对自己的形象不满意，对于自己的工作充满抱怨，并且常常以一种居高临下的态度对待别人。她把自己的意识集中在生活中消极的方面。

李云是一位本科毕业学生，她努力工作以改善自己的形象，她总是在自己的学习、生活和工作中寻找好的方面，并积极热情地对待他人。她把自己的意识集中在生活中积极的方面。

请回答，如果你是银行的人力资源部门负责人，你愿意聘用谁来做大堂经理呢？

【情景案例】

英国航空公司为一位客户提供优质服务

英国航空公司的一架波音 747 飞机在东京起飞前，因机械故障，不得不向购买该航班飞往英国伦敦的 191 名乘客发出通知：008 号航班推迟 20 小时才能起飞，请各位旅客换乘其他航班。

随后 190 名乘客经劝说改乘其他航班。唯有一位日本乘客大竹秀子，坚持非 008 号航班不乘。在此种情况下，008 号航班经维修排除故障后，载着大竹秀子一位乘客直飞伦敦。

在历时 13 个小时、13000 千米的航程中，353 个座位的飞机、15 名空乘人员和 6 名机组人员热忱为大竹秀子一人服务。

英国航空公司在这件事上所表现出来的顾客至上的经营理念被媒体报道后，一时成为美谈。

请谈谈，如果你是英国航空公司的高层管理人员，你对此事的看法及接下来会安排的工作？

【互联网搜索】

万科的主题住宅

"在当今消费者心中，住宅不仅是遮风挡雨的场所，或是与亲戚好友欢聚的乐园，它更是一个充满生活情趣，能让他们尽情展现自我的理想生活空间。"基于这样的理解、尊重和认同，万科提出"万科提供一个展现自我的理想生活"的品牌主张，并进而推出"建筑无限生活"的品牌口号。

登录万科集团官方网站（http://www.vanke.com），看看万科是如何通过产品来演绎"建筑无限生活""让建筑赞美生命"这些主题的，是如何通过传播来建构现代中国人对生活的理解、对建筑的需求的。

【阅读与讨论】

网络游戏与娱乐方式

网络游戏已然成为目前最受欢迎的娱乐方式之一。阅读有关网络游戏及相关公司的成长故事，看看这些公司是如何改变人们的娱乐方式并从中获得发展的。

【在线测试】

扫描书背面的二维码，获取答题权限。

扫描此码　　在线自测

第二章

金融服务中的购买决策与消费行为

【本章提要】

现代服务营销自"了解顾客需求"始,至"不断满足顾客需求"终,是一个螺旋往复的过程。本章阐述了金融消费者购买特征、购买决策与消费者行为,并讨论了消费者行为与营销战略的关系。

【知识目标】

1. 了解金融企业战略中重视消费者行为研究的意义。
2. 结合金融服务,了解消费者行为理论对实践的指导作用。
3. 关注对金融消费者的风险提示服务的重要性。

【能力目标】

1. 初步掌握金融服务者购买决策过程。
2. 尝试理解特定金融消费行为,并对其作出解释。
3. 能够通过设置各种外部因素改变消费者行为。

【课程思政案例讨论】

扫描此码　　　阅读文章

模块一　理论分析

导入案例

牛奶里的柠檬

在一间品位酒店的西餐咖啡厅,来访一位可能不太懂西餐饮食的客人。他点了一杯红茶,服务员按要求送上茶水后,他发现随同配送的新鲜柠檬和牛乳,就顺手把新鲜柠檬和牛乳一同倒入红茶,搅了搅后,杯中的红茶竟然出现一小块一小块的凝结物。他高声喊起来,微笑的服务员马上赶来，客人指着面前的杯子，生气地说："看看！你们的牛奶是坏的，把我的一杯红茶都糟蹋了。""真对不起！"服务生抱歉道，"我立即给您换一杯。"新红茶很快就准备好了，碟边跟以前一模一样，放着新鲜的柠檬和牛乳。服务生轻轻放在顾客面前，又轻声言道："我是不是能建议您，如果放柠檬，就不要加牛奶，因为有时候柠檬酸会造成牛奶结块。"顾客的脸刷地红了，匆匆喝完茶，走了出去。其他在场的客人笑问服务生："你为什么不直说呢？他这么粗鲁地叫你，你为什么不还以颜色？"

资料来源：郑锐洪. 服务营销[M]. 北京：机械工业出版社，2019

讨论：

服务生的做法，你能够理解吗？服务生的做法会让客户满意吗？

第一节 金融消费者购买决策

一、金融消费者的需求特征

金融消费者是指使用金融企业提供的金融产品与服务的个人或组织，或参与金融市场交易的主体或中介。金融消费者包括个人消费者、企事业法人消费者、政府消费者等多种类型，消费者购买行为十分复杂，因消费者不同而不同，表现极其多样。

金融消费者的需求主要有三种类型：一是作为资金供给方，通过投资获利、保值增值、保障保险、套利等；二是作为资金的需求者，期望以低成本获得资金的使用权；三是既不提供资金也不获得资金使用权的交易中间人和服务商，如转账汇款等。金融消费者需求特征较为复杂，主要包括：

1. 相对理性

金融消费者的需求常常不是随意的、情感性的、冲动的，而是相对理性的。与生活必需品购买不同，金融客户决定参与某种金融交易的目的性明显，且是在进行认真对比分析计算的基础上选择较佳结果，以便趋利避害。

2. 派生性

金融消费者的需求往往是由其他复杂的需求派生出来的，或者是为了满足不同的需要形成的。如，个人投资者购买国债保值增值，其真实需求可能是为了赚钱让孩子上学或孝敬老人；政府发行公债筹集资金可能是为了投资社会基础设施建设，也可能是为了弥补财政赤字等。

3. 可诱导性

对于具有一定金融资产或潜力的金融消费者，一方面，其金融需求可以被唤起，另一方面，在一定条件下，可以从一种需求转向另一种需求。如，在某种高回报率的引导下，金融消费者将银行存款提取出购买某种金边债券。

4. 可替代性

金融消费者的需求是多样的，除参与金融交易获利外，还存在其他需求，某些需求可以相互替代。如，金融企业发现，消费需求往往是金融需求的重要替代力量。当人们收入低、积攒少时，生活消费往往占了人们收入的绝大部分，这时金融需求能力和愿望都会很低。即使人们的收入普遍较快增加，安排基本生活消费之后可任意支配的收入较多，也不一定会投向金融市场，人们可能追求高档消费品，或购车，或用于文化、收藏等消费。

5. 伸缩性

受一些因素的影响，人们的金融需求可以明显被放大，也可以明显地被缩小。国家的经济金融政策变动、人们对经济金融形势的预期和信心、政局的变化、较大的自然灾害等，都对人们的金融需求有突出影响。在一定条件下，人们的投资性需求快速放大的速度，也可能超出人们的想象。

6. 购买者的差异性

差异的体现是多方面的。由于金融消费者在年龄、性别、职业收入、受教育程度、价值观念、兴趣爱好等方面存在不同程度的差异，因此，他们对金融产品和服务的需求及其购买行为的表现存在相当大的差别。

7. 非专业性

部分金融消费者缺乏专门的金融知识，对金融产品的性能、特点使用、保值增值性等很少专门研究。选择金融产品和服务时，容易受外在因素的影响，出现不同购买行为。

二、金融消费者购买行为模型

消费者购买行为模型是实战中的一个重要工具，用于认识金融消费者购买前和购买过程中的各种因素，帮助金融企业更好地提供服务。学者们归纳了六个要素来更清楚地描述消费者购买行为的完整过程，即"5W1H"：谁买（who）、买什么（what）、为什么买（why）、什么时候买（when）、在什么地点买（where），如何买（how）。

金融消费者在选择金融产品或服务过程中所发生的一系列行为反应在一定程度上受其购买心理活动的影响，而消费者购买心理过程又犹如一只"黑箱"，看不见、摸不清，如图2-1所示。当外部刺激经过"黑箱"产生反应后，引起行为。因此，消费者购买行为是"刺激—反应"（S-R）的行为。

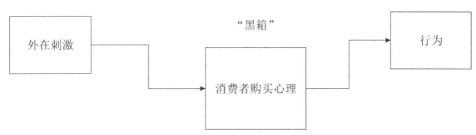

图 2-1　外在刺激下的消费行为"黑箱"效应

具体来说，金融消费者受外界的刺激主要有两个方面：一是金融企业作为营销者所提供的营销刺激，对金融企业而言，这些因素均是可控制的，它们对消费者的黑箱产生直接而具体的影响；二是其他刺激，即经济、技术、政治、文化、人口、自然等其他因素，它们是影响消费者黑箱的宏观环境，制约着整个消费需求。

消费者黑箱处于外部刺激和消费者反应之间，虽神秘莫测，但至少包含两个方面：一是消费者特性，二是消费者购买决策过程。

消费者反应则是外部刺激进入消费者黑箱后，在内在因素作用下，消费者对产品、品牌、经销商、购买时机、购买数量的选择，这些选择可以满足其消费的需求和欲望。

（一）消费者购买行为的影响因素

影响消费者购买行为的因素主要有文化因素、社会因素、个人因素和心理因素，如表 2-1 所示。

表 2-1　影响消费者购买行为的因素

文化因素	社会因素	个人因素	心理因素
文化	参照群体	家庭生命周期	动机
亚文化	家庭	职业	知觉
社会阶层	社会角色	经济收入	学习
	社会地位	受教育水平	信念
		个性	态度
		生活方式	
		自我观念	

文化、亚文化和社会阶层等文化因素对金融消费者购买行为具有最广泛而深远的影响。参照群体、家庭、社会角色和社会地位等社会因素是影响消费者购买行为的重要因素。

（二）广义的消费者购买决策

消费者购买决策是指消费者谨慎地评价某一产品、品牌或服务的属性并进行选择、购买能满足某一特定需要的产品的过程。

广义的消费者购买决策是指消费者为了满足某种需求，在一定的购买动机的支配下，在可供选择的两个或者两个以上的购买方案中，经过分析、评价、选择并且实施最佳的购买方案，以及购后评价的活动过程。它是一个系统的决策活动过程，包括需求的确定、购买动机的形成、购买方案的抉择和实施、购后评价等环节。广义的消费者购买决策过程如图 2-2 所示。

许多学者对于消费者购买决策有不同的描述过程，为指导读者对消费者购买决策模式有一个较好的认识，本教材通过查阅文献总结出消费者购买决策的一些特点，为消费者购买决策模型的分析与构建提供评价参照系和理论依据。

（1）消费者购买决策的目的性。消费者进行决策，就是要促进一个或若干个消费目标的实现，这本身就带有目的性。在决策过程中，要围绕目标进行筹划、选择、安排，就是实现活动的目的性。

（2）消费者购买决策的过程性。消费者购买决策的过程性是指消费者在受到内、外部因素刺激，产生需求，形成购买动机，抉择和实施购买方案，购后经验又会反馈回去影响下一次的消费者购买决策，从而形成一个完整的循环过程。

（3）消费者购买决策主体的需求个性。购买商品行为是消费者主观需求、意愿的外在体现，受许多客观因素的影响。除集体消费之外，个体消费者的购买决策一般都是由消费者个人单独进行的。随着消费者支付水平的提高，购买行为中独立决策特点将越来越明显。

（4）消费者购买决策的复杂性。心理活动和购买决策过程的复杂性。决策是人大脑复杂思维活动的产物。消费者在做决策时不仅要开展感觉、知觉、注意、记忆等一系列心理活动，还必须进行分析、推理、判断等一系列思维活动，并且要计算费用支出与可能带来的各种利益。因此，消费者的购买决策过程一般是比较复杂的。决策内容的复杂性。消费者通过分析，确定在何时、何地、以何种方式、以何种价格购买何种品牌商品等一系列复杂的购买决策内容。购买决策影响因素的复杂性。消费者的购买决策受到多方面因素的影响和制约，具体包括：消费者个人的性格、气质、兴趣、生活习惯与收入水平等主体相关因素；消费者所处的空间环境、社会文化环境和经济环境等各种刺激因素，如产品本身的属性、价格、企业的信誉和服务水平，以及各种促销形式等。这些因素之间存在复杂的交互作用，它们会对消费者的决策内容、方式及结果有不确定的影响。

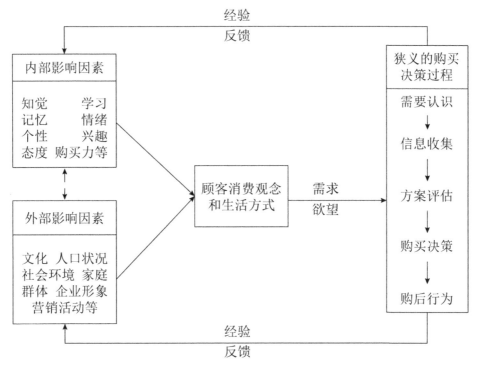

图 2-2　广义的消费者购买决策过程

（5）消费者购买决策的情景性。影响决策的各种因素不是一成不变的，而是随着时间、地点、环境的变化不断发生变化。因此，同一个消费者的消费决策具有明显的情景性，其具体决策方式因所处情景不同而不同（梁汝英，2004）。由于不同消费者的收入水平、购买传统、消费心理、家庭环境等影响因素存在着差异性，因此，不同的消费者对于同一种商品的购买决策也可能存在着差异。

三、金融消费者购买决策过程

如图 2-3 所示，金融消费者购买决策过程包括五个阶段，具体体现为：

问题认知　搜寻信息　评价备选方案　购买决策　购后评价

图 2-3　金融消费者购买决策过程

1. 问题认知（或需求发现）

消费者认识到自己有某种需要时，是其决策过程的开始，这种需要可能是由内在的生理活动引起的，也可能是受到外界的某种刺激引起的。例如，看到别人用手机支付宝缴纳水电费，自己也想尝试；看见别人有财付通，自己也想安装。有时，问题认知也可能是内外两方面因素共同作用的结果。因此，金融机构应注意不失时机地采取适当措施，唤起和强化消费者的需要。

2. 搜寻信息

信息来源主要有四个方面：

（1）个人来源，如家庭、亲友、邻居、同事等。

（2）商业来源，如广告、推销员、分销商等。

（3）公共来源，如大众传播媒体、消费者组织等。

（4）经验来源，如操作、实验和使用产品的经验等。

3. 评价备选方案

消费者得到的各种有关信息可能是重复的，甚至是互相矛盾的，因此还要进行分析、评估和选择，这是决策过程中的决定性环节。

在消费者的评估选择过程中，有以下几点值得金融机构注意：

（1）金融产品功能是购买者所考虑的首要问题。

（2）不同消费者对产品的各种性能给予的重视程度不同，或评估标准不同。

（3）多数消费者的评选过程是将实际产品同自己理想中的产品相比较。

4. 购买决策

消费者对商品信息进行比较和评选后，已形成购买意愿，然而从购买意图到决定购买之间，还要受到其他因素的影响。比如，他人的态度，他人反对态度愈强烈，或持反对态度者与购买者关系愈密切，修改购买意图的可能性就愈大。再如，意外的情况，如果发生了意外的情况——失业、意外急需、涨价等，则消费者很可能改变购买意图。

5. 购后评价

购后评价包括：一是购后的满意程度，二是购后的活动。

消费者购后的满意程度取决于消费者对产品的预期性能与产品使用中的实际性能之间的对比。购买后的满意程度决定了消费者的购后活动，决定了消费者是否重复购买该产品，决定了消费者对该品牌的态度，并且还会影响到其他消费者，形成连锁效应。

第二节　洞察金融服务消费行为

一、消费行为的基本阶段

美国营销协会（AMA）将消费行为定义为：人类用以进行生活上的交换行为的感知、认知、行为以及环境的动态互动结果。换句话说，消费行为包括消费过程中人们所产生的思想与感受，以及他们所采取的行动。它还包含环境中影响思想、感受与行动的所有事物。这些事物包括其他消费者的意见、广告、价格信息、包装、产品外观等。从这个定义中，我们可以了解到消费行为是动态的、互动的，以及涉及交换行为的的。

1. 消费行为是动态的

由于个人消费者、消费者群体和整个社会的想法、感受与行动是不断变化的，需求与期望也会因时间和消费群的不同而改变，因此，消费行为是动态的。举例来说，互联网已改变了人们搜寻商品与服务信息的方式。消费者与环境持续改变的事实也说明了金融机构对消费者进行持续研究的重要性。

消费行为的动态特质使制定营销战略变得更具挑战性。某些战略在某些时间或某个市场上能成功，但在其他时间或市场上却可能惨遭失败。金融机构需要不断创新，为消费者创造价值。

2. 消费行为是互动的

消费行为是消费者的想法、感觉、行动与环境互动的结果。因此，金融机构必须了解产品和服务对消费者的意义，消费者需要如何购买及使用它们，以及什么因素会影响消费者购买及使用它们。金融机构越了解这些互动如何影响个人消费者、消费群体以及整个社会，就越能满足消费者的需求和期望，为消费者创造价值。举例来说，一些地区中等收入的消费者数量减少，低收入及高收入的消费者增加，这种变动如何影响消费者的想法、感觉和行动，对金融机构战略而言有着重要的意义。

3. 消费行为涉及交换行为

消费者行为涉及人与人之间的交换行为。换言之，人们将一些有价值的东西给予他人以换得其他的东西。许多消费行为都是人们以金钱或其他物品作为交换得到产品或服务，这也是买卖双方的交换行为。

当代消费者更善于根据自身或他人的经验读懂市场信息，他们比前人对消费情形更易保持怀疑和警觉。服务失败补救无效或服务方态度冷漠都有可能令消费者交换行为受到阻滞。

二、金融消费行为的多元化

在金融领域，信息不对称现象较为明显，金融机构或金融服务提供商比客户掌握着更多信息，消费者希望交易过程和相互关系能够更加透明。与此同时，随着技术的不断进步，很多金融产品，如金融衍生产品等日益复杂，消费者期待能够解除疑虑的服务。

根据数据分析可知，新一代金融消费者研究金融产品的时间少，所以愿意寻求与之相符的消费经历和体验，他们不愿花费稀缺的时间资源去体验与自身无关的事物。对金融机构而言，识别消费者需求并提供易于理解和定制的相关产品和服务更为重要。

时代在前进，技术在不断推陈出新，新一代消费者可能正在寻求与传统消费者行为模型预测截然不同的金融消费体验。表 2-2 给出一些金融消费者的消费体验。

表 2-2　金融消费者的消费体验

消费者属性	期望消费体验	对金融机构服务的指导意义
怀疑的	正直、诚实、透明	金融机构自身形象，可持续的以及符合道德准则的行为
有基本知识的	有意义、合适	契合消费者的生活方式、需求、合适的用途；客户导向的产品开发与定制
缺乏时间的	相关、便利	对群体或客户属性的掌握和理解
有群体意识	群体确认，与所属群体一致	将消费体验个性化，而不仅仅是销售；意识到不同客户应区别对待
重个性	定制	让消费者在体验服务、共同创造价值的过程中得到认可并发挥作用
严苛的	满足期望	重视服务细节
寻求体验的	参与、共同创造价值	打造参与感，提升消费者体验感

资料来源：吉丽恩·道兹. 金融服务营销[M]. 王桂琴译. 北京：中国金融出版社，2014.

三、我国金融消费行为的风险认知教育

2008 年金融危机后，加强金融消费权益保护与宏观审慎管理、微观审慎监管已成为国际金融监管改革的三条主线。金融消费者教育作为一种预防性保护，是金融消费权益保护框架体系中的重要组成部分。

为提高消费者金融素养，国际组织国际金融教育网络（INFE）建议：（1）各国政府和利益相关者应促进公正、公平的金融消费者教育；（2）促进方法论的发展，以评估现有金融消费者教育计划的有效性；（3）金融消费者教育应该从学校开始，使人们尽早受到该方面的教育；（4）金融消费者教育应该成为金融机构良好公司治理的一部分，并建立问责制；（5）金融消费者教育要有别于商业咨询，应当制定金融机构从业人员行为规范；（6）金融机构应鼓励检查客户是否阅读和理解信息，特别是涉及有关长期承诺或者有很大潜在的金融后果的服

务时，小字体、深奥文字应当予以阻止；（7）金融消费者教育计划应侧重于重要的生活规划，如基本的储蓄、债券、保险、养老金方面；（8）项目和执行战略应当着眼于能力建设，对特殊群体要有针对性并尽可能个性化；（9）应该提倡国家宣传、特定网站、免费信息服务和金融消费者高风险（如欺诈）预警系统。

金融机构是金融消费者教育的主体力量，在我国金融市场仍处于培育成长阶段，消费者金融知识基础仍相对薄弱的条件下，应主动利用自身的专业知识和丰富的资源多角度、多形式地向金融消费者普及相关金融知识，增强金融消费者识别和防范金融风险的能力，促进、提升消费者参与金融的广度和深度。

金融机构要帮助金融消费者认识到参与金融教育活动、学习金融知识的重要性，积极主动参与金融教育活动。同时，提高金融知识普及和宣传教育活动的有效性，使金融消费者从中获益，进一步提高其参与金融教育活动的热情和主动性。

金融机构可通过对金融消费者的投诉和咨询进行系统分析，发现具有普遍性和代表性的金融消费者金融知识缺陷和行为特点，开展有针对性的金融教育活动。组织金融消费者金融知识、能力、倾向、行为等方面的问卷调查，加强对金融消费者行为特点的研究和分析，设计、开展具有针对性的金融教育活动。通过各种金融教育活动，引导金融消费者改变固有的行为特点，克服盲目自信、短视等系统性行为偏差。

金融机构对金融消费者进行金融知识教育时，要选择最佳时机，如金融消费者制定长期财务计划、需要或即将做出重要财务决定时（如购买房屋、购买车辆、申请银行卡、申请贷款、购买理财产品、购买股票、购买养老保险等）。金融机构要选择最有利于金融消费者学习的环境（如金融机构营业网点、学校、消费者的工作场所等），开展金融教育活动。

金融机构要加强对金融消费者的风险意识和责任承担方面的教育，让金融消费者明白"自享收益"的同时，要"自担风险"。教育金融消费者要提高警觉性，自觉远离和抵制非法金融业务活动。通过金融风险教育，引导金融消费者进行风险自评，根据自身的风险承受能力和相关产品的风险特征，选择适当的金融产品。结合新近出现的典型风险案例，通过预警等方式，有针对性地对金融消费者进行教育。

金融机构要重视对金融消费者投诉维权知识的普及，可通过各种金融教育活动，使金融消费者了解金融机构内部的投诉受理、处理机制（投诉电话、具体负责人等）和第三方（包括监管部门、消费者组织、仲裁机构、法院等）投诉受理、处理渠道以及报警途径。

【本章小结】

重视金融消费者需求，了解消费者消费行为是金融机构一切工作的出发点和立足点。了解金融消费者的购买决策需要经历哪几个阶段。了解金融消费者行为具有的基本特征。了解对金融消费风险提示的重要性。

【重要术语和概念】

金融消费者　　购买决策　　消费行为

模块二 能力训练

【知识回顾】

填空题

1. 金融消费者包括_____、_____等。
2. 金融消费需求具有_____、_____、_____、_____、_____、_____、等特征。
3. 金融消费购买决策过程包括_____、_____、_____、_____、_____。
4. 金融消费行为具有_____、_____、_____等特征。

【判断说明】

1. "所有产品购买后，使用价值随时间而消耗殆尽。"请判断正误，并说明理由。
2. "金融服务随时间消逝，不能储存。"请判断正误，并说明理由。
3. "买银行理财没必要太了解理财产品结构，主要知道收益率靠不靠谱就可以了。"这种说法对吗？你的理由是？

【思考反思】

1. 结合金融服务的特点，请比较金融服务和旅游服务的异同。
2. 从金融服务营销的角度试述金融的分业管理和混业管理哪个更为合理？
3. 请问，金融机构都是如何解决消费者的信心忧虑的呢？

【能力拓展】

拓展实训

1. 请计算、对比并解释："每天变化一点点。"

$1^{365}=?$

$1.01^{365}=?$

$0.99^{365}=?$

$1.01^{185} \times 0.99^{180}=?$

$1.01^{180} \times 0.99^{185}=?$

$1.02^{185} \times 0.98^{180}=?$

$1.02^{180} \times 0.98^{185}=?$

2. 你能否找出你身边的一群消费者，并试着描述他们对于某产品具有怎样的消费共同点？
3. 如果你是一家海外信用卡的发行机构负责人，打算进入中国市场，那么你准备考虑中国人的消费观和储蓄观的哪些方面？

【自我认知】

态度的测量

为测量你自己对于服务营销方面的态度，请完成以下练习。

如果你选择 5，代表你认为你在这个方面态度达到了最好；如果你选择 1，那就说明你认为服务营销可能不适合你。

	得分	5	4	3	2	1
向潜在的客户介绍产品或服务是没有什么可以丢脸的						
我将很自豪地告诉我的朋友我在金融机构从事服务营销的工作						
我能用积极的态度接近各种客户，无论他或她什么年纪、什么外表、什么举止行为						
在工作不顺利时期，我仍然能保持积极态度						
对于销售工作我充满热情						
如果客户拒绝我，我也不会因此变得消极						
对我来说，服务营销的过程充满挑战性						
我认为服务营销是一种职业						
接近陌生人陌生客户时有趣的，它通常令人愉快						
我总能在客户身上发现其优点						
总分						

如果你得分超过 40 分，那说明你对于"服务营销可以作为一种职业"抱有积极的态度。

如果你得分在 25 到 40 分之间，那说明你可能还有相当的疑惑。

如果你得分在 25 分以下，那么其他工作可能更适合你。

请问，你的得分有多少？你愿意改善吗？

【情景案例】

小王的困惑

小王是 ABC 银行的客户经理。一天晚上，主管给他打电话，让他第二天上午 8：30 去拜访一位客户，并告诉他客户的地址。第二天，小王刻意整理了自己的仪表才出门。他准时到了客户公司并于客户见了面。

交换名片后，小王非常熟练地介绍了公司的背景、规模和经营范围与优势。客户听完介绍以后，提出想看一看产品项目的文字说明书。小王说："经理昨晚电话里没有提到此事，所以我没有带。非常抱歉！"客户说："那我们下次再找合作机会吧。"

案例问题：小王此事失败的原因有哪些？

角色模拟：假设你是小王的顶头上司，你将如何与小王交流此事？

思维启蒙：你认为小王最好的做法是什么？

【互联网搜索】

1. 如果对比香港、上海和拉萨三地金融机构服务总体感觉、商业服务及服务态度等，你将给予怎样的评价？

2. 能查询截至上年末中国银行业、证券业、保险业和信托业资产规模吗？你愿意用柱状图或饼状图向其他同学进行介绍吗？

【阅读与讨论】

阅读近五年的金融消费者报告，你能发现消费者期望发生了怎样的变化？

【在线测试】

扫描书背面的二维码，获取答题权限。

扫描此码 在线自测

2

价值识别篇

第三章
金融服务环境分析和市场调研

【本章提要】

任何金融企业都是在不断变化的环境中运行的,都是在与其他组织、目标客户和社会公众等的相互协作竞争、服务和监督中开展经营活动的。本章介绍了以金融企业的各种内外部因素,构成影响金融企业服务营销活动的环境,金融服务的市场环境的概念和特点,以及市场调研基本方法等。

【知识目标】

1. 了解金融服务环境的概念和特点。
2. 了解金融服务环境对市场营销活动的重要影响。
3. 掌握微观环境和宏观环境的主要构成,分析、评价市场机会与环境威胁的基本方法,以及科学的分析环境给企业带来的机会与威胁。

【能力目标】

1. 了解市场营销环境对市场营销活动的重要影响。
2. 理解微观环境和宏观环境的主要构成,掌握分析、评价市场机会与环境威胁的基本方法,以及能够科学地分析环境给企业带来的机会与威胁。
3. 能够运用市场调研的基本方法开展市场调研。
4. 能够运用环境分析的基本方法,分析、评价企业的市场营销环境及其应对策略。

【课程思政案例讨论】

扫描此码　　　阅读文章

模块一　理论分析

 **导入案例**

从一张照片发现市场营销机会

1964年,《中国画报》的封面刊出这样一张照片:大庆油田的"铁人"王进喜头戴狗皮帽,身穿厚棉袄,顶着鹅毛大雪,手握钻机刹把,眺望远方,在他背景远处错落地矗立着星星点点的高大井架。

　　几乎同时,《人民中国》杂志撰文报道说,以王进喜为代表的中国工人阶级,为应对国外对我国的经济封锁和石油禁运,在极端困难的条件下,发扬"一不怕苦,二不怕死"的精神,抢时间,争速度,不等马拉车拖,硬是用肩膀将几百吨采油设备扛到了工地。不久,《人民日报》报道了第三届全国人民代表大会开幕的消息,其中提到王进喜光荣地出席了大会。当时,由于各种原因,大庆油田的具体情况是保密的。

　　然而,上述几则由权威媒体对外公开播发的极其普通的、零散的、旨在宣传中国工人阶级伟大精神的照片和新闻,受到日本三菱重工财团信息专家的重视。

　　根据对照片和新闻报道的研究,三菱集团初步断定大庆油田的大致位置在中国东北的北部,且离铁路线不远。其依据是:唯有中国东北的北部寒冷地区,采油工人才需要戴这种狗皮帽和穿厚棉袄;唯有油田离铁路线不远,王进喜等大庆油田的采油工人才能用肩膀将几百吨设备运到油田。因此,找到一张中国地图,就可以标出大庆油田的大致方位。

　　根据对照片和有关新闻报道的研究,三菱集团初步推断出大庆油田的大致储量和产量,并可确定是否已开始出油。其依据是:从照片中王进喜所站的钻台上手柄的架势,推算出油井的直径是多少;从王进喜所站的钻台油井与他背后的油井之间的距离和密度,基本可以推算出油田的大致储量和产量;从王进喜出席了第三届全国人民代表大会,基本可以肯定大庆油田出油了。

　　根据中国当时的技术水准和能力及中国对石油的需求,中国必定要大量引进采油设备。于是,日本三菱重工财团迅速集中有关专家和人员,在对所获得的信息进行处理和研究之后,全面设计出了适合中国大庆油田的采油设备,做好充分的夺标准备。不久,果然中国政府向世界市场寻求石油开采设备。三菱重工财团以最快速度和最符合中国所要求的设计、设备获得中国巨额订货,赚取了一笔巨额利润。

　　讨论:

　　其他国家如德国的重工企业为什么在中国大庆油田设备招标中输给了日本三菱重工?

第一节　金融服务环境分析

一、金融服务营销信息与信息系统

　　营销大师菲利普·科特勒曾说过:"要管理好一个企业,必须管理它的未来;而管理未来就是管理信息。"信息是企业的生命和思想,市场经济从某种意义上说就是信息经济。信息是企业经济决策的基础,是控制企业营销活动的主要工具;信息搜集、处理、分析研究具有复杂性,需要企业配备人员加以操作。

　　搜集和掌握营销信息是企业信息化的初级阶段,金融企业需要尽可能搜集完整有效的信息,并通过营销信息系统加以处理,使之成为准确可靠的信息,为决策者提供依据。营销信息的获得是需要成本的,营销信息系统的建立和完善需要经过科学的设计。

　　市场营销信息系统是指有计划、有规则地收集、分类、分析、评价与处理信息的程序和方法,有效地提供有用信息，供企业营销决策者制定规划和策略，由人员、机器和计算机程序所构成的一种相互作用的有组织的系统。

建立金融服务营销信息系统的目的就是收集、分析、评价和运用适当的、准确的信息，帮助工作者和决策者实现决策、规划，并执行，提高其理解、适应乃至创造环境的能力。

完整的具有快速反应能力的金融营销信息系统包括内部报告系统、营销情报系统、营销研究系统和营销分析系统等四个方面，如图 3-1 所示。

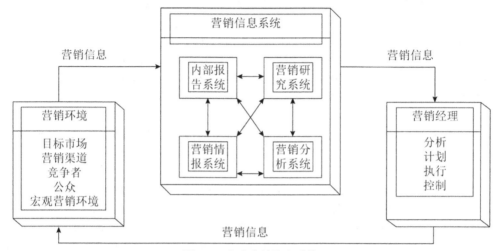

图 3-1　金融营销信息系统

（1）内部报告系统。内部报告系统的主要任务是由企业内部的财务、生产、销售等部门定期提供控制企业全部营销活动所需的信息，包括订货、销售、库存、生产进度、成本、现金流量、应收应付账款及盈亏等方面的信息。

（2）营销情报系统。企业的营销情报系统是指企业营销人员取得外部市场营销环境中的有关资料的程序或来源。该系统的任务是提供外界市场环境所发生的有关动态的信息。

（3）营销研究系统。营销研究系统是完成企业所面临的明确具体的市场营销情况的研究工作程序或方法的总和。其任务是：针对确定的市场营销问题收集、分析和评价有关的信息资料，并对研究结果提出正式报告，供决策者针对性地用于解决特定问题，以减少由主观判断可能造成的决策失误。

（4）营销分析系统。市场营销分析系统是指一组用来分析市场资料和解决复杂的市场问题的技术和技巧。这个系统由统计分析模型和市场营销模型两个部分组成，第一部分是借助各种统计方法对所输入的市场信息进行分析的统计库；第二部分是专门用于协助企业决策者选择最佳的市场营销策略的模型库。

金融营销信息系统具有其自身的要求，其建设必须满足下列需求：

（1）协作处理。营销方案的确定和营销活动的实现是通过一系列相关功能单元实现的，处理过程本质上是多个功能单元和操作人员的协作求解过程，例如，对顾客订单的响应，需要销售人员、合同管理人员、生产与运输计划生成系统等共同完成。而且，决策任务常常由多项子任务组成，而每项子任务需要不同领域的知识和经验，由不同的专家或决策者承担。

（2）分布式系统。系统是由地域分散或逻辑分散的不同机构、设备、人员组成，因而造成信息、数据与知识的分布，以及处理功能的分布。营销信息来源于不同的部门、用户，分布于系统中的不同结点，通过计算机网络进行数据、信息的交换。

（3）智能化。由于营销信息系统所处理的数据量大量增加，其存储的信息种类、查询方式和信息处理手段等方面均面临着新的发展。从存储的信息种类来看，除了存储结构化的事实性数据，还要存储非结构化的启发性知识。从信息的查询方式来看，需要扩展严格条件匹配的单一查询方式，也需要提供不确定性的和自然语言形式的查询方式。从信息的处理手段来看，不仅要对信息进行常规处理，而且有时需要对信息进行智能处理，如利用专业知识提供智能决策支持和咨询服务。

二、金融服务环境分析

任何企业的生存和发展，都要受到它所生存的社会环境的影响。环境的变化可能会对企业的经营造成冲击和挑战，使企业受到"环境威胁"，但环境的变化也有可能为企业营销管理带来富有吸引力的优势，使企业获得"市场机会"。在经营管理过程中，优势是相对和变化的，企业只有凭借客观的营销环境创造优势才能够在市场中立足。

金融服务营销作为一种营销活动，和其他任何行业一样，都是在一定的社会政治、经济、文化环境中进行的，金融机构会不断受到环境变化带来的挑战，金融服务营销的成功或失败取决于金融机构对于环境的认识和分析。因此，只有了解营销环境的特点才能更好地认识到环境对金融机构的作用，并以此为依据，制定营销策略。

金融服务环境是指影响金融企业生存和发展的，企业营销管理职能以外的各种因素和力量。营销环境包括企业为之制定相应营销策略的不可控因素与力量。企业的营销环境主要由微观环境和宏观环境两部分构成，如图3-2所示。

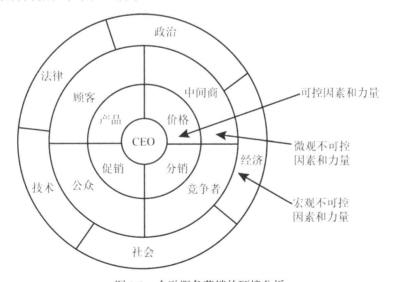

图 3-2　金融服务营销的环境分析

（一）金融服务营销的宏观环境分析

金融服务营销的宏观环境是指影响企业微观环境所有行动者的大型社会力量，包括：政治和法律环境、经济环境、社会环境和技术环境等。在这些环境中，我们还可以进一步细分，比如社会环境中与金融机构息息相关的社会、文化、人口和自然环境。这些因素不仅作为社会宏观环境影响企业的营销活动，还影响着金融机构微观环境中的其他各个因素。它们通过微观环境的作用，对金融机构的营销活动进行限制和制约。

研究金融机构所面临的宏观环境，不仅可以对营销活动进行指导，同时也可以为研究微观环境打好基础。例如，技术环境除了直接为金融机构的营销活动提供机会外，也通过客户、竞争企业等对金融机构的营销活动发生作用；社会的规范、价值观、信念等影响着人们对金融机构的态度、兴趣，以及对金融产品的好恶。宏观环境在一定程度上能增大或减少消费者对金融服务产品的选择机会。

1. 政治、法律和政策环境

从一定意义上说，金融机构是在"政治环境"中生存与发展的。政治环境是指金融企业市场营销的外部政治形势和状况、法律政策环境给金融机构经营带来的影响。金融机构的特殊性质，决定其受国家政治环境影响的程度是相当深的。以银行业为例，政治环境是否稳定是银行经营成败的保障性条件，政治局势不稳定会导致社会动荡、经济混乱和低迷，对银行的业务相当不利。对于发展国外事务的金融机构而言，需要分析的则不仅是本土的政治、法律和政策环境，国际政治、法律和不同国家的政策环境同样应该成为其考虑的重点。

2. 经济环境

经济环境是指金融机构营销活动所面临的外部社会经济条件，其运行状况和发展趋势直接或间接地对金融机构营销活动产生影响。经济环境的研究包括经济发展阶段、消费者收入、消费者支出、消费者储蓄和信贷的变化等。

目前在我国金融服务营销中需要考虑的经济环境因素有：宏观经济走势、再就业状况、货币政策、财政政策、国民生产总值变化趋势、通货膨胀、不同地区和消费群体收入、劳动生产率水平、居民储蓄和可支配收入水平、消费模式等。

3. 社会环境

社会环境是指社会中人口分布与构成、受教育程度、传统风俗、道德信仰、价值观念、消费模式与自然环境变化等。这些社会条件和文化背景与政治环境和经济环境相比相对稳定，对金融机构营销活动的直接影响也较小。

目前在金融服务营销中需要考虑的社会环境因素包括：主流价值观及变化，平均受教育水平，购买习惯，就业观念，生活方式，城乡差别，消费偏好，文化习俗，储蓄倾向，投资倾向，区域人口变化，人口的年龄，富裕程度，人口预期寿命，人口老龄化，流动人口数量，家庭结构及变化，民族习性等。

4. 科技环境

科技环境可能是影响人类命运的最引人注目的因素。以计算机、通信、互联网为基础的现代信息技术，正全面改变着人们的生产、生活方式，电子化渗透到社会的各个角落。

信息技术的发展，推动金融行业不断创新。电子计算机、通信技术等所带来的信息革命，为金融创新提供了坚实的物质基础与技术保障。信息技术的进步每一天都在改变着金融机构内部的经营程序和管理方式，推动更多的金融产品和服务的产生。

（二）金融服务营销的微观环境分析

金融服务营销的微观环境是指直接影响企业为市场服务能力的行动者，如企业、供应商、营销中介、顾客、竞争者和公众等。

金融营销的微观环境是金融机构在营销过程中所面临的企业之外的环境，是直接制约和影响企业营销活动的力量和因素。企业必须对微观营销环境进行分析。分析微观营销环境的目的在于更好地协调企业与这些群体之间的关系，促进金融机构营销目标的实现。

金融机构的营销部门通过创造顾客价值和提高满意度来吸引顾客，并建立与顾客的联系。但是，客户服务部门仅靠自己的力量是不可能完成这项任务的，还要依赖与金融机构微观环境相关的其他因素，这些因素包括机构内其他部门、竞争对手、供应者、外围服务提供者和最终客户等，如图 3-3 所示。

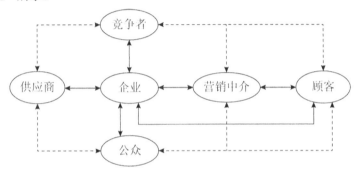

图 3-3　金融企业营销的微观环境

在制定计划、完成任务时，客户服务部门应兼顾与其他部门的关系，如管理层、研发部门、财务会计、业务职能、风险管控、人力资源、行政后勤等部门。这些相互关联的部门构成了金融机构内部环境。

1. 供应者

供应者是金融机构整个顾客价值传递系统中的重要一环，是价值创造的出发点。金融最大的供应者是资金供应者，如对于商业银行而言是存款客户，对于资本市场而言是证券购买者，对于保险公司而言是投保者。此外，许多大的金融机构进入了同业拆借市场，这个市场也有短期资金的供应者。供应者的变化对金融服务营销有重要影响。营销部门必须关注：供应能力（提供资金的数额、速度、期限），资金价格变动（资金成本上升将影响金融产品的成本）。

设备供应商也是重要的供应者之一。金融是高度信息化的行业，随着经营规模的扩大、管理体系的建立健全、IT 技术的普及运用等，金融机构对设备供应商的重视程度越来越明显。信息管理系统（MIS）、客户关系管理系统（CRM）、企业资源计划（ERP）、信用卡运营系统等，不仅对投资成本影响大，其安全性也备受关注。

2. 竞争对手

竞争对手的多少及其活动的频率是决定金融机构能否盈利的重要因素。一定时期内，市场需求相对稳定时，提供同类产品或服务的金融机构越多，每个金融机构的市场份额就有可能越少；竞争者的业务手段较先进，客户就可能转而选择他们，本机构金融产品的需求也相应出现下降。因此，分析研究竞争对手状况，直接关系到金融机构营销策略的选择和运用。市场是由许许多多的行业竞争者组成的，从宏观的角度看，我们可以分析竞争者的数量以及他们所占的市场份额；从微观的角度来看，每一个竞争企业的营销战略和策略同样是分析的重点。

一般来说，我们可以从竞争者数量、竞争者的市场份额、竞争者的营销策略和市场定位等方面进行分析。

3. 外围服务供应组织

外围服务供应组织帮助金融企业促销其产品，并推动最终消费者更便利地接触金融产品和服务。这些外围服务供应组织包括：财务咨询公司、律师事务所、资产评估公司、信用卡服务公司、财产保险公司、人力资源、资产管理公司等。外围服务供应组织对金融企业的业务产生直接影响。由于不同外围服务提供者的具体作用和所处地位不同，他们对金融企业的影响程度也不同。值得注意的是，金融服务外包业务的兴起，使外围服务提供者的地位和作用发生了很大变化。欧美国家的金融企业越来越多地将原先自行承担的业务转交外包服务商完成，以降低成本及实现战略目标。外包服务商涉及的领域包括：信息技术（如应用开发，编程及译码）、专业后台业务处理、执行合约功能（如客服中心等），从而金融企业可以把现有的资源集中到核心业务上去，形成自己的核心竞争力。

最早的金融业务外包发生在 20 世纪 70 年代，证券行业的金融机构为节约成本，将一些准事务性业务，如打印、存储、记录等业务外包。随后，外包出现在人力资源等更多的战略领域。

4. 公众

公众指对金融机构实现其目标的能力感兴趣或有影响的任何团体，通常可分为七类：金融同业及投资者、媒体、政府及监管部门、社会组织、社区居民、一般公众、内部员工等。

金融企业在制定针对客户的计划时，也应制定对其主要公众群体的计划。如果金融企业希望从某个特定的公众团体那里得到特别的回应，如信任、赞扬、时间和金钱帮助等，就需要针对这个公众团体制定一个具有影响力的计划，如捐资助学计划、环保行动计划、体育赞助计划等，塑造自身社会责任形象，以获取该公众群体的信任和好感。

三、金融服务环境分析方法

金融机构识别市场营销机会的过程，可采用 SWOT 分析法。SWOT 分析法最早是由美国旧金山大学海因茨·韦里克教授于 20 世纪 80 年代初提出，后随着企业竞争理论与环境研究的发展而逐渐完善。

SWOT 分析的基准点是在对企业所处外部环境深入了解的基础上，进一步对企业内部环境的优劣进行分析，判明企业面临的机会和威胁，继而制定企业发展的战略和策略。

所谓的 SWOT 是英文 Strength（优势）、Weakness（劣势）、Opportunity（机会）和 Threat（威胁）的首字母的缩写。SWOT 分析是通过具体的环境分析，将与项目或业务密切关联的各种主要内部优势因素、劣势因素和外部机会因素、威胁因素分别识别和评估出来，使用矩阵进行科学排列组合，然后运用系统分析的方法将各种主要因素互相匹配进行分析，最后提出相应对策的方法。SWOT 分析的主要优点在于以一种系统化的思维，将问题的"诊断"和"解决方案"紧密结合在一起。

（一）分析外部营销环境的机会与威胁

1. 外部环境机会分析（O）

每家金融机构在不同发展阶段，所处的外部环境各不相同。为了便于思考，可以将诸多的外部发展机会列出，然后依照"机会的潜在吸引力"和"机会成功的概率"将金融机构面临的外部环境进行排列组合，如图3-4所示。

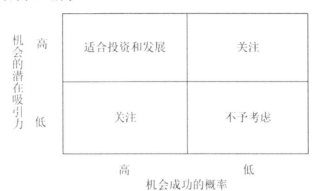

图 3-4　金融企业营销机会分析矩阵

（1）对于"机会的潜在吸引力"和"机会成功的概率"都比较高的情况，考虑适当投资和发展。

（2）"机会的潜在吸引力"和"机会成功的概率"都比较低时，不予考虑。

（3）对于"机会的潜在吸引力"和"机会成功的概率"仅两者之一较高时，可给予关注，跟踪其变化，以进行决策。

2. 外部环境威胁分析（T）

接下来，可以将诸多的外部环境威胁列出，然后依照"威胁的潜在严重性"和"环境威胁的概率"将金融机构面临的外部环境威胁进行排列组合，如图3-5所示。

图 3-5　金融企业环境威胁分析矩阵

（1）对于"威胁的潜在严重性"和"环境威胁的概率"都较高的情况，考虑反抗、减轻、转移。

（2）"威胁的潜在严重性"和"环境威胁的概率"都比较低时，不予理会。

（3）对于"威胁的潜在严重性"和"环境威胁的概率"仅两者之一较高时，可给予关注，跟踪其变化，以进行决策。

3. 外部环境机会（O）-威胁（T）分析

接下来，可以将外部环境的"营销机会水平"和"环境威胁水平"进行组合分析，如图 3-6 所示。

图 3-6　按照营销机会和环境威胁划分金融企业业务类型

（1）对于"营销机会水平"高而"环境威胁水平"低的业务，可称之为"理想业务"，考虑抓住机会，大力发展。

（2）对于"营销机会水平"低而"环境威胁水平"高的业务，可称之为"困难业务"，该业务发展受到诸多挑战。

（3）对于"营销机会水平"高而"环境威胁水平"高的业务，可称之为"冒险业务"，该业务挑战与机会并存。

（4）对于"营销机会水平"低而"环境威胁水平"低的业务，可称之为"成熟业务"。

（二）分析金融机构的内部优势（S）与劣势（W）

在完成外部环境分析后，可以对金融机构内部的优势劣势进行分析。我们常常将优劣势排列到一张表格里进行观察。表 3-1 是一家金融企业 A 优势劣势分析示例。

表 3-1　金融企业 A 的服务优势劣势分析

优势（Strengths）	劣势（Weakness）
◇金融机构具有规模经济	◇营销体系不健全
◇现代管理模式下的企业运营机制	◇信息掌握不准
◇产品质量过硬，企业品牌知名度高	◇产品研发能力不强
◇利润率高于行业平均水平	◇生产成本高
◇人员素质较高	◇企业资金短缺
	◇培训工作力度不够，资金投入少
	◇企业产品送达能力较差

值得注意的是，对于优势劣势的分析，应基于客观实际，通过行业对比形成。

（三）SWOT 模型的道斯矩阵及分析步骤

把外界的机会和约束同金融机构自身的优劣势结合起来，随着环境变化做动态系统分析，识别项目或业务所处的位置及存在的风险，并把分析的结果填入道斯矩阵，如表 3-2 所示。

表 3-2　道斯矩阵

		内部因素	
		Ⅲ　优势 S	Ⅳ　劣势 W
外部因素	Ⅰ　机会 O	Ⅴ　SO 战略 把握机会，发挥优势	Ⅵ　WO 战略 把握机会，克服劣势
	Ⅱ　威胁 T	Ⅶ　ST 战略 利用优势，避免威胁	Ⅷ　WT 战略 克服劣势，避免威胁

（1）Ⅰ、Ⅱ、Ⅲ、Ⅳ区域：分析项目或业务的优势与劣势、可能的机会与威胁，填入相应的道斯矩阵区域。

（2）Ⅴ区：内部优势与外部机会匹配，是较理想的匹配，可以采用 SO 战略。通过两种方式强化组织内部的优势：一是通过找出最佳的资源组合来获得竞争优势；二是透过提供资源来强化、扩展已有的竞争优势。

（3）Ⅵ区：与外部机会相关的内部劣势，可采取 WO 战略。通过两种方式来权衡对机会的取舍：一是加强投资，将劣势转化为优势，开拓机会；二是放弃机会。

（4）Ⅶ区：内部优势与外部威胁的组合，可采用 ST 战略，此时如果用坐标轴来展开表示这四方的关系，这种分析方法就会更加直观、清晰。

（5）Ⅷ区：与外部威胁相关的内部劣势，是比较糟糕的组合，存在较大风险。可采用 WT 战略，此时也存在两种选择：一是主动进取，争取领先；二是主动放弃。

由于金融机构所面临的外部机会、威胁相对复杂，上述方法提供了一个分析框架，随着大数据使用日益普遍，SWOT 方法也常在决策模型中被加以运用。

（四）某金融企业 SWOT 分析示例

在前面的例子中，我们看到金融企业 A 具有一定的规模，利润率高于行业平均，不过也面临着新的挑战，以表 3-3 和表 3-4 是对该金融企业进行 SWOT 环境分析的一个示例。

表 3-3　对金融企业 A 的 SWOT 分析（机会）

机会（Opportunity）	SO：利用优势，抓住机会	WO：克服劣势，抓住机会
◇行业发展趋势好，市场空间大	◇扩大产品市场占有率	◇完善企业营销管理体系
◇国家政策的支持	◇扩大企业的规模	◇加大研发投入，开发新产品线
◇产品需求差异化增加	◇创建世界性品牌	◇加强员工的培训
◇市场尚未出现真正的领导品牌	◇管理创新	◇加强产品送达能力建设

表 3-4　对金融企业 A 的 SWOT 分析（威胁）

威胁（Threat）	ST：利用优势，避免威胁	WT：克服劣势，避免威胁
◇国外品牌资金雄厚，抢走市场份额	◇制定富有竞争力的价格	◇加强应收账款的管理，回收资金
◇国内各大小品牌逐步走向正轨	◇缩短新产品研发周期	◇加强成本控制
◇消费者价格敏感性增加，易引发价格战	◇提供差异化的产品	◇加强客户关系管理
◇消费者对新产品需求逐步增加		

综上所述，使用 SWOT 分析可以帮我们建立系统化的思维，在深入了解金融机构所处外部环境的基础上，进一步对金融机构内部环境进行分析，判明金融机构面临的机遇与挑战，继而制定企业发展的战略与策略。

第二节　金融服务营销调研

从金融服务营销管理的过程来看，市场调研是开展市场营销管理过程的依据和基础，一方面，它为营销决策者选择环境与市场机会提供信息支持；另一方面，市场营销调研是市场营销信息系统的重要组成部分，可以及时地向金融企业提供市场环境的变化和本金融企业营销策略执行情况的反馈信息，以便决策者对战略和策略进行控制。

一、服务营销调研

服务营销调研是指系统地、客观地收集、整理和分析服务营销活动的各种资料或数据，用以帮助营销管理人员制定有效的市场营销决策。"系统"（systematic）指的是市场营销调研必须有周密的计划和安排，使调研工作有条理地开展下去。"客观"（objective）是指对所有信息资料，调研人员必须以公正和中立的态度进行记录、整理和分析处理，应尽量减少偏见和错误。"帮助"（help）指调研所得的信息以及根据信息分析后所得出的结论，只能作为市场营销管理人员制定决策的参考，而不能代替他们去作出决策。市场营销调研有利于制定科学的营销规划，有利于优化营销组合以及有利于开拓新的市场。

菲利普·科特勒指出，市场调查是系统地设计、收集、分析并报告与公司面临的特定市场营销状况有关的数据和调查结果。

美国市场营销协会认为，市场营销调研是指通过信息，即阐明特定市场机会和问题的信息，把市场营销者同消费者、顾客和社会结合起来。

（一）服务营销调研的重要性

市场营销调研因下列重要性往往为企业决策者所重视：

（1）决策者需要寻找新的市场机会。在作出把某一产品投入市场的决策之前，要了解哪些是消费者新的需要和偏好，哪些产品已进入其生命周期（product life cycle）的尽头等。

（2）市场营销管理人员需要寻找某种问题产生的原因。例如，发现在某一市场上原来深受用户喜爱的产品现在被用户们冷落了，这时就会由管理者或决策者向调研部门提出调研课题，是产品质量或服务质量下降了，还是消费者或用户的偏好有所变化。

（3）决策者在制定决策后必须在其实施过程中进行监测、评价和调整。许多情况下，市场营销调研就是针对决策是否有效而进行的，分析一项新的决策是否使市场营销活动向更为有利的方向发展。

（4）预测未来。调研为预测提供资料依据，预测的准确性很大程度上取决于市场营销调研的质量。营销调研与预测是密切联系又有区别的两个概念。

（二）市场营销调研的类型

市场营销调研按调研时间，可分为一次性调研、定期性调研、经常性调研、临时性调研；按调研目的，可分为探测性调研、描述性调研、因果关系调研，如图 3-7 所示。

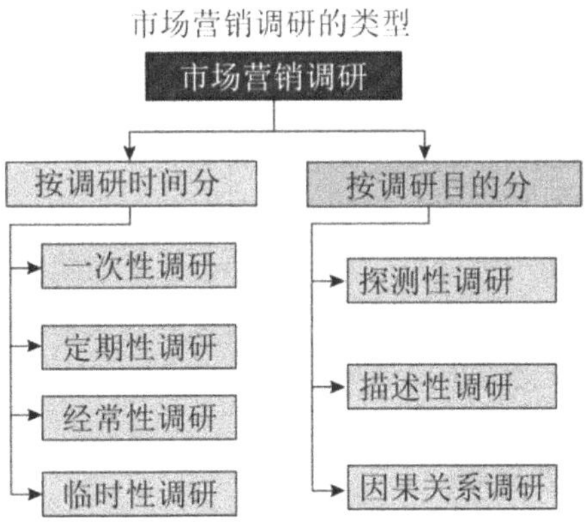

图 3-7　市场营销调研的类型

资料来源：MBA 智库

二、服务营销调研的内容

服务营销调研的内容分为服务营销市场调研内容和服务营销市场调研对象两类。

（一）服务营销市场调研内容

1. 市场需求容量（the market needs）调研

市场需求容量调研主要包括：市场最大和最小需求容量、现有和潜在的需求容量、不同商品的需求特点和需求规模、不同市场空间的营销机会以及企业和竞争对手分别现有市场占有率等。

2. 可控因素（the controllable factor）调研

可控因素调研主要包括对产品、价格、销售渠道和促销方式等因素的调研。

（1）产品调研：有关产品性能、特征和顾客对产品的意见和要求的调研；产品生命周期调研，以了解产品所处的生命期的阶段；产品的包装、名牌、外观等给顾客的印象的调研，以了解这些形式是否与消费者或用户的习惯相适应。

（2）价格调研：产品价格的需求弹性调研；新产品价格制定或老产品价格调整所产生的效果调研；竞争对手价格变化情况调研；选样实施价格优惠策略的时机和实施这一策略的效果调研。

（3）销售渠道调研：企业现有产品分销渠道状况，中间商在分销渠道中的作用及各自实力，用户对中间商尤其是代理商、零售商的印象等内容的调研。

（4）促销方式调研：主要是对人员推销、广告宣传、公共关系等促销方式的实施效果进行分析、对比。

3. 不可控制因素（the uncontrollable factor）调研

（1）政治环境调研：对企业产品的主要用户所在国家或地区的政府现行政策、法令及政治形势的稳定程度等方面的调研。

（2）经济发展状况调研：调查企业所面对的市场在宏观经济发展中将产生何种变化。调研的内容包括各种综合经济指标所达水平和变动程度。

（3）社会文化因素调研：调查对市场需求变动产生影响的社会文化因素，如受众的文化程度、职业、民族构成，宗教信仰及民风，社会道德与审美意识等。

（4）技术发展状况与趋势调研：主要是为了了解与本企业生产有关的技术水平状况及趋势，同时还应把握社会相同产品生产企业的技术水平的提高情况。

（5）竞争对手调研：在竞争中要保持企业的优势，就必须随时掌握竞争对手的各种动向，在这方面主要是关于竞争对手数量、竞争对手的市场占有率及变动趋势、竞争对手已经或将要采用的营销策略、潜在竞争对手情况等方面的调研。

（二）服务营销市场调研对象

市场营销调研对象包括以下内容：

1. 宏观环境调研

（1）国家、地方的有关方针政策、制度调整、体制变化，国家、地方颁布的法规、法令等。

（2）经济状况：工商农业、财政、金融、基础设施、国内生产总值、产业机构、人口结构变化等。

（3）社会文化：社会生活方式、风俗习惯、宗教信仰、价值观、教育水平、职业状况等。

（4）地理自然状况：地理位置、自然资源、气候、交通、人口分布、数量、结构等。

（5）科技情况：科研新发展、新发明、新创造、新技术、新工艺、新材料的研发、应用、发展趋势；新产品开发上市情况等。

2. 市场调研

（1）市场特性。

（2）市场规模（包括现实需求和潜在需求）。

（3）可能销量的预测。

（4）市场动向和发展。

（5）市场对产品销售的态度。

（6）市场增长率。

（7）本金融机构及其他产品的市场占有率。

（8）最大竞争对手的市场占有率。

3. 竞争者调研

（1）竞争者属性。

（2）竞争企业各类产品销售额。

（3）各地域所占比例。

（4）顾客评价。

（5）产品特性和产品竞争力及与本公司产品的优劣情况对比。

（6）销售网点数和销售额。

（7）交易条件及其变化。

（8）对销售网点的援助和指导情况。

（9）广告、宣传的方法、频率、投入金额、渗透情况等。

（10）人员推销的方法、推销活动的特性。

（11）营业推广的方法。

（12）营业人员的数量及素质。

（13）售后服务的方法及质量。

4. 消费者调研

（1）消费者结构。

（2）消费者的需求特点、数量、种类。

（3）消费者的购买动机和购买习惯。

（4）消费者的购买能力和购买行为。

（5）了解市场性质，包括顾客分布、顾客特征、顾客变化、市场比较、潜在市场的决定、销售额的预测。

（6）了解消费者的动机，包括购买动机、影响动机的因素、发现产品及店铺的选择背后的动机、分析购物及产品比较的动机。

（7）了解消费者的态度，包括：消费者对分支机构网点、产品的态度；消费者的不满；分析态度的相对强度；消费者对产品形象的偏好；对分支网点方便性的态度；评价对购买计划的态度。

（8）对偏好的认识，包括：网点偏好；产品偏好；对网点、对产品的忠诚度；评价买卖领域的选择条件；购买频率。

（9）了解购买意图，包括：购买意图评价；希望和购买意图间的关系；购买意图的实现程度。

5. 市场营销策略研究

（1）产品调研，包括：产品使用者的特征和需求；潜在购买者的态度和偏好；各产品行情好坏及原因；产品的顾客层；产品的占有率、知名度、认知度；对各产品的购买动机；顾客对产品的不满、抱怨、牢骚；不同产品的购买习惯及变化；新产品的前途、开发、试销；包装和标签；

消费者对现有产品的态度和对现有产品的改进。

（2）分销渠道调研，包括：网点选址；渠道选择、变更；中间商、零售商的选择。

（3）物流调研，包括流通中心的规划选址、产品处理包装、库存管理、最佳运输手段选择。

（4）价格调研，包括定价决策、折扣折让策略、市场划分、赊销、付款条件。

（5）促销调研，包括推销人员分配、推销策略、任务设定、激励政策、活动分工、广告媒体选择、广告信息决定、广告效果测定、广告策略变更、广告费用预算、营业推广策略、公关策略。

（三）服务营销调研方法

根据不同需要，市场营销调研方法各有不同，如图3-8所示。

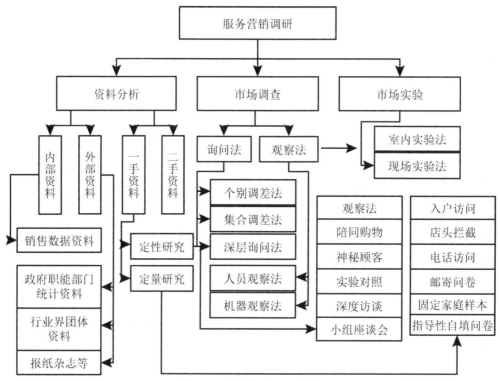

图 3-8　服务营销调研方法

资料来源：**MBA** 智库

三、服务营销调研阶段

服务营销调研阶段包括：

1. 调研准备阶段

这一阶段主要是确定调研目的、要求及范围，并据此制订调研方案。调研准备阶段包括三个步骤。

（1）调研问题的提出。营销调研人员根据决策者的要求，或针对由市场营销调研活动中所发现的新情况和新问题，提出需要调研的课题。

（2）初步情况分析。根据调查课题，收集有关资料作初步分析研究。许多情况下，营销调研人员对所需调研的问题尚不清楚或者对调研问题的关键和范围不能抓住要点而无法确定调研的内容，这就需要先收集一些有关资料进行分析，找出症结，为进一步调研打下基础，通常称这种调研方式为探测性调研（exploratory resarch）。探测性调研所收集的资料包括现有的资料，向专家或有关人员作调查所取得的资料。探测性调研后，需要调研的问题已明确，可进行后续。

（3）制定调研方案。调研方案中确定调研目的、具体的调研对象、调研过程的步骤与时间等，同时还必须明确规定调查单位的选择方法、调研资料的收集方式和处理方法等问题。

2. 调研实施阶段

这一阶段的主要任务是根据调研方案，组织调查人员深入实际收集资料，它又包括两个工作步骤：

（1）组织并培训调研人员。企业往往缺乏有经验的调研人员，要开展营销调研首先必须对调研人员进行一定的培训，目的是使他们对调研方案、调研技术、调研目标及与此项调研有关的经济、法律等知识有一明确的了解。

（2）收集资料。首先收集的是第二手资料（scondary data），也称为次级资料，其来源通常为国家及地方行政管理机关、金融服务部门、行业机构、市场调研与信息咨询机构等发表的统计数据，也有部分资料发表于科研机构的研究报告、著作、论文上。对这些资料的收集方法比较容易，而且花费也较少，我们一般将利用第二手资料来进行的调研称为案头调研（desk research）。其次是通过实地调查来收集第一手资料，即原始资料（primary data），这时就应根据调研方案中已确定的调查方法，确定每一被调查者，再利用设计好的调查方式来取得所需的资料。我们将取得第一手资料并利用第一手资料开展的调研工作称为实地调研（field research），这类调研活动与案头调研相比，花费虽然较大，但是它是调研所需资料的主要提供者。本章所讲的金融服务营销调研方法、技术等都是针对收集第一手资料而言，也就是介绍如何进行实地调研。

3. 调研总结阶段

金融服务市场营销调研的作用能否充分发挥与能否做好调研总结的两项具体工作密切相关。

（1）资料的整理和分析。通过营销调查取得的第一手资料往往比较零乱，有些只是反映问题的某个侧面，带有很强的片面性，所以对这些资料必须进行审核、分类、制表。审核是去伪存真的过程，不仅要审核资料的正确与否，还要审核资料的全面性和可比性。分类是为了便于资料的进一步利用。制表的目的是使各种具有相关关系或因果关系的经济因素更为清晰地显示出来，便于作深入的分析研究。

（2）编写调研报告。调研报告是调研活动的结论性意见的书面报告。编写原则应该是客观、公正全面地反映事实，以求最大程度地减少营销活动管理者在决策前的不确定性。金融服务营销调研报告包括的内容有：调研对象的基本情况、对所调研问题的事实所作的分析和说明、调研者的结论和建议。

冰山原则表明，决策者认识到的问题往往只是真正问题的 10%，也就是说他们认识到的问题实际上只是一个可观测到的现象（如某种类型的可观测的市场表现情况），而问题的其他 90% 都是决策者尚未看到的。例如，问题可能被定义为"市场份额的流失"，而事实上的

> 问题却是宣传效果不佳或销售人员缺乏训练。真实的问题掩盖在"水平面"以下。如果在定义问题及此后的调研设计中忽略了"水平面"以下的那一部分问题，那么基于调研所做的决策就可能是不正确的。

【本章小结】

　　金融服务信息系统的四个组成部分；金融服务环境的概念和分类，金融服务环境分析可包含宏观分析与微观分析。

　　金融服务市场调研的概念和市场调研的内容；市场调研的程序包括调研准备、调研实施和调研总结三个阶段。

【重要术语和概念】

　　环境分析　　宏观因素　　微观因素　　市场调研方法　　调研程序

模块二　能力训练

【知识回顾】

　　1. 金融消费者的购买决策包括＿＿＿＿＿＿＿＿＿＿＿＿＿＿＿＿＿＿＿＿等阶段。

　　2. 金融服务环境分析包括＿＿＿＿＿、＿＿＿＿＿＿、＿＿＿＿＿＿、＿＿＿＿＿等内容。

　　3. 金融服务市场调研的程序包括＿＿＿＿＿、＿＿＿＿＿＿、＿＿＿＿＿＿等。

【判断说明】

　　1. 你如何赞同"我们左右不了市场，能够改变的只有自己"？判断的理由是什么？

　　2. 早期的可口可乐在世界各地都只销售一种口味、一种包装、一种牌号的产品，这背后的观念是什么？现在这种做法可以行得通吗？为什么？

【思考反思】

　　1. 步入21世纪以后，人口老龄化问题在大中城市日益突出，请列举出这一变化带来的金融服务的市场机会。

　　2. 如果说金融服务营销的核心关注点不是产品而是价值创造，请以自己为例，举例说明金融服务营销如何创造价值？你和金融机构分别可以从中得到什么收益？哪种金融服务最适合应用这一理念？

　　3. 提供金融产品和服务的机构很多，所提供的产品和服务范围也很广泛，你能否以图表加以说明？

　　4. 管理决策者和市场营销调研人员有何相似之处？又有哪些不同？如果你是一位市场营销调研人员，你会如何更好地理解决策者的想法？

【能力拓展】

1. 实训目标

通过训练，使学生初步具备通过自我学习，进行市场细分并在此基础上选择目标市场的基本能力。

2. 实训项目

复习本章各主要知识点，以学校食堂为例，对其经营环境予以分析。

3. 实训步骤

第一步，学生自由组合，分成5～8人项目学习小组。

第二步，以小组为单位，课前收集、选择拟进行分析项目的相关资料。

第三步，根据资料信息，分析该项目的市场营销环境。

第四步，在小组讨论的基础上，提交项目研究报告。

第五步，选出小组课发言代表，拟定课前发言稿（1～2分钟）。

【自我认知】

自信的测量

你也许已经在第二章态度的测试中得分很高，但是如果你对于会见客户没有自信，那么你在成为金融服务成功之路上还难以生存。

下面这个练习可以帮助测试自己的自信程度。请先阅读如下每个句子，然后选出你认为最符合你本人情况的强烈程度。

	5	4	3	2	1
我能很快和轻易地把陌生人变为朋友					
即使对我不认识的人，我也能吸引并保持他们的注意					
我喜欢新的环境					
我很喜欢会面时的心理感觉，并可以与我并不认识的人保持良好的关系					
我很乐意向许多经理、主管作产品及服务介绍					
我对自己在不同场合的衣着打扮很有自信					
我不介意通过电话与陌生人约见					
我不害怕别人					
我乐于解决问题					
大多数时间，我都感到安全					
总分					

如果你在态度和自信的测试中得分都很高，那么你整体上已经具备从事金融服务营销工作必要的素质。

如果你在自信方面得分要比在态度方面的得分低，那么表明你应该在与别人打交道方面加强锻炼。本课程将帮助你提高你的自信。

【情景案例】

小王是一名很多方面都很突出的名校硕士毕业生，她不太满意自己的形象，对于自己的工作忍不住抱怨，经常以一种高傲的态度对待别人。她把自己的意识集中在生活中的消极方面。

小罗是一名大学本科毕业生，她努力工作以改善自己的形象，她总是在自己工作中寻找好的方面，并以开朗的心对待他人。她把自己的意识集中在生活中的积极方面。

角色模拟：假设你是小王的顶头上司，你将如何与小王交流此事？

思维启蒙：你认为小王最好的做法是什么？

【互联网搜索】

消费者对个人金融服务和养老金的态度——来自瑞典的案例

大体上，每个人都能活到退休的年龄，之后依靠先前积累的养老金或基金生活。然而，大部分人并没有充分认识到退休后必须适应相对较低的生活水平。

虽然人们大体了解退休意味着什么，但是大部分人并不能采取措施来保证有充足的资金确保退休后的生活质量。

在一项对600名瑞典人的调查中，大部分受访的瑞典消费者认为他们的养老金可能不够用。实际上这是一个很普遍的问题，世界上很多靠领取养老金生活的人会面临被贫穷困扰的风险。

研究表明，平均每六个人中只有一人知道自己将如何获得养老金。大部分受访者都很不了解养老金体系，也很少参与这方面问题的讨论。三分之一的受访者不能给出任何他们可以联系的与养老金相关的公司或主管部门。这些情况可能造成瑞典人没有为退休后的生活做足储蓄或投资准备。

根据对瑞典政府有关部门的访谈，瑞典政府投入大量资金来向国民提供养老金信息。最重要的信息装在"橘色信封"里，从1999年开始每年向国民派发。信封选取橘色是为了引起人们的注意，里面包含了保障型养老保险的信息。尽管相关部门做出了一些努力，使得这类信息富有趣味，并方便取阅，但根据调查，只有五分之一的人认为这类信息适合他们，因为信封中包含的信息并不总是与消费者决策相关。例如，不同年龄的群体有着不同的需要，信息应该对各个群体的具体情况更具针对性。显然，目前相当数量的消费者并不满意。再如，养老金信息的一个重要部分是对人们退休后将得到的养老金数额的估算，但遗憾的是，不同来源渠道的数据并不一致，比如，橘色信封中的估算比其他渠道估算的可能低25%。这种差异引起理解混乱，妨碍很多人的阅读，甚至让很多人打消存养老金的念头。收到橘色信封的人中，大约有20%甚至从不打开信封看内容。略高于25%的人打开信封并浏览信息，但觉得内容不方便阅读或很难理解。

反思与回答：如果邀请你为瑞典政府相关部门提出改进建议，你会从哪几个方面着手分析？

【阅读与讨论】

1. 请阅读可口可乐在中国市场案例，谈谈你对可口可乐对中国市场调研方法的理解。
2. 请阅读一份调研计划书（research proposal），分析此计划书的特色。

【在线测试】

扫描书背面的二维码，获取答题权限。

扫描此码　　　在线自测

第四章
市场细分、目标市场与市场定位（STP）

【本章提要】

本章从服务市场细分、目标市场和市场定位的含义和特征入手，分析市场细分、目标市场选择和市场定位的策略与方法。

【知识目标】

1. 了解市场细分（S）、目标市场（T）和市场定位（P）的基本定义、特征和分类。
2. 了解服务市场细分、目标市场选择的战略和主要方法。
3. 掌握市场定位概念和方法。

【能力目标】

1. 能够初步运用目标市场战略开展定位活动。
2. 学会在不同条件下运用相适应的市场细分方法。
3. 熟悉不同类型市场细分的执行过程。
4. 能够初步为金融企业目标市场选择合适的定位。

【课程思政案例讨论】

扫描此码　　　阅读文章

模块一　理论分析

导入案例

麦当劳瞄准细分市场需求

麦当劳作为一家国际餐饮巨头，创始于 20 世纪 50 年代中期的美国。由于当时创始人及时抓住高速发展的美国经济下的工薪阶层需要方便快捷的饮食的良机，并且瞄准细分市场需求特征，对产品进行准确定位而一举成功。

例如，麦当劳刚进入中国市场时大量传播美国文化和生活理念，并以美国式产品牛肉汉堡来吸引中国消费者。但中国消费者爱吃鸡肉味道的食物，与其他洋快餐相比，鸡肉口味的产品更符合中国消费者的口味，更加容易被中国消费者所接受。与此同时，随着全球变暖和环境压力日益增长，麦当劳不断改变营销策略，推出了植物性鸡肉口味产品。在全世界只卖牛肉产品的麦当劳也开始卖植物性牛肉口味、植物性鸡肉口味的产品了。这一改变正是针对环境和地理要素所做的，也加快了麦当劳在中国市场的发展步伐。

再如，麦当劳以孩子为中心，把孩子作为主要消费者，十分注重培养他们的消费忠诚度。在餐厅用餐的小朋友，经常会意外获得印有麦当劳标志的气球、折纸等小礼物。在中国，还有麦当劳叔叔俱乐部，参加者为 3~12 岁的小朋友，定期开展活动，让小朋友更加喜爱麦当劳。这便是相当成功的人口细分，抓住了该市场的特征与定位。

此外，针对方便型市场，麦当劳提出"59 秒快速服务"，即从顾客开始点餐到拿着食品离开柜台标准时间为 59 秒，不得超过 1 分钟。

针对休闲型市场，麦当劳对餐厅店堂布置非常讲究，尽量做到让顾客觉得舒适自由。麦当劳努力使顾客把麦当劳作为一个具有独特文化的休闲好去处，以吸引休闲型市场的消费者。

讨论：

喜欢去麦当劳的是哪些人群？他们对麦当劳的哪些方面感到满意？

企业必须善于选择适合自己并能充分发挥自身资源优势的目标顾客群从事营销活动，确立企业在市场中的位置，这是企业营销管理中的战略决策问题。这个决策过程是由市场细分、目标市场选择和市场定位三个环节组成的。这三个环节是相互联系、缺一不可的。其中，市场细分是企业目标市场选择和市场定位的基础和前提。

第一节　市场细分（S）

一、市场细分的概念

任何企业都不能单凭自有资源和力量来满足整个市场的需求，这不仅是由企业自身的条件决定的，而且从经济效益方面来看也是不足取的。因此，企业应当分辨出它能有效为之服务的最具有吸引力的细分市场，集中力量，而不是四面出击。

市场细分的概念是美国市场学家温德尔·史密斯（Wendell R. Smith）于 1956 年提出来的。按照消费者欲望与需求把因规模过大导致企业难以服务的总体市场划分成若干具有共同特征的子市场，处于同一细分市场的消费群被称为目标消费群，相对于大众市场而言，这些目标子市场的消费群就是分众了。

市场细分是第二次世界大战结束后，美国众多产品市场由卖方市场转化为买方市场这一新的市场形势下，企业营销思想和营销战略的新发展，更是企业贯彻以消费者为中心的现代市场营销观念的必然产物。

市场细分（segmentation，常简称 S）是指营销者通过市场调研，依据消费者的需要和欲望、购买行为和购买习惯等方面的差异，把某一产品的市场整体划分为若干消费者群的市场分类过程。每一个消费者群就是一个细分市场，每一个细分市场都是具有类似需求倾向的消费者构成的群体。

（一）极端市场细分

著名学者兰晓华认为市场细分有两种极端的方式：完全市场细分与无市场细分，在该两极端之间存在一系列的过渡细分模式。

1. 完全市场细分

所谓完全细分就是市场中的每一位消费者都单独构成一独立的子市场，企业根据每位消费者的不同需求为其生产不同的产品。理论上说，只有一些小规模的、消费者数量极少的市场才能进行完全细分，这种做法对企业而言是不经济的。尽管如此，完全细分在某些行业，如飞机制造业等行业还是大有市场，而且近几年开始流行的"订制营销"就是企业对市场进行完全细分的结果。

2. 无市场细分

无市场细分是指市场中的每一位消费者的需求都是完全相同的，或者是企业有意忽略消费者彼此之间需求的差异性，而不对市场进行细分。

（二）市场细分变量

从消费者的角度来看，市场细分变量因素归纳起来主要有地理环境因素、人口统计因素、消费心理因素、消费行为因素、消费受益因素等。市场细分可归纳为地理细分、人口细分、心理细分、行为细分、受益细分五种基本形式。

进一步细分，这些变量因素还可以从以下方面进行细分：

（1）地理细分的划分基础：国家、地区、城市、农村、气候、地形。

（2）人口细分的划分基础：年龄、性别、职业、收入、教育、家庭人口、家庭类型、家庭生命周期、国籍、民族、宗教、社会阶层。

（3）心理细分的划分基础：社会阶层、生活方式、个性。

（4）行为细分的划分基础：时机、追求利益、使用者地位、产品使用率、忠诚程度、购买准备阶段、态度。

（5）受益细分的划分基础：追求的具体利益、产品带来的益处（质量、价格、品位等）。

（三）市场细分的特征

企业进行市场细分的目的是通过对顾客需求差异予以定位，来取得较大的经济效益。众所周知，产品的差异化必然导致生产成本和推销费用的相应增长，所以，企业必须在市场细分所得收益与市场细分所增成本之间做一权衡。由此，我们得出有效的细分市场必须具备以下特征：

1. 可衡量性

可衡量性是指，用来细分市场的标准和变数，以及细分后的市场是可以识别和衡量的，即有明显的区别，且有合理的范围。如果某些细分变数或购买者的需求和特点很难衡量，细分市场后无法界定，难以描述，那么该市场细分就失去了意义。一般来说，一些带有客观性的变数，如年龄、性别、收入、地理位置、民族等，都易于确定，并且有关的信息和统计数据，也比较容易获得；而一些带有主观性的变数，如心理和性格方面的变数，就比较难以确定。

2. 可进入性

可进入性是指企业能够进入所选定的市场部分，能进行有效的促销和分销，实际上就是考虑营销活动的可行性。可进入性具体可理解为企业能够通过一定的广告媒体把产品的信息传递到该市场众多的消费者中去，并且产品能通过一定的销售渠道抵达该市场。

3. 可盈利性（规模性）

可盈利性是指细分市场的规模要大到能够使企业足够获利的程度，使企业值得为它设计一套营销规划方案，以便顺利地实现其营销目标，并且有可拓展的潜力，以保证按计划能获得理想的经济效益和社会服务效益。如一个普通大学的餐馆，如果专门开设一个西餐馆满足少数师生酷爱西餐的要求，可能由于这个细分市场太小而得不偿失；但如果开设一个回族饭菜供应部，虽然其市场仍然很窄，但从细微处体现了民族政策，有较大的社会效益，值得去做。

4. 差异性

差异性指细分市场在观念上能被区别并对不同的营销组合因素和方案有不同的反应。

5. 相对稳定性

相对稳定性指细分后的市场有相对应的时间稳定。细分后的市场能否在一定时间内保持相对稳定，直接关系到企业生产营销的稳定性。特别是大中型企业以及投资周期长、转产慢的企业，如果细分市场不能保证相对稳定，更容易造成经营困难，严重影响企业的经营效益。

此外，市场细分的基础是顾客需求的差异性，所以凡是使顾客需求产生差异的因素都可以作为市场细分的标准。由于各类市场的特点不同，市场细分的条件也有所不同。

▌二、市场细分的优势

市场细分的优势包括：

1. 有利于选择目标市场和制定市场营销策略

市场细分后的子市场比较具体，比较容易了解消费者的需求，企业可以根据自己经营思想、方针、生产技术和营销力量，确定自己的服务对象，即目标市场。针对着较小的目标市场，便于制定特殊的营销策略。同时，在细分的市场上，信息容易了解和反馈，一旦消费者的需求发生变化，企业可迅速改变营销策略，制定相应的对策，以适应市场需求的变化，提高企业的应变能力和竞争力。

2. 有利于发掘市场机会，开拓新市场

通过市场细分，企业可以对每一个细分市场的购买潜力、满足程度、竞争情况等进行分析对比，探索出有利于本企业的市场机会，使企业及时作出投产、异地销售决策或根据本企业的生产技术条件编制新产品开拓计划，进行必要的产品技术储备，掌握产品更新换代的主动权，开拓新市场，以更好适应市场的需要。

3. 有利于集中资源投入目标市场

任何一个企业的资源、人力、物力、资金都是有限的。通过细分市场，选择了适合自己的目标市场，企业可以集中人、财、物等各种资源，去争取局部市场上的优势，然后再占领自己的目

标市场。

4. 有利于企业提高经济效益

前面三个方面的作用都能使企业提高经济效益。除此之外，企业通过市场细分后，可以面对自己的目标市场，生产出适销对路的产品，既能满足市场需要，又能增加企业的收入。产品适销对路可以加速商品流转，加大生产批量，降低企业的生产销售成本，提高生产工人的劳动熟练程度，提高产品质量，全面提高企业的经济效益。

三、市场细分的方法

市场细分的方法主要有单一变量法、主导因素排列法、综合因素细分法、系列因素细分法等。市场细分作为一个比较、分类、选择的过程，应该按照市场细分的程序来进行。

（一）单一变量法

所谓单一变量法，是指根据市场营销调研结果，把选择影响消费者或用户需求最主要的因素作为细分变量，从而达到市场细分的目的。这种细分法以公司的经营实践、行业经验和对客户的了解为基础，在宏观变量或微观变量间，找到一种能有效区分客户并使公司的营销组合产生有效对应的变量而进行的细分。

例如，玩具市场需求量的主要影响因素是年龄，可以针对不同年龄段的儿童设计适合不同需要的玩具，该细分方法被玩具商所重视。除此之外，性别也常作为市场细分变量而被企业所使用，妇女用品商店、女人街等的出现正反映出性别标准为各公司所重视。

（二）主导因素排列法

主导因素排列法即用一个因素对市场进行细分，如按性别细分化妆品市场，按年龄细分服装市场等。这种方法简便易行，但难以反映复杂多变的顾客需求。

由于消费者的复杂性，以及竞争因素等，采用传统的、基于年龄或者地域等的自然细分方法在金融服务领域会显得力不从心。由于金融产品本身并没有终端用户，金融产品经常表现为一种帮助客户满足其他需求的工具，越来越多的金融机构通过对客户行为进行分类，更好地进行市场细分。

客户细分方法的基础是一些先进的统计技术，将消费者分成不同类型。以下阅读扩展阐释了零售银行中客户忠诚度与赢利性之间的关系。

Garland（2005）基于客户寿命、客户资金份额以及对银行的短期价值这三个因素，提出了一个市场细分的模型。模型基于新西兰某银行数据库中 1700 名客户的赢利性数据，以及对同一批客户进行问卷调查取得数据，通过分析这些数据，研究者划分出了八个细分市场，参见表4-1。

表 4-1 根据客户赢利性和购买时间划分的金融服务细分市场				
类　别	占受访者比例（%）	客户份额	盈利性	使用银行业务时间
陌生客户	11	低	低	短
热情的陌生客户	8	高	低	短
黏性客户	6	低	低	长
忠诚的黏性客户	7	高	低	长
可争取的客户	16	高	高	短
观望的客户	16	低	高	短
普通客户	17	低	高	长
优质客户	19	高	高	长

（三）综合因素细分法

综合因素细分法即用影响消费需求的两种或两种以上的因素进行综合细分，例如用生活方式、收入水平、年龄三个因素可将信贷市场划分为不同的细分市场，如图 4-1 所示。

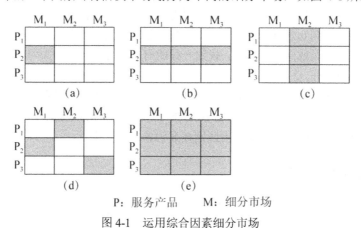

P：服务产品　M：细分市场

图 4-1　运用综合因素细分市场

（四）系列因素细分法

当细分市场所涉及的因素是多项的，并且各因素是按一定的顺序逐步进行，可由粗到细、由浅入深，逐步进行细分，这种方法称为系列因素细分法。目标市场也会变得越来越具体。

市场细分作为一个比较、分类、选择的过程，应该按照一定的程序来进行，通常有这样几步：

1. 正确选择市场范围

企业根据自身的经营条件和经营能力确定进入市场的范围，如进入什么行业、生产什么产品、提供什么服务。

2. 列出市场范围内所有潜在顾客的需求情况

根据细分标准，比较全面地列出潜在顾客的基本需求，作为以后深入研究的基本资料和依据。

3. 分析潜在顾客的不同需求，初步划分市场

企业通过所列出的各种需求，以抽样调查等方式，进一步搜集有关市场信息与顾客背景资料，

然后初步划分出一些差异最大的细分市场，至少从中选出三个分市场。

4. 筛选

根据有效市场细分的条件，对所有细分市场进行分析研究，剔除不合要求、无用的细分市场。

5. 为细分市场定名

为便于操作，可结合各细分市场上顾客的特点，用形象化、直观化的方法为细分市场命名，如某旅游市场分为商人型、舒适型、好奇型、冒险型、享受型、经常外出型等。

6. 复核

进一步对细分后选择的子市场进行调查研究，充分认识各细分市场的特点，如本企业所开发的细分市场的规模、潜在需求，还需要对哪些特点进一步分析研究等。

7. 决定细分市场规模，选定目标市场

企业在各子市场中选择与本企业经营优势和特色相一致的子市场，作为目标市场。没有这一步，就没有达到细分市场的目的。

经过以上七个步骤，企业便完成了市场细分的工作，就要可以根据自身的实际情况确定目标市场并采取相应的目标市场策略。

经典案例 4-1

百度的市场定位

在互联网上，各企业网站的链接地址出现在搜索引擎网站上搜索结果的位置越靠前，才能带来越多的访问量。百度公司紧紧把握"关键词"和"位置"这两个关键元素，推出的搜索竞价服务。当网络用户搜索这些关键词，购买了相关"关键词"的网站就将同时出现在百度搜索引擎结果的前列。如果不同企业购买同一个"关键词"则采取竞价方式，根据企业的出价高低进行动态排名。

经过多年努力百度成了中国人最常使用的中文搜索网站，并在美国纳斯达克成功上市。现在，公司创始人李彦宏正试图将已经在中国搜索引擎市场上牢牢占据了领先地位的百度带入国际市场。

资料来源：http：//blog.sina.com.cn/s/blog_799f6a4b0100rc3p.html.

讨论：

百度目前是如何进一步进行市场定位的？

第二节　目标市场（T）和市场定位（P）

一、目标市场的选择

企业在划分好细分市场之后，可以进入既定市场中的一个或多个细分市场。目标市场选择

（targeting，常简称T）是指估计每个细分市场的吸引力程度，并选择进入一个或多个细分市场。目标市场的选择需要标准，这些标准包括：

1. 有一定的规模和发展潜力

企业进入某一市场是期望能够有利可图，如果市场规模狭小或者趋于萎缩状态，企业进入后难以获得发展，此时，应审慎考虑，不宜轻易进入。当然，企业也不宜以市场吸引力作为唯一标准，特别是应力求避免"多数谬误"，即与竞争企业遵循同一思维逻辑，将规模最大、吸引力最大的市场作为目标市场。大家共同争夺同一个顾客群的结果是，造成过度竞争和社会资源的无端浪费，同时使其他消费者的一些本应得到满足的需求遭受冷落和忽视。现在国内很多企业动辄将城市尤其是大中城市作为其首选市场，而对小城镇和农村市场不屑一顾，很可能就步入误区，如果转换一下思维角度，一些目前经营尚不理想的企业说不定会出现"柳暗花明"的局面。

2. 细分市场结构的吸引力

细分市场可能具备理想的规模和发展特征，然而从赢利的观点来看，它未必有吸引力。波特认为有五个群体量决定整个市场或其中任何一个细分市场的长期内在吸引力。这五个群体是：同行业竞争者、潜在的新参加的竞争者、替代产品、购买者和供应商。

3. 符合企业目标和能力

某些细分市场虽然有较大吸引力，但不能推动企业实现发展目标，甚至会分散企业的精力，使之无法完成其主要目标，这样的市场应考虑放弃。同时，企业还应考虑自身的资源条件是否适合在某一细分市场经营。只有选择那些企业有条件进入、能充分发挥其资源优势的市场作为目标市场，企业才有可能立于不败之地。

现代市场经济条件下，制造商品牌和经销商品牌之间经常展开激烈的竞争，也就是所谓品牌战。一般来说，制造商品牌和经销商品牌之间的竞争，本质上是制造商与经销商之间实力的较量。在制造商具有良好的市场声誉并拥有较大市场份额的条件下，应多使用制造商品牌，无力经营自己品牌的经销商只能接受制造商品牌。相反，当经销商品牌在某一市场领域中拥有良好的品牌信誉及庞大的、完善的销售体系时，利用经销商品牌也是有利的。因此进行品牌使用者决策时，要结合具体情况，充分考虑制造商与经销商的实力对比，以求客观地作出决策。

▌ 二、目标市场选择策略

目标市场选择包括如下策略：

1. 无差异性目标市场策略

该策略是把整个市场作为一个大目标开展营销，强调消费者的共同需要，从而忽视其差异性。

采用这一策略的企业，一般都是实力强大且采用大规模生产方式，又有广泛而可靠的分销渠道，以及统一的广告宣传方式和内容。

2. 差异性目标市场策略

该策略通常是把整体市场划分为若干细分市场分别作为其目标市场。针对不同目标市场的特点，分别制定出不同的营销计划，按计划生产目标市场所需要的商品，满足不同消费者的需要。

3. 集中性目标市场策略

该策略是选择一个或几个细分化的专门市场作为营销目标，集中企业的优势力量，对某细分市场采取攻势营销战略，以取得市场上的优势地位，如图4-2所示。

一般说来，实力有限的中小企业多采用集中性市场策略。

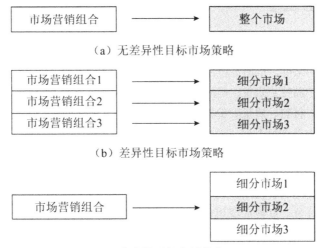

图 4-2　几种目标市场选择策略

三、市场定位

企业根据竞争者现有产品在市场上所处的位置，针对消费者或用户对该产品某种特征或属性的重视程度，强有力地塑造出本企业产品与众不同的、给人印象鲜明的个性或形象，并把这种形象生动地传递给顾客，从而使该产品在市场上确定适当的位置。

市场定位（positioning，常简称 P）是指在目标市场客户（包括现有客户和潜在客户）的心目中塑造出不同于竞争对手的具有鲜明特点的产品、服务的营销技术。市场定位并不是你对一件产品本身做些什么，而是你在潜在消费者的心目中做些什么。市场定位的实质是使本企业与其他企业严格区分开来，使顾客明显感觉和认识到这种差别，从而在顾客心目中占有特殊的位置。简而言之，市场定位就是在客户心目中树立独特的形象。

市场定位可分为对现有产品的再定位和对潜在产品的预定位。对现有产品的再定位可能导致产品名称、价格和包装的改变，但是这些外表变化的目的是为了保证产品在潜在消费者的心目中留下值得购买的形象。对潜在产品的预定位，要求营销者必须从零开始，使产品特色确实符合所选择的目标市场。公司在进行市场定位时，一方面要了解竞争对手的产品具有何种特色；另一方面要研究消费者对该产品的各种属性的重视程度，然后根据这两方面进行分析，再选定本公司产品的特色和独特形象。

产品定位：侧重于产品实体定位，如质量、成本、特征、性能、可靠性、用性、款式等。

企业定位：即企业形象塑造，如品牌、员工能力、知识、言表、可信度等。

竞争定位：确定企业相对于竞争者的市场位置，如七喜汽水在广告中称它是"非可乐"饮料，暗示其他可乐饮料中含有咖啡因，对消费者健康有害。

消费者定位：确定企业的目标顾客群。

四、市场定位原则

各个企业经营的产品不同，面对的顾客也不同，所处的竞争环境也不同，因而市场定位所依据的原则也不同。总的来讲，市场定位所依据的原则有以下四点：

（1）根据具体的产品特点定位：构成产品内在特色的许多因素都可以作为市场定位所依据的原则，比如所含成分、材料、质量、价格等。"七喜"汽水的定位是"非可乐"，强调它是不含咖啡因的饮料，与可乐类饮料不同。"泰宁诺"止痛药的定位是"非阿司匹林的止痛药"，显示药物成分与其他止痛药有本质的差异。一件仿皮皮衣与一件真正的水貂皮衣的市场定位自然不会一样，同样，不锈钢餐具若与纯银餐具定位相同，也是令人难以置信的。

（2）根据特定的使用场合及用途定位：为老产品找到一种新用途，是为该产品创造新的市场定位的好方法。小苏打曾一度被广泛用作家庭的刷牙剂、除臭剂和烘焙配料，现在已有不少的新产品代替了小苏打的上述功能。我们介绍了小苏打可以定位为冰箱除臭剂，另外还有公司把它当做了调味汁和肉卤的配料，更有一公司发现它可以作为冬季流行性感冒患者的饮料。我国曾有一家生产"曲奇饼干"的厂家最初将其产品定位为家庭休闲食品，后来又发现不少顾客购买是为了馈赠，又将之定位为礼品。

（3）根据顾客得到的利益定位：产品提供给顾客的利益是顾客最能切实体验到的，也可以用作定位的依据。如美国米勒（Miller）啤酒公司曾推出一种低热量的"Lite"牌啤酒，将其定位为喝了不会发胖的啤酒，迎合了那些经常饮用啤酒而又担心发胖的消费者的需要。

（4）根据使用者类型定位：企业常常试图将其产品指向某一类特定的使用者，以便根据这些顾客的看法塑造恰当的形象。美国米勒啤酒公司曾将其原来唯一的品牌"高生"啤酒定位于"啤酒中的香槟"，吸引了许多不常饮用啤酒的高收入妇女。米勒公司后来发现，占30%的狂饮者大约消费了啤酒销量的80%，于是，该公司在广告中展示石油工人钻井成功后狂欢的镜头，还有年轻人在沙滩上冲刺后开怀畅饮的镜头，塑造了一个"精力充沛的形象"，在广告中提出"有空就喝米勒"，从而成功占领啤酒狂饮者市场达10年之久。

事实上，许多企业进行市场定位的依据的原则往往不止一个，而是多个原则有机组合使用。因为要体现企业及其产品的形象，市场定位必须是多维度的、多侧面的。

五、市场定位的步骤

市场定位的关键是企业要设法在自己的产品上找出比竞争产品更具有竞争优势的特性。竞争优势一般有两种基本类型。一是价格竞争优势，就是在同样的条件下比竞争者定出更低的价格，这就要求企业采取一切努力来降低单位成本。二是偏好竞争优势，即能提供确定的特色来满足顾客的特定偏好，这就要求企业采取一切努力在产品特色上下功夫。

因此，企业市场定位的全过程可以分为以下三大步骤：

（1）分析目标市场的现状，确认潜在的竞争优势。这一步骤的中心任务是要回答以下三个问题：一是竞争对手产品定位如何？二是目标市场上顾客欲望满足程度如何以及确实还需要什么？三是针对竞争者的市场定位和潜在顾客的真正需要的利益要求企业应该及能够做什么？要回答这三个问题，企业市场营销人员必须通过一切调研手段，系统地设计、搜索、分析并报告有关上述问题的资料和研究结果。通过回答上述三个问题，企业就可以从中把握和确定自己的潜在竞争优势在哪里。

（2）准确选择竞争优势。对目标市场初步定位竞争优势表明企业具备胜过竞争对手的能力。这种能力既可以是现有的，也可以是潜在的。选择竞争优势实际上就是一个企业与竞争者各方面实力相比较的过程。比较的指标应是一个完整的体系，只有这样，企业才能准确地选择相对竞争优势。通常的方法是分析、比较企业与竞争者在经营管理、技术开发、生产、市场营销、财务和产品等六个方面究竟哪些是强项，哪些是弱项。借此选出最适合本企业的优势项目，以初步确定企业在目标市场上所处的位置。

（3）显示独特的竞争优势和重新定位。这一步骤的主要任务是企业要通过一系列的宣传促销活动，将其独特的竞争优势准确传播给潜在顾客，并在顾客心目中留下深刻印象。为此，企业首先应使目标顾客了解、知道、熟悉、认同、喜欢和偏爱本企业的市场定位，在顾客心目中建立与该定位相一致的形象。其次，企业通过各种努力强化目标顾客形象，保持目标顾客的了解，稳定目标顾客的态度和加深目标顾客的感情来巩固其与市场相一致的形象。最后，企业应注意目标顾客对其市场定位理解出现的偏差或由于企业市场定位宣传上的失误而造成的目标顾客模糊、混乱和误会现象，及时纠正与市场定位不一致的形象。

企业的产品在市场上定位即使很恰当，但在下列情况下，还应考虑重新定位：①竞争者推出的新产品定位于本企业产品附近，侵占了本企业产品的部分市场，使本企业产品的市场占有率下降。②消费者的需求或偏好发生了变化，使本企业产品销售量骤减。

重新定位是指企业为已在某市场销售的产品重新确定某种形象，以改变消费者原有的认识，争取有利的市场地位的活动。如某日化厂生产婴儿洗发剂，以强调该洗发剂不刺激眼睛来吸引有婴儿的家庭。但随着出生率的下降、销售量减少，该日化厂为了增加销售，将产品重新定位，强调使用该洗发剂能使头发松软有光泽，以吸引更多、更广泛的购买者。重新定位对于企业适应市场环境、调整市场营销战略是必不可少的，可以视为企业的战略转移。重新定位可能导致产品的名称、价格、包装和品牌的更改，也可能导致产品用途和功能上的变动，企业必须考虑定位而产生的成本和新定位的收益问题。

第三节　金融服务 STP 战略

在现代广阔的市场上，金融营销者根本无法获取整个市场所有客户的青睐，不可能用一种产品或营销模式应对所有客户，也不可能为所有客户提供其需要的产品。一方面，客户太多、太分散，且需要和习惯千差万别；另一方面，金融企业满足不同市场的能力和可用资源不尽相同，每个金融企业需要找到属于自身的市场位置，这就是 STP 理论的现实基础。

金融企业目标市场营销是金融企业在市场调研基础上，识别不同消费者群体的差别，发现并选择若干最有价值且能为之提供最有效服务的消费群体作为自己的目标市场，满足客户需要，建立有自己竞争优势的品牌。金融企业在完成市场细分和选择目标市场后，就可以进行准确的市场定位，选择最适合自身发展的 STP 战略。STP 战略是金融企业进行市场营销的一项具有战略意义的重大决策。

金融市场上，STP 战略的关键是企业要设法在自己的产品和服务上找出比竞争者更具有竞争优势的特性。竞争优势一般有两种基本类型：一是价格竞争优势，即在同样的条件下比竞争者制定更低的价格；二是偏好竞争优势，即能提供确定的特色来满足客户的特定偏好。通常，金融企业市场定位的过程主要包括三个步骤。

1. 识别潜在竞争优势

识别潜在竞争优势是指金融企业在市场调研的基础上，识别自身潜在的竞争优势，它主要包括以下三个方面的内容：

（1）明确竞争对手的产品和服务定位。

（2）了解目标市场上客户的满意程度以及潜在服务需求。

（3）根据竞争者的市场定位和潜在顾客的需求，提供差异化的产品或服务。

金融企业通过系统地设计、搜索、分析和报告上述内容，可以从中把握和明确自身潜在的竞争优势，从而提供更多有特色的服务以满足客户的需求。

2. 选择竞争优势

选择竞争优势实际上就是把金融企业与竞争者各方面的实力相比较的一个过程。竞争优势表明企业胜过竞争对手的能力。但是，并不是每一种优势都是金融企业能够利用的，金融企业应该善于发现并利用自身存在或创造出来的相对竞争优势。这种能力既可以是现有的，也可以是潜在的。因此，金融企业应选出最适合本企业的竞争优势，以初步确定该企业在目标市场上所处的位置。

3. 凸显竞争优势

凸显竞争优势是指金融企业要通过一系列的宣传推广活动，将其独特的竞争优势凸显出来并准确传播给目标客户，使其在客户心目中留下深刻印象的过程，主要包括以下三个方面的内容：

（1）树立企业形象。金融企业应该使目标客户了解、熟悉并偏爱本企业的市场定位，在客户心目中建立与该定位相一致的形象。

（2）强化企业形象。金融企业通过各种努力保持对目标客户的了解，稳定、拉新、促活客户，通过加深与目标客户的感情来巩固与强化企业形象。

（3）及时纠正偏差。金融企业应注意目标客户对其市场定位理解出现的偏差或由于企业市场定位宣传上的失误而造成的目标客户模糊、混乱和误会等现象，及时纠正与市场定位不一致的企业形象，从而满足目标客户的需求。

金融企业目标市场定位的战略可以包括以下几种：

（1）发掘战略：通过发掘市场上未重叠的新区划来定位。企业发现一个新的市场空间，这一个空间有足够的消费者作为后盾。

（2）跻身战略：企业发现目标市场竞争者众多，但是区划市场需求潜力还很大，而且企业有条件适应这一个区划。此时，企业应采取跻身战略，与众多竞争对手分享市场。

（3）取代战略：把对方赶出现在的市场位置，由本企业取代。运用该战略，企业必须比竞争对手且有明显的竞争优势，必须提供更优越于竞争对手的产品。

金融企业在进行目标市场定位时要注意避免几个错误：

（1）定位不明显：金融企业定位不明显，在顾客心目中只有模糊形象。

（2）定位过于狭隘：企业过分强调定位于某一个狭隘市场，使顾客忽略了企业在其他方面的表现。

（3）定位混淆：金融企业品牌的整体形象，造成一些矛盾的宣传。

确定目标市场的主要目的是找到价值客户，价值客户也可以分为高价值客户和低价值客户，金融企业定位则须明晰。

【本章小结】

1. 市场细分是指企业根据顾客的需求欲望、购买行为、购买习惯等各方面的差异性，把某一产品的整体市场划分为若干顾客群。市场细分的本质是对顾客分类，而不是对产品分类，是对顾客的一种聚合分类，即把具有某种共同需求特征的顾客鉴别出来并归类。

2. 目标市场选择的本质是不同细分市场和企业资源之间的匹配，即为企业选择一个既有发展前景又是企业资源所能支撑的细分市场组合为企业的目标市场，使企业有能力向这一细分市场提供最优秀的产品和服务，取得竞争优势。

3. 定位是指金融企业针对消费者对某产品某种特征或属性的重视程度，强有力地塑造出本企业产品与众不同的、给人印象鲜明的个性或形象，并把这种形象生动地传递给顾客，从而使该产品在市场上确定适当的位置。市场定位就是在客户心目中树立独特的形象。

【重要术语和概念】

市场细分　目标市场　市场定位

模块二　能力训练

【知识回顾】

填空题

1. 市场细分是对＿＿＿＿＿＿＿＿＿＿＿＿＿＿＿＿＿＿＿＿＿＿＿＿＿进行的分类。

2. 目标市场是＿＿＿＿＿＿＿＿＿＿＿＿＿＿＿＿＿＿＿＿＿＿＿＿＿＿＿。

【判断说明】

1. 选取任一金融产品，运用方法测量该产品上一年北京市场该产品的总市场量。

2. 请先用问卷调查等方式了解当代大学生的主要消费需求。由于大学生活是一种集体生活，宿舍、班级都是参照群体，举例说明参照群体对你的需求产生了哪些影响？是怎样影响你的？

4. 请描述出你身边的一个金融消费群体的行为特征。

5. 依据上题所描述的消费群体的行为特征，针对某一特定金融产品，选择细分变量并进行细分，并对细分的有效性进行判断评估。

6. 假如你是一个小额贷款公司的总经理，你会如何选择目标市场？

7. 你认为目标市场选择时可能遇到的困难是什么？你是如何分析的？

【思考反思】

1. 请举两例并对比说明哪个行业产品无形的特点更明显？哪个行业有形的特点更明显？

2. 中国金融行业在发展的各个阶段所面临的服务需求主要有哪些？

3. 本章所讨论的金融服务营销与你之前了解的有何不同？

4. 金融服务营销提供了哪些职业发展途径？你喜欢或适合什么？

【能力拓展】

元气森林和汇源果汁：市场竞争那些事

元气森林的快速崛起

元气森林，创立于 2016 年，4 年后，估值已达 40 亿元。2019 年"双十一"，元气森林在全网销量中排名第二，打败了可口可乐、百事可乐；元气森林，一个在小红书上疯狂刷屏的饮料黑马，线上数据绝佳，线下更是称霸了各个商超便利店。

元气森林的成功，到底是偶然，还是有一些在传统的营销视角之外的东西呢？一起来拆解那些属于元气森林的新式营销。

一、线上线下精准借势

据报道，元气森林线下销售已涵盖 53 个连锁便利店系统，线上开设元气森林天猫旗舰店，元气森林京东旗舰店，元气森林小红书官方店铺。

1. 便利店业态崛起

在连锁百强各业态中，便利店增速遥遥领先：便利店百强企业销售规模同比增长 21.1%，门店数量增长 18.0%，新增门店 11944 个，占百强新增门店总数的 62.5%。而对于元气森林来说，抓住这个崛起的机会，最主要在于如何搭上便利店崛起的这趟快车？

7-11 便利店的统计数据显示，20~40 岁消费者在便利店消费人群中的占比已经达到 88%。从客户构成来看，公司职员为主要消费人群。因此，便利店需要的是有别于其他渠道、精准定位于年轻白领、客单价与毛利率较高的精品餐饮产品。

元气森林一个最主要的切入口就是精品包装饮料。比如 5~6 元的汽水和茶饮（元气森林·燃茶）、7~8 元的功能饮料（外星人电解质水）、10 元的奶茶（元气森林·乳茶）。利用这个切入点，元气森林正好满足便利店的消费客群需要，把握住了便利店红利期。

2. 女性手机上的小红书甜度诱惑

首先，和微博、豆瓣、B 站等社交平台不同，小红书其实是没有 PC 端服务的。

其次，以女性为主的小红书，似乎是一个跟糖有仇的平台。搜索"控糖""戒糖""断糖"等关键词合计，有超 10 万条笔记，除此之外，"热量"一词有 36 万多条笔记，"卡路里"一词也有 10 万多条笔记。不过很有趣的是，搜索"甜"有262 万条笔记，即使搜索"糖"也有150 万多条笔记。

年轻女性是一个有趣的群体，在口口声声说"抗糖戒糖"的同时，又对甜品甜饮毫无抵抗力。面对这种极其矛盾的需求，元气森林提出了"0 糖、0 脂肪、0 卡路里"的宣传语。

二、产品设计的精准靶向

上面说到，元气森林是通过手机、便利店等精准渠道，触达消费客群（爱吃甜又怕糖的年轻女性）。那么现在这一批女性，最爱玩的是什么呢？列举了一下，全民"蛙儿子"的《旅行青蛙》、全民女儿的"氪金"换装手游《奇迹暖暖》、一度与王者荣耀相抗衡的《阴阳师》，以及火爆一时的《恋与制作人》，你会发现，风格非常偏向日本风格！

基于这个分析洞察，元气森林的整体设计规划，很符合一些数据报告的洞察结果。什么样的包装更容易引人注目呢？消费者心目中引人注目的包装因素第一名是：包装产品名有新意（63%）。这就是元气森林产品名印刷体用偏僻字"気"而不是"气"的一大原因。还有报告显示，24 岁以上人群和一线城市消费者的健康营养意识更为强烈，消费者尤其关注包装上与营养和健康相关的信息，89%的人会关注生产日期和保质期，76%的人会关注健康、营养相关宣传，如无糖、无添加等，73%的人会关注营养配料成分表。

元气森林的产品上大字标出的"0 糖、0 卡、低脂、0 反式脂肪酸"，也是刚好切入了这部分人群的关注点。这样经过精准设计的产品，怎么会不引起年轻女性的狂热追捧呢？

三、营销的"新操作方式"

元气森林在其所擅长的领域内，运用了大量前沿的工具、技术。以数据调研、产品研发为例。

传统的用户问卷调研的真实性有一定上限，原因除了问卷规模有限之外，还包括问卷的受众往往不够随机，而且用户的真实行为与回答之间常常有一定的出入。比如，当面问用户"你喜欢哪个品牌的口红"的时候，用户无论回答什么，往往都代表不了最真实的情况，因为他们通常是看网上的风评，网络上推荐什么，他们则更倾向什么。他们一箱箱往家里搬燃茶、乳茶、元气森林气泡水，实质都是看着小红书和李佳琦下的单。所以在线上引导如此重要的情况下，一个产品想要突围，就需要新的技术支持，那就是 MarTech（智慧营销）。

MarTech 通过程序化广告渠道，分配好各个时间、渠道、人群的权重，并通过多种手段识别真人回答，自动去重，实现真正可控的随机调研。还有，人工智能问卷也可以在突破人力限制的同时，根据不同用户的不同回答，智能地、实时地调整下一句对话的内容，用人工智能（AI）实现大规模的"人"的智能。

你可能很难想象 MarTech 在帮助产品研发这件事上有多厉害。一个可行的 MarTech 用法是，先把这 10 个设计方案的产品广告做出来，放上电商平台，并记录用户的点击率、浏览完成率，并征集用户评价。其次面对不同人群和机型，自动更换不同的色彩、主题、排版细节元素，并获取对比与反馈。

这样的操作，方案的不同可能性组合的优与劣都能精确测算，并形成一份简洁可视化的数据报告提交给决策者。借此，决策者就能快速且低成本地获知在哪些平台、对哪些人、分别用怎样的设计方案是效果最佳的，并通过智能投放以达到投资回报率的最大化。

互联网出身的唐彬森创立的元气森林，"唯快不破"成功诀窍：乘上便利店崛起的快车道，突击大品牌所无法触达的细分市场，找准新兴的社交媒体平台，依据这一细分用户群体的数据画像规划产品，干净利落地打动他/她们。

汇源果汁的深度细分市场之惑

在碳酸饮料流行的 20 世纪 90 年代初期，汇源公司就已开始专注于各种果蔬汁饮料市场的开发。虽然当时国内已经有一些小型企业开始零星生产和销售果汁饮料，但大部分由于起点低、规模小而难有起色；而汇源是国内第一家大规模进入果汁饮料行业的企业，其先进的生产设备和工艺是其他小作坊式的果汁饮料厂所无法比拟的。

"汇源"果汁充分满足了当时人们对于营养健康的需求，凭借其 100%纯果汁专业化的"大品牌"战略和令人眼花缭乱的"新产品"开发速度，在短短几年时间就跃升为中国饮料工业十强企业，其销售收入、市场占有率、利润率等均在同行业中名列前茅，从而成为果汁饮料市场当之无愧的引领者。其产品线也先后从鲜桃汁、鲜橙汁、猕猴桃汁、苹果汁扩展到野酸枣汁、野山楂汁、果肉型鲜桃汁、葡萄汁、木瓜汁、蓝莓汁、酸梅汤等，并推出了多种形式的包装。应该说这种对果汁饮料行业进行广度市场细分的做法是汇源公司得以在果汁饮料市场竞争初期取得领导地位的关键成功要素。

随着 1999 年统一集团涉足橙汁产品，一切就发生了变化。在涉足橙汁产品的第二年，统一仅"鲜橙多"一项产品销售收入就近 10 亿元，在第四季度，其销量已超过"汇源"。巨大的潜力和统一"鲜橙多"的成功先例吸引了众多国际和国内饮料企业的加入，可口可乐、百事可乐、康师傅、娃哈哈、农夫山泉、健力宝等纷纷进入果汁饮料市场，一时间群雄并起。

根据中华全国商业信息中心统计显示，"汇源"的销量排在鲜橙多之后，除了西北区外，华东、华南、华中等六大区都被鲜橙多和康师傅的"每日 C"抢得领先地位，可口可乐的"酷儿"也表现优异，显然"汇源"的处境已是大大不利。尽管汇源公司把这种失利归咎于可能是因为"PET 包装线缺失"和"广告投入不足"等原因，但在随后花费巨资引入数条 PET 生产线并在广告方面投入重金加以市场反击后，其市场份额仍在下滑。显然，问题的症结并非如此简单。

在市场的导入初期，由于客户的需求较为简单直接，市场细分一般是围绕着市场的地理分布、人口（如年龄、性别、家庭收入等）及经济因素等广度范围展开的，与行业分类方法相似。行业细分一般只是把业已存在（哪怕很小）或潜在的市场用容易区分或识别的标准，如年龄、性别、性能、原料、产地等单一要素来划分成更小的子行业，以便于统计、分析和归纳其特性。

各细分的子行业由于有易于识别的有形标准，相互间往往不交叉，且这种分类标准一经确定后往往多年不变。其一般应用在政府、行业协会及一些研究机构等，主要目的是为了从行业整个产业链的角度加以引导和规范使其健康发展。其特征表现在目标细分市场的形象化。也就是说，通过市场的广度细分，其目标细分市场可以直接形象地描写出来。比如，当企业把市场分割为中老年人、青年人及儿童等几个目标细分市场时，人们都能形象地知道这些细分市场的基本特征。

由于这种"分类"方法简单、易于操作、费用低，大部分企业都可掌握且乐于采用。但只有在市场启动和成长期的恰当时机率先进行广度市场细分的企业才有机会占有更大的市场份额。这时候品牌竞争往往表现得不够明显，竞争一般会表现在产品、质量、价格、渠道等方面，有人称之为产品竞争时代，汇源果汁就是在此期间脱颖而出的一个专业品牌，并成为数年来果汁业的领跑者。

但当客户的需求多元化和复杂化，特别是情感性因素在购买中越来越具有影响力的时候，此时市场竞争已经由地域及经济层次的广度覆盖向需求结构的纵深发展了，市场也从有形细分向无形细分（目标市场抽象化）转化，即细分后的目标市场，无法通过形象的描述来说明。例如，我们可以通过市场的深度细分，找到"追求时尚"这一目标细分市场。但这个目标细分市场在哪里？它是由哪些顾客组成？这些顾客是否有着共同的地理、人口及经济因素特征？企业应该采取什么样的方法与这个目标细分市场人群沟通？显然，这时的目标细分市场已经复杂化和抽象化了，企业对消费者的关注也已从外在因素进入心理层面因素。同时，企业已无法用传统的方法去接近所选择的目标细分市场，运用科学的市场研究方法来正确地细分市场就显得尤其重要了。而这时仍然运用市场竞争初期的浅度市场细分方法或者"行业细分"的方法对市场进行细分已根本无法适应市场竞争的要求。

以统一"鲜橙多"为例，其通过深度市场细分的方法，选择了追求健康、美丽、个性的年轻时尚女性作为目标市场，首先选择的是 500ml、300ml 等外观精致且适合随身携带的 PET 瓶，而广告语则直接指向消费者的心理需求："统一鲜橙多，多喝多漂亮。"其所有的广告、公关活动及推广宣传也都围绕这一主题展开，如在一些城市开展的"统一鲜橙多 TV-Girl 选拔赛""统一鲜橙多阳光女孩"及"阳光频率统一鲜橙多闪亮 DJ 大挑战"等，无一不是直接针对以上群体，从而提高了产品在主要消费人群中的知名度与美誉度。再看可口可乐专门针对儿童市场推出的果汁饮料"酷儿"，"酷儿"卡通形象的打造再次验证了可口可乐公司对品牌运作的专业性，相信没有哪一个儿童能抗拒"扮酷"的魔力，年轻的父母也对小"酷儿"的可爱形象大加赞赏。

而"汇源"果汁饮料从市场初期的"营养、健康"诉求到现在仍然沿袭原有的功能性诉求，其包装也仍以家庭装的为主，没有具有明显个性特征的目标群体市场，只是运用广度市场细分的方法切出"喝木瓜汁的人群""喝野酸枣汁的人群""喝野山楂汁的人群""喝果肉型鲜桃汁的人群""喝葡萄汁的人群""喝蓝莓汁的人群"等在果汁市场竞争中后期对企业而言已不再具有细分价值的市场。

案例思考：

汇源与统一、可口可乐公司比较，他们之间的经营出发点、市场细分方法的差异是导致市场格局发生变化的关键因素。汇源是从企业自身的角度出发，以静态的广度市场细分方法来看待和经营果汁饮料市场；而统一、可口可乐等公司却是从消费者角度出发，以动态市场细分的原则来细分消费人群和经营市场，随着市场竞争结构的变化而调整其市场细分的重心。

请谈谈你对汇源果汁以及元气森林市场细分结果的看法。

【自我认知】

成功的服务营销者的特征

有时候生性内向的、没有预想会取得成功的服务营销人员却取得了很大的成功，也许是因为他们更容易被客户所接受。一些客户反而对于那些口齿伶俐、咄咄逼人的服务人员更容易产生反感。

可有些时候，喜欢与人交往并很会说话的服务营销人员工作会很成功，因为他们传达了一种友好的信息，解除了客户因认为服务营销人员可能向他们出售东西而具有的心理戒备。

可见，在专业服务营销领域中存在多种成功模式。而取得成功必要的特征就是保持积极的态度。

以下是成功的服务营销人员应当具备的 11 个最普遍的个人特征。请在你已经具备的特征左面的方框里打个加号"+"，在你将来可能加以完善的特征方框里打个钩"√"，在剩余的特征左面的方框里打个问号"？"。

	+	√	?
有主动精神			
坚持不懈			
喜欢与别人打交道			
精力旺盛			
能够解决问题			
容易与别人沟通			
不易灰心			
具有雄心			
喜欢金钱			
喜欢被人表扬			
为人友善			

数数看，你的加号"+"、钩"√"和问号"？"各有多少？

【情景案例】

中国信用卡的老故事

信用卡分为广义信用卡和狭义信用卡，广义信用卡包括贷记卡、准贷记卡、借记卡、储蓄卡、提款卡（ATM 卡）等。而我们通常所说的信用卡其实指的是狭义信用卡，是具有"免担保、免预备金、先消费后还款、额度循环使用、无须银行账号"特点的信用卡。

1995 年广东发展银行曾经发行了国内第一张人民币贷记卡，被看作是国内第一张真正的信用卡。随后中国银行、工商银行、招商银行、建设银行、上海银行先后发行信用卡，而一批外资银行也已经开始或正在申请在中国市场发行信用卡业务。于是，一场围绕中国高端人群的信用卡销售战就此开始。

中国的信用卡业务起步晚，发展速度却较为迅猛，很多成熟行业的竞争手段在信用卡市场上一开始就得到了应用，业内人士认为用"信用卡大战"形容也不为过。

信用卡在中国的发展经历其实与当时中国经济发展水平是高度相关的。20 世纪 80 年代后，中国一直处于高储蓄期，居民大部分收入主要用于储蓄，而不是消费，这给信用卡的使用带来障碍。当消费规模持续增长到一定规模，消费者的消费习惯也逐步发生变化，尤其是随着个人信贷消费走向成熟，信用卡的外部发展环境逐渐成熟。

从银行角度看，在中国 80% 的贷款业务来自企业，而这一块业务的发展空间并不大，银行要想进一步扩大自己的信贷业务就必须发展个人贷款业务。如今，住房信贷、汽车信贷已经成为个人信贷业务的主流，无疑下一步发展个人信用卡业务将成为银行发展个人信贷业务的突破口。对于股份制银行和外资银行而言，四大国有银行因为网点的优势已经占据了绝大多数的个人储蓄业务，发展信用卡业务是他们挑战国有银行，争取个人业务的一个重要途径。

1. 产品将交易功能演化为综合业务平台

自广东发展银行发行国内第一张信用卡——广发卡以来，中国银行、工商银行、招商银行、建设银行、上海银行分别发行了长城信用卡、牡丹信用卡、招行信用卡、龙卡信用卡和申卡信用卡，这些信用卡都具有了国际信用卡的标准。例如，2000 年广东发展银行在国内同业中第一家提出"免担保人"的政策，随后还提出了"先消费，后还款"的服务承诺，最高透支额度达到 5 万元，消费免息还款期限可达 56 天，刷卡签账时无须输入密码。广发银行推出这些服务后，中国银行、工商银行、建设银行也纷纷推出类似的服务。

在刚刚起步的中国信用卡市场，各大银行发行的信用卡在产品方面已经出现了同质化的倾向。"在中国的信用卡市场上，只能抢在竞争对手前面推出具有新功能的信用卡或抢先占据独特的销售概念，才有可能占据主动地位。"招商银行信用卡中心副总经理曾这样形容信用卡市场的产品竞争态势。"招商银行推出的信用卡主推'一卡双币，全球通用'，尽管此前工商银行推出的牡丹信用卡也具有这个功能，但没有大力推广，所以招商银行很快就占据了这个 USP（独特的销售主张）。"

为了与竞争对手形成差异，各大银行为推出的信用卡产品明确了产品特点：工商银行主打一卡双账户、全球通用的贷记卡；交通银行的太平洋卡具有以外币结算、可在境外使用的功能；深圳发展银行的发展信用卡号称是国内首张刷卡使用密码的贷记卡，具有信用额度高、取现额度高、还款实时到账、临时加额服务、本地或异地存取款不收费的功能；招商银行的招行信用卡则具有"一卡双币"的特点，该卡同时开立人民币和美元账户，采取国际通行的免担保办卡方式。

信用卡市场起步不久，产品已经出现细分化，银行从受众和使用功能上进一步细分产品，抢先占据细分市场。例如，广东发展银行抢先推出针对都市白领女性的国际贷记卡——"广发女性真情卡"，此卡除了具有先消费后还款、无须担保人、消费免息最长 50 天、失卡零风险、安全网上购物等现有广发信用卡的特点和功能外，特设女性专用网页，建立广发女性俱乐部，还定期为持卡人举办会员聚会活动，为持卡人提供一个交流沟通的好机会。2003 年 7 月，招商银行率先和中国国际航空公司合作发行了"国航知音卡"，将目标对象对准了经常乘坐飞机的高端客户，用户使用"国航知音卡"除了可以享受招行信用卡所有服务外，还可以享受中国国际航空公司的里程积分等各种服务，只要持卡消费就累计里程。几乎与此同时，广东发展银行与南方航空公司合作推出了类似的业务——"南航明珠信用卡"，其目的也是为了争取航空客户，使信用卡具有捆绑更多业务的综合功能。

许多银行认识到，信用卡不仅是一种产品或服务。招商银行意识到信用卡不仅是一种交易系统，而且是可以捆绑多种业务的综合平台，从而大大延伸信用卡的使用范围。招商银行很早就推出"分期免息付款+惠普"的业务，即用招行信用卡可采用免息分期付款的方式购买惠普的 PC产品和掌上电脑产品，而且手续非常简单易操作。这种类型的业务陆续推出，一张信用卡可以承担更多的交易功能和消费手段。

2. 分析信用卡营销，转变银行的经营体制

信用卡本身所具有的复杂产品属性对营销模式提出了较一般消费类产品更高的要求，而国内银行本身的体制成为信用卡营销模式的最大障碍。中国的银行基本上都采用总行、分行、支行的分散式经营模式，每一级银行独立开展业务，自负盈亏。而信用卡产品对于中国的银行而言是一个长线产品，前期需要巨大的资金投入用于购买设备和市场培育，这对于以赢利多少为考核指标的各级银行来说是很难做到的。如果把信用卡业务分散到各级银行去销售推广，以目前银行的分行、支行的职能，他们只不过相当于信用卡产品的代理商而已，对于一个短期不能赢利的产品，代理商缺乏足够动力去推广和销售。似乎只有集中式、集约式的经营运作模式才能够适应当前信用卡市场的发展要求。

发卡银行尝试把信用卡业务独立出来，成立相对专业、独立的信用卡中心，集中进行信用卡的营销和运作，以提高盈利能力和抗风险能力。招商银行成立了信用卡中心，从此前的个人银行部独立出来，并正式迁址上海，该中心在招行内部实行全面成本核算，拥有比一级分行大得多的授权，在人、财、物方面相对独立。广东发展银行把原本设在广州的信用卡中心也搬迁到上海浦东新区。中国农业银行银行卡营运中心、中国工商银行牡丹卡中心、建设银行信用卡中心等相继成立，进一步推广本行信用卡。

"成立信用卡中心保证了前期集中的投入，而且可以面对市场的变化迅速做出反应，这是信用卡中心在体制上最大的优势。由于采用全国联网和平台统一化，信用卡中心服务的水平大大提高了。"招商银行信用卡中心副总经理曾这样评价信用卡中心的优势。例如，招行信用卡中心建立了24小时的800免费电话，同时设立了英语服务台席，仅仅这个环节就需要投入很多的人力和物力，但其带来的回报也是巨大的。一家跨国企业准备进行信用卡招标，在考察了几家银行信用卡的业务和服务后，发现只有招行信用卡中心可以提供24小时的英语服务，无疑天平已经向招行信用卡这边倾斜。

信用卡中心的另一个优势体现在快速的反应能力方面。例如，国家外汇管理局曾出台政策："对于因境内卡项下透支而形成的外汇垫款，如持卡人能够出具由发卡金融机构提供的外币卡项下交易账单，允许持卡人用外币现钞和外汇存款偿还或用人民币资金购汇偿还。这一政策颁布后，招行信用卡中心立即集中决策，重新调整了结算系统，并对800客服中心进行了集中培训，招行很快就在全国的媒体上发布了招行信用卡"一卡双币"将实行境外消费，国内人民币还款的消息，招商银行成为第一个宣布采用"境外消费，人民币还款"的信用卡发卡银行，从而占据先发优势。

3. 竞争提前上演的市场大战

各大银行的信用卡中心把目标都对准了所谓的"高端人群"，即具有高学历、高收入和高消费能力的"三高人群"。

然而，据有关数据显示，恰恰是那些并非高端的客户为银行创造的价值更高，现在普遍意义上的高端客户对小额信贷的需求并没有大众化的消费者旺盛，如果将产品定位于满足并不旺盛的市场需要，这个产品的发展空间有限。各家银行表示，也只能将目标对准所谓"高端人群"，毕竟当时中国的信用制度还没有完全建立起来，银行发卡要面临一定的市场风险，从现实的角度看，"高端人群"的信用水平还是相对比较好的。

随后，招商银行提出了"有车，就有招行信用卡"的金融产品营销新概念，将信用卡和私家车这两种不同领域的产品捆绑在一起提供给客户，使有车一族能够轻松申请招行信用卡。招商银行认为这是现阶段不得已，但却是最现实的一种规避风险的做法，毕竟在贷款买车、买房领域已经形成相对稳定的信用市场，招商银行借用这个市场已经形成的信用体系，可以更容易找到自己的目标客户，而且可以大大降低经营风险。

对信用卡需求最旺盛的往往是普通消费者，他们对于从银行透支具有较大的需求。据招商银行信用卡中心分析，信用卡给银行带来三部分利润：一是年费收入；二是手续费，刷卡消费能使发卡行获得占客户消费金额2%左右的佣金；三是持卡人因透支付给银行的利息，银行最看重的就是透支利息。招商银行认为，无论是在国内还是在国外，银行业再没有其他任何一项稳定、传统的银行业务能像信用卡一样存在如此巨大的利润空间。

很多银行才刚刚开始发行信用卡就已经开始打价格战，最典型的就是不收年费。虽然各家银行的信用卡年费从100元到300元不等，但很多银行已经放弃掉了信用卡的这一利润来源；而且银行信用卡产品的复制速度非常快，你推出一个"国航卡"，我就推出一个"南航卡"。从目前情况看，最快推出业务的金融企业并一定能够获得先发优势，还有可能成为市场的试验品。

4. 推广手段五花八门，认知度依然不高

在明确了信用卡市场的大小、发卡的目标对象、年度的发卡目标、年度信用卡消费的期望金额等营销战略后，下一步的工作就是信用卡的市场推广和销售工作了。很多国内银行虽然由于体制的制约，在品牌推广方面的意识和行动还很落后，并没有建立起市场化的营销模式。但独立经营、独立核算、专业化操作的信用卡中心走的却是公司化经营的路线，在市场推广方面的起点并不低，不仅市场推广的力度很大，而且专业化程度相当高。例如，深圳发展银行选择了国际4A广告公司李奥贝纳做广告推广代理，广东发展银行则聘请另外一个国际4A广告公司麦肯光明做品牌推广。各银行在销售方面则普遍采用外包的方式，例如，广东发展银行选择与有台湾背景的上海骏丰商务咨询有限公司合作，联合发卡和销售，而建设银行则与北京联银投资有限公司合作发卡。

2003年以来，在北京、上海、广州和深圳的大众媒体上信用卡的广告逐渐多起来，这些城市的电视、报纸、杂志和户外媒体上都可以看到银行信用卡产品的广告。其中深圳发展银行还花费200万元拍摄了大手笔的广告片在电视媒体上投放，招商银行则搬出飞艇在浦东陆家嘴上空飞行，打出巨型广告条幅，力图制造轰动效应，此外他们还重点地选择很多针对性很强的专业媒体，力图更精准地对准自己的目标客户，例如写字楼电梯口的液晶电视媒体、机场户外媒体、凤凰卫视、男性高档杂志和网站等媒体。

在产品诉求方面，各家银行也是各有侧重，招商银行将招行信用卡的诉求归纳为"新、双、免"。"新"侧重于消费观念的培养，在TVC中，第一个镜头表现的是加入WTO的新时代，第二个镜头通过磁悬浮列车代表新速度，从而很自然地引出人们也同样需要信用卡的崭新消费观念；"双"则利用了中国人传统观念中好事成双的思想，通过双学位、双胞胎等概念引出招行信用卡"一卡双币"的创新，适应了商务人士和出国旅游人群对信用卡的需求；"免"则意味着某种福利和便利，画面通过免税、免检的概念引出招行信用卡免担保的优点，真正凸显了信用卡"小额无担保信用贷款"的本质，也体现出了申请的便利。

除了如火如荼的广告宣传推广外，各种促销、公关活动也不断进行。2003年8月深圳发展银行举办了"深发展信用卡之夜"的商业演唱会，目的是为了拉拢时尚一族，持有门票的人在申请信用卡时可以免去首年年费。

想一想：当时间穿越到现在，你熟悉的那家银行在信用卡上又有哪些新服务？这些新服务的收效如何？

【互联网搜索】

20世纪即将结束时，35岁的张瑞敏由青岛市家电公司副经理调任电冰箱总厂厂长，33岁的王石从广州政府机关下海闯荡深圳组建了万科公司。张瑞敏面对的是一个亏损147万元的旧摊子，王石则是创建了一个新企业。进入21世纪，两家企业都做到了本行业的顶尖位置，但张瑞敏带领的海尔与王石带领的万科走过的道路却截然不同：海尔由单一冰箱企业向全家电企业发展，由市场专业化走向全面覆盖；万科由涉足各行各业向以房地产为主业转移，选择专业化道路。

1. 请用互联网查阅两家企业的业务拓展史，并以此为主线描述其发展阶段。

2. 分析两家企业发展过程中的市场细分、目标市场选择、细分市场组合的异同。

【阅读与讨论】

市场细分和目标市场选择是企业营销战略的第一步，没有合理的市场细分和正确的目标市场选择，所有的营销活动将因不能针对目标市场需求、不能聚焦优势资源或不能摆脱红海竞争而显得苍白无力。

阅读《市场细分：市场取舍的方法与案例》，该书通过透析西方营销经典和研读大量知名公司实战资料，将理论与实践相结合，为企业制定出一套系统的、科学的、可执行的操作流程和方法，使市场细分和目标市场选择从此变得简单化、清晰化和科学化。

认真阅读这本书，选择其中一个案例，思考你在当时的情况下，如何找到正确的顾客群，如何接近他们，以及如何与他们建立起长期的合作关系。如果可能，可以结合其他案例，进行目标市场分析。

【在线测试】

扫描书背面的二维码，获取答题权限。

扫描此码　　在线自测

3

第三篇

价值创造篇

第五章
金融服务产品策略

【本章提要】

金融服务产品策略是金融服务营销的首要策略，是金融服务营销其他策略的基础。本章介绍了金融服务产品的概念、层次及种类，掌握金融服务产品生命周期各阶段策略、新产品开发策略及金融服务品牌策略。

【知识目标】

1. 了解金融服务产品的概念、特征。
2. 了解金融服务产品组合策略、金融服务产品生命周期策略。
3. 了解金融新产品的含义及类型。
4. 了解金融服务品牌概述及金融服务品牌策略。

【能力目标】

1. 能够从金融机构的角度，理解并运用产品组合策略。
2. 识别金融产品所处的生命阶段，并能够给予相应的营销策略。
3. 在实际金融机构营销工作中灵活地运用金融新产品开发策略。
4. 培养和掌握金融营销品牌各阶段的营销策略与方法。

【课程思政案例讨论】

扫描此码　　阅读文章

模块一　理论分析

　导入案例

香港银行的特色定位

中国香港金融业较发达，"银行多过米铺"成为常见现象，数千家各类银行散落在各个角落，竞争达到白热化程度。

　　银行的业务相似度很高，在这狭小而竞争过度的市场空间中，如何才能生存，并把自身业务做大，各银行使出了浑身解数，走出了一条细分市场、差异化定位的优势发展之路。以下简要列举香港部分银行不同定位。

　　汇丰银行：定位于分支机构最多、实力最强、全香港最大的银行。这是实力展示式定位。近年来，为拉近与顾客感情距离，汇丰银行还不断发出"患难与共，伴同成长"的讯息，旨在与顾客建立同舟共济、共谋发展的亲密朋友关系。

　　恒生银行：定位于充满人情味、服务态度最佳的银行。恒生银行通过走感情路线赢得顾客的心，突出服务品质，以使自己有别于其他银行。

　　渣打银行：定位于历史悠久、安全可靠的英资银行。这一定位希望树立渣打银行可信赖的"老大哥"形象，传达出让顾客放心的信息。

　　中国银行：定位于有强大后盾的中资银行。它直接面向有民族情结、信赖中资的目标客户群，同时暗示自身可提供更多更新更优的服务。

　　廖创兴银行：定位在助你创业兴家的银行。它以中小工商业者为目标对象，为他们排忧解难，使他们赢得事业成功。香港中小工商业者是一个很具潜力的市场，廖创兴银行敏锐地洞察到这一点，并且看准他们想"出人头地、大展宏图"的心理。据此，廖创兴银行将自身定位在专为这一目标顾客群服务，给予他们在其他银行不能得到的支持和帮助，从而牢牢占据了该细分市场。

　　讨论：

　　你是否观察过你身边的银行，这些银行又给你留下怎样的突出印象？

第一节　金融服务产品概述

一、金融服务产品概念及要素

　　在现代市场营销学里，产品是指可以向市场提供的，能满足消费者需要与欲望的一切东西，它可能是有形的，也可能是无形的，具体的人、地方、活动、组织、主意、观念等都可能是产品的内容。

　　当代社会，金融服务产品与人们的生活联系日益紧密，然而人们对于金融服务产品的理解未必相同。以信用卡为例，持卡人不仅可以享受超前消费，同时也是某种身份的象征；对银行来说，它是一种针对个人消费的信贷工具，可以带来利息和费用收入；对信用卡组织，如 VISA、银联等，它是一个用信息技术支持的组织网络；对商家来说，信用卡既可以吸引顾客、促进销售，又是一种可以降低结算风险的手段；对监管当局来说，它是以个人信用为基础的金融工具。从信用卡推及其他金融服务产品，如储蓄、贷款、票据、债券、信托、股票、保险等，我们可以从效用角度定义金融服务产品，也可从服务角度定义金融服务产品。亚瑟·梅丹将金融服务产品定义为：以特定市场为目标，由一种金融服务企业为任意用户提供的一整套服务。

　　综上所述，金融服务产品是指由金融服务企业创造、可供资金需求者与供给者在金融市场上进行交易的各种金融工具，以及反映资金双方债权债务关系的合约与文件。广义的金融产品是指金融服务企业向市场上顾客提供的一切服务，如存款、贷款、转账结算、财务管理等，只要是由金融服务企业提供的，并能满足人们的某种欲望与需求的各种金融工具与服务，都可以纳入金融服务产品的范畴。

从金融服务产品的概念中不难看出：金融运作理念、金融工具和金融服务是金融服务产品的三个组成要素，三者构成金融服务产品的有机整体，缺一不可。

金融企业属于服务性企业，金融运作理念，即获益方式，是其所提供的服务性产品的核心，金融工具则是金融企业向客户提供这种获益方式的有形载体，是金融服务产品的有形部分，金融企业所依赖的金融工具有货币、存单、支票、信用证、信用卡等，金融企业正是通过这些工具和与之相配套的各种服务实现向客户提供所需要获益保证的。任何金融客户，不管是融资者，还是投资者，其参与金融交易的最终目的不外乎是获取收益、实现融通、规避风险等。对于投资者，需要有某种金融运作方案和方式（某种理念）使其投资获益，并能够保证到期收回本息。对于融资者，需要某种金融运作方案和方式（某种理念）使其能够在金融市场筹集资金，并为此而支付一定的费用。对于短期投机套利者，也需要某种场合和金融运作方案和方式（某种理念）使其从中获取一定的利益（价格差）。这说明客户所需要的是一种获"益"方式，一种运作理念，只是不同类型需求者需要的运作理念各不相同。

由于金融运作理念、金融工具和金融服务三要素不可分，人们常常误认为客户所需要的金融服务产品就是金融工具或金融服务。实际上，客户参与金融交易既不是为了获得金融工具，也不是为了"享受"金融企业的服务，而是需要一种可以实际运作并从中获益的理念和方式。但没有金融工具和相应的服务，仅有金融运作理念也不能成为金融服务产品。金融工具更像一种契约，使金融运作理念有了可靠、可信的凭据，而不是空洞的想象；相关的金融服务则是确保金融运作成功的基本手段。金融服务行业长期以金融工具定义产品，当金融工具同质化，服务成为金融机构实行差异化战略重要内容时，服务却因传统的金融服务产品定义而被排斥在产品要素之外。这种割裂影响着金融机构的组织机构设置、产品和技术支持设计决策。传统金融服务产品概念的歧义，主要来自三个方面，即学科理论的不同视角、社会进步发展、人们观念的滞后。现代社会已经进入了信息社会、服务社会，金融行业和金融服务产品已经在反映这些变化因素。金融从业人员的观念，如果囿于传统理论，轻视社会和经济现实的新变化，那么歧义的产生是不可避免的。

二、金融服务产品的特征

金融服务产品是由金融企业提供的为满足顾客需求的服务。作为一种服务，金融服务产品同样具有服务所特有的四个特征，即无形性、不可分离性和易逝性、易被仿效性和价格的一致性，以及金融服务与客户关系的持续性。

（一）无形性

虽然金融产品的提供常常需要某种介质作为凭证，如存折、银行卡等，但人们在金融产品中的获益却并非是该种介质本身。这当然是由金融产品的无形性所决定的。由于缺乏实物形态，顾客在购买某金融产品时更多地是感受到风险而非获益。因此，为了减少顾客的感知风险，金融企业需要通过一系列的营销活动帮助顾客树立起对金融产品和金融企业的信心。

中信银行的系列明星产品

某年 12 月，中信银行以年末到期产品收益全面超预期为切入点（如中信理财 "新年计划 2 号" 产品成立不到一年，实现了 21.68% 的绝对收益），重点突出 "中信理财" 专家理财、稳健获取较高收益的特点。同时，结合 "中信理财" 品牌及其所倡导的理念，总行与分行联动，媒体宣传与推介会活动相结合，全面推动了一系列满足顾客不同风险偏好和收益要求的十几款理财产品，取得了良好的营销效果，在年末理财产品市场上获得了巨大成功。

资料来源：http://finance.sina.com.cn/hy/20080616/17014986960.shtml.

（二）不可分离性和易逝性

不可分离性是指金融产品的购买和持有都离不开顾客的参与。不可分离性强调了顾客在金融产品销售中的重要性，即以顾客为中心的理念。银行将业务分为个人业务和公司业务，而非存款业务和贷款业务，这就体现了以顾客为中心的观念。

易逝性是由金融产品的不可分离性引申出的。金融企业只有在顾客需要时才能提供金融产品，不能自主安排产品提供的时间。因此，我们常常看到银行里有时排着长队，有时又极其冷清。ATM 机、网上银行等为这类问题的解决提供了技术支持。

（三）易被仿效性和价格的一致性

金融产品及服务并不像各种工业产品一样具有专利保护。任何一项被认为是有利可图的新金融业务或服务品种，都可能而且可以在短时期内以较低的成本被其他金融机构引入，金融产品及服务具有极易被仿效的特点。这样，一方面使得开发和创新金融产品的金融机构极难维持其创新利润，另一方面也使得某一金融机构的金融产品或服务区别于其他金融机构的产品或服务成为一件非常困难的事情。并且，由于引进金融产品的金融机构其产品开发费用较低，引进速度较快，也会造成这类产品或服务的数量大大提高。同时，由于现代信息社会及资金市场的区域化与全球化，资金价格的传递迅速且范围广泛，使得同类金融产品在国内金融市场甚至国际金融市场上出现价格上趋于基本一致的状况，从而更加剧了各类金融机构之间的产品与业务竞争。

与此同时，金融服务是以人为中心的，由于人与人的背景、修养、文化与认知水平存在差异，同一服务，由不同人操作，面向不同的消费者进行时，因时间、地点、环境和心态等变化的不同，服务效果难以完全一致。此外，服务提供者与顾客之间彼此相互影响，使影响服务质量的因素更趋复杂，很难保持同质性。

（四）金融服务与客户关系的持续性

金融服务与客户关系是具有持续性的，这和普通的商品消费不同。金融机构与客户关系的保持，取决于相互信任，以及金融机构提供的可靠的财务顾问服务等。目前，金融服务自动化增强虽然使金融机构与客户面对面联系的机会减少，但金融机构仍需要重视具有全面业务知识能力的专职人员的设置，以便为客户提供咨询服务。

三、金融服务产品的主要类型

（一）银行金融服务产品

银行金融服务产品的内容十分广泛，可以将产品划分为基础性银行产品、开发性顾问类银行产品和其他新兴产品三大类。可以说，银行向客户提供的产品往往不止一个，而是多种产品的组合服务。这样，既可以满足客户多样化的需求，也可以为银行带来更高的综合收益。

1. 基础性银行产品

（1）资产类银行产品。资产类银行产品的突出特点是风险高，因此在向客户提供此类业务时，一定要把风险防范放在首要位置。资产类产品主要包括：票据贴现、银行承兑汇票、中期流动资金贷款、短期贷款、固定资产贷款、个人住房贷款等。

（2）负债类银行产品。风险较低，但此项工作在竞争日益白热化的市场条件下，对银行的生存和发展至关重要，主要包括：向中央银行借款、向同业拆借资金、发行金融债券、储蓄对公存款等。

（3）结算类银行产品。结算类银行产品主要包括：银行承兑汇票、现金收付、银行汇票、委托收款、支票、汇兑等。

（4）租赁类银行产品。租赁类银行包括经营租赁和融资租赁。

（5）涉外类银行产品。涉外类银行产品包括：涉外资产类产品、负债类产品、外汇买卖与国际结算。涉外资产类产品包括对国内厂商贷款、对国内厂商贴现、对国内厂商押汇和出口买方信贷4种。负债类产品主要有吸收国内外币存款、在国外吸收外币存款、在国外发行外币债券和向国外借款4种。外汇买卖，在进行外汇买卖时，关键是要做好风险防范工作。国际结算类产品主要包括：外汇资金拆借、代客外汇、买卖、出口押汇、托收、汇出汇款、买人票据、贴现、进口押汇、进口代收、代售旅行支票、信用证及见索即付保函。

2. 开发性顾问类银行产品

（1）财务顾问。财务顾问银行产品包括：证券公开标价交换顾问、公司并购中的财务顾问、公司重组中的财务顾问、公司上市中的财务顾问。

（2）投资顾问。投资顾问银行产品包括：风险投资顾问、证券投资顾问。

（3）战略顾问。战略顾问银行产品包括：竞争战略、营销战略、发展战略、品牌战略、技术与人才开发战略顾问等。

（4）融资顾问。融资顾问银行产品包括：投资回报测算、提供顾问意见、设计融资方案、协助客户与资金提供方进行融资事宜谈判等。

（5）信息服务。信息服务是指商业银行依靠自身在信息、人才、信誉等方面的优势，收集和整理有关信息，并通过对这些信息以及银行和客户资金变动的记录和分析，形成系统的资料和方案，提供给客户，以满足其业务发展需要的服务活动。

3. 其他新兴产品

其他新兴产品主要有金融期货、离岸金融、期权等。

（二）保险金融服务产品

1. 按照保险基金的来源分类

按照保险基金的来源分类，分为商业性保险和政策性保险。

（1）商业性保险。商业性保险的保险基金是保险人承保危险，赔付被保险人的后备资金，属于传统的保险方式，保险基金是完全通过保险人收取投保人的保险费而组织起来的。

（2）政策性保险。随着社会的进步，为了保障社会成员的生活安定，保障社会经济活动的特殊领域，国家提供财政补贴保险基金的保险种类，这类产品称之为政策性保险，如农业保险、社会保险等。

2. 按照保险的实施形式分类

按照保险的实施形式分类，分为强制保险与自愿保险。

（1）强制保险。所谓强制保险，是指根据国家颁布的有关法律和法规，凡是在规定范围内的单位或个人，不管愿意与否都必须参加的保险。

（2）自愿保险。自愿保险也称任意保险，是指保险双方当事人通过签订保险合同，或是需要保险保障的人自愿组合、实施的一种保险。

3. 按照保险对象分类

按照保险对象分类，分为财产保险与人身保险。

（1）财产保险。财产保险是指投保人根据合同约定，向保险人交付保险费，保险人按保险合同的约定对所承保的财产及其有关利益因自然灾害或意外事故造成的损失承担赔偿责任的保险。财产保险包括财产保险、农业保险、责任保险、保证保险、信用保险等以财产或利益为保险标的的各种保险。

（2）人身保险。人身保险是指以人的生命或者身体作为保险对象的一种保险。保险人对被保险人的生命或者身体因遭受意外伤害、疾病、衰老等原因导致死亡、残废、丧失工作能力或者年老退休负责给付保险金。

4. 按照保险保障的范围分类

按照保险保障的范围，分为财产损失保险、责任保险、保证保险、信用保险、人身保险。

（1）财产损失保险。财产损失保险是以各种有形的物质财产、相关的利益以及其责任为保险标的的保险。这里的财产仅限于各种有形的物质财产。

（2）责任保险。责任保险是指以保险客户的法律赔偿风险为承保对象的一类保险。

（3）保证保险。保证保险承保的是信用风险，它是被保证人根据权利人的要求投保自己信用的一种保险。

（4）信用保险。信用保险是以信用风险为保险标的的保险。具体地说，它是权利人要求保险人承保对方信用的一种保险。

（三）证券金融服务产品

1. 产权证券、债券证券、共同基金

（1）产权证券。产权证券通常称为股票，股票是股份有限公司筹资时发行的一种有价证券。股票作为产权证券或股权证券，表明股东对其所持股票的发行公司拥有产权或股权，股票没有期限，不偿还，但允许转让或流通。股票持有者根据公司盈利情况，享有获取股息、红利的权利，

同时股票持有者要根据公司的亏损情况，承担损失的义务，公司一旦破产，所有股东都要分担责任和风险，股票是最大众化筹资和投资的媒介。

（2）债券证券。债券证券通常称为债券，债券是一种信用工具，它是由债务人做出的在规定日期偿付债务本息的承诺或承诺书。债券期限是与证券发行者的用款需要或投资计划、其他负债的期限结构和偿还计划相适应的。债券一般分为国家公债、地方债券和公司债券三大类，三者在收益、风险、流动性等方面都有所区别，投资者必须研究各种债券的基本情况和风险程度，以便择其优者而投资。

（3）共同基金。共同基金是一种利益共享、风险共担的集合投资方式，即通过发行基金单位，集中投资者的资金，从事股票、债券、外汇、货币等投资，以获得投资收益和资本增值。其主要特色是：基金由多数投资者的资金组成；基金多投资于有价证券；基金投资目的是获取利息、股利等；为分散投资风险，基金必须分散投资于各种证券；基金资产由专业人员管理；投资收益分配给投资者。

2. 资本证券、货币证券、产品证券

（1）资本证券。资本证券是指由金融投资或与金融投资有直接联系的活动而产生的证券。持券人对发行人有一定收入的请求权。它包括股票、债券及其衍生品种，如基金证券、期货合约等。资本证券是有价证券的主要形式，狭义的有价证券即指资本证券。

（2）货币证券。货币证券是指本身能使持券人或第三者取得货币索取权的有价证券。货币证券主要包括两大类：一类是商业证券，主要包括商业汇票和商业本票；另一类是银行证券，主要包括银行汇票、银行本票和支票。

（3）产品证券。产品证券也称购物证券，是指有权领取实物产品的证书。

3. 上市证券与非上市证券

（1）上市证券。上市证券又称挂牌证券，指经证券主管机关批准，并向证券交易所注册登记，获得资格在交易所内进行公开买卖的有价证券。为了保护投资者利益，证券交易所对申请上市的公司都有一定的要求，满足了这些要求才准许上市。

（2）非上市证券。非上市证券也称非挂牌证券、场外证券，是指未申请上市或不符合在证券交易所挂牌交易条件的证券。非上市证券不允许在证交所内交易，但可以在场外交易市场交易。

4. 商业证券与非商业证券

（1）商业证券。商业证券是由企业或公司签发的以融资为目的的商业票据，也是商业融资工具之一。商业证券在形式上与商业票据相同，由出票人本身或委托其他付款人在见票时，或在指定日期无条件向执票人支付一定数量的款项。

（2）非商业证券。非商业证券是指商业证券以外的其他有价证券，如政府公债、金融机构的各种债券和企业债券。

5. 可转让证券与不可转让证券

（1）可转让证券。可转让证券即可通过转让而自由流通的证券，是按法律规定所产生的各种证券，如提单、债券等，均可经证券的背书和要约而自由转让，受让人对证券的权利将受到法律的保护。

（2）不可转让证券。不可转让证券是指没有相应的政策制度规范其转让方式，或有关制度规定不可转让的证券。不可转让证券在未经公开的、非正式的、非经济法人之间的转让，其所有权的变更不受法律的保护。

6. 公募证券与私募证券

（1）公募证券。公募证券就是通过中介机构面向社会不特定的多数投资者公开发行的证券。公募证券的含义有两点：①证券发行的对象是多数投资者，而不是特定的少数投资者。至于人数达到多少才算"多数"，各个国家的规定不一样，如美国要求在 35 人以上，日本要求在 50 人以上。②多数的投资者应是不特定的对象，即不明确、不限制哪些人是证券的发行对象，而是任何投资者都可以购买。

（2）私募证券。私募证券是指经办人向直接投资者进行募集的证券，投资者确定的，一般为机构投资者。私募证券在发行时首先选择经办人，经办人可以是一家或数家。与公募发行证券相比，私募证券发行有一定的限制条件，如投资者数量的限制，其目的不是为了转卖证券，而是为了保值。

四、金融服务产品的层次

金融服务是一种交易活动，或者说金融服务的目的就是交易，离开交易，就不能称其为服务或服务产品。

金融服务产品，是金融机构能提供给市场，通过由人力、物力和环境所组成的结构系统销售和实际生产及交付的，能被消费者购买和实际接收及消费的"功能和作用"，用于满足人们某种欲望和需要的事物，包括实物、服务、场所、组织、思想等。

由于这个概念的外延极其广泛，不仅包括人们看得见、摸得着的实体产品（具有实体性），还包括看不见、摸不着，但可以体验到的服务产品（具有虚拟性），包括对人们的身心的服务和物品财产的服务等。

如图 5-1 所示，金融服务产品是有层次的，金融服务产品包括基础产品（能满足利益的核心层次和基础层次）和扩展产品（能满足利益的期望层次、附加层次和潜在层次）。

将产品分解为若干层次，是为了深入了解金融服务产品的本质。金融服务营销理论认为产品是由这些层次及其层次中多种因素有机结合的整体，在对产品分层解析的基础上，强调服务产品的整体性。

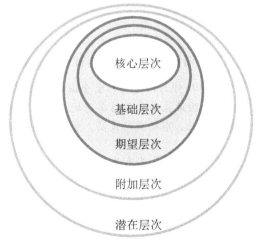

图 5-1　金融服务产品的不同价值层次

人们谓之产品的东西，无论其功能形态如何，本质上都是一样的。首先，它一定能给人们带来某种功能、作用或利益，这是服务产品的核心利益层次，能满足人们的核心利益；其次，核心产品必须借助一定形式的载体，即扩展产品来实现，是服务产品可以识别的外在形象。与此同时，服务产品还具有除了基本功能和基本属性以外的全部扩展价值或利益。对于不同的消费者而言，还可能产生不同的潜在价值层次。

在市场竞争日益激烈的形势下，产品的竞争优势不仅依靠核心价值层次和基础价值层次，可能越来越多地由期望价值层次、附加价值层次，甚至由潜在价值层次来凸显。

理解和建立金融服务产品的层次概念，可从以下三个方面来看：

（1）服务产品层次概念是现代市场营销理论的核心概念之一。它指明产品的本质是顾客所需的核心利益，体现了以顾客需求为导向的营销理念。在产品发展变化过程中，其各层次的变化程度不一样。基础产品的核心价值相对稳定，而扩展产品随着社会文明和技术进步发生诸多变化。随着服务经济的发展，附加价值层次的地位和作用越来越不"附加"，有的服务产品甚至"反客为主"。例如，传统的储蓄产品，其核心利益是货币资产的保值增值，不过，在金融工具极其丰富的时代，储蓄产品已经有了诸多附加价值，如账户便利、转账优惠、基金理财增值等。

（2）服务产品层次概念是有效了解客户对产品感受的方法。当客户对服务产品产生满意或不满意的感受时，可以按服务产品层次进一步分析顾客朦胧笼统的感受，进而较精准地评估服务产品的问题出现在哪个层次的哪个部分，为进一步完善产品提供依据。

（3）服务产品层次概念便于全面把握服务产品的所有特征，有利于产品创新。金融创新是金融机构提升竞争力的永恒动力。服务产品创新不一定是从无到有的"新"，改变产品层次中的任何部分，都会在客户心中形成"新"产品的印象。这种对服务产品的局部改造也属产品创新。

第二节　金融服务产品组合及生命周期策略

经典案例 5-2

工商银行泉州分行巧打"组合拳"

泉州晋江陈埭鞋都专业市场作为福建省乃至全国范围内屈指可数的大型鞋类产品生产、加工、贸易基地，同时也是全国最大的鞋业信息基地。云集于该市场的企业有着完整的产业链，大规模的名牌企业聚集于此，市场成熟度高、资金交易活跃。而这些企业都是金融机构竞相争取的目标客户。

通过市场调查，工商银行泉州分行获悉某电子商务有限公司负责鞋都大部分商家企业的资金清算和管理。通过调查获知，其对资金的清算管理操作上除了资金的实时到账、方便快捷的转账汇款等常规要求外，还有自己独特的需求，如各商户的 POS 机消费资金到达该公司账户后，返还款如何到各商户独立账户成为一个难题，而大多数银行又无法提供该项服务。该分行及时与辖属的晋江陈埭支行上下联动、积极营销，成功突破了营销瓶颈。

工商银行泉州分行充分发挥优势，利用工商银行丰富多样的电子银行产品功能库，精心为客户"量体裁衣",制定了一套电子银行产品组合方案。该方案通过选取企业网上银行批量转账汇款功能和分行特色中的 POS 机明细查询两大功能模块,并通过相关程序实现两大功能模块的无缝对接。该产品组合完美地解决了客户的难题,真正实现了资金管理方面的无缝对接,企业节约了大量的人力、物力以及资金管理成本。

资料来源:http://www.nhaidu.com/news/50/n-447150.html.

想一想:泉州晋江陈埭鞋都专业市场的中小企业主的需求有哪些?

一、金融服务产品组合的概念

(一)产品组合的概念

一个金融企业通常销售多种金额产品,一方面有利于金融企业促进销售、分散风险、获取顾客份额;另一方面有利于金融企业满足顾客多方面的需求。某个金融企业为满足顾客特定需求而提供的全部产品线、产品类型和产品项目的有机组合,我们称之为金融服务产品组合。

产品线也称产品大类、产品系列,是指由金融企业提供的为满足顾客某一类需求的具有类似功能的一组产品,如向顾客提供的各类存款就组成了一条存款产品线。产品类型是指能满足顾客某一特定需要的金融产品,如定期存款。产品项目是指每个产品类型不能以尺寸、价格、外形或其他属性明确加以区分的各个产品,如 3 年期定期存款、5 年期定期存款。所有功能近似而特征不同的产品类型便组成了一条产品线。所有的产品线则构成了金融企业的产品组合。

产品组合是由多条产品线组成,每条产品线又是由多种产品类型构成,而每种产品类型又包含了很多类产品项目。在营销实践中,大多数的金融机构都是多产品或多品种经营者,都必须根据市场供需的变化和自身的经营目标确定产品的结合方式和经营范围。一个金融机构的产品组合,通常包括产品组合宽度和产品组合深度两个度量化维度。确定产品组合就要有效地选择其宽度、深度和关联性。其中,①产品组合宽度是指产品组合中不同产品线的数量,即产品大类的数量或服务的种类;②产品组合深度是指银行经营的每条产品线内所包含的产品项目的数量;③产品组合的关联性是指银行所有的产品线之间的相关程度或密切程度。一个金融机构产品组合的宽度、深度不同,可形成该金融机构的营销特色。

(二)产品组合的策略

金融机构对于产品组合策略的选取,不仅受相关金融法规的限制,还受金融机构的经营规模、竞争力、市场前景和市场发展方向及金融机构的自身管理水平、能力等诸多条件的限制。因此,金融机构在进行产品组合选择时,应考虑多方面的影响因素,并考察自身的实力、目标和条件。若金融机构具有较强的实力,且经营目标在于占有更多的市场份额和增加产品销售,则其在金融产品组合中,就应增加提供产品品目的数量,即增加其产品组合的宽度与深度,多开发新的金融产品;反之,则应选取较窄的金融产品组合,将营销的重点放在某一种或几种金融产品上。金融机构可以采用的产品组合策略包括:

1. 功能齐全型

该策略要求金融企业在覆盖尽可能多的产品线的同时兼顾细分市场中顾客的需求。这种策略大多适用于规模大、实力强的企业。在此产品组合策略下，顾客就可以在某一个金融企业得到一站式服务，从而增强顾客对该企业的信赖，而金融企业也可以在有效增大顾客份额、提高销售和利润的同时分散风险。但金融企业提供的多种产品是否能被顾客更多地接受，是否能形成规模效应，某个产品线的成本是否太高而不能达到盈亏平衡，这些问题都是采用功能齐全型策略的企业需要考虑的。

2. 市场专业型

该策略主要为某专业市场提供产品，以专业市场中顾客的需求为导向，因此强调产品组合的相关性。同时，该策略对产品组合的深度也有所要求。在此种策略下，金融企业的风险可能增大，但为某专业市场提供产品的定位可以为该金融企业的品牌营销带来优势。

3. 产品专业型

采用此策略的金融企业专注于提供某几类产品。这种策略强调产品组合的深度和相关性，有利于发挥企业的特殊资源和优势资源，在提升专业性的同时降低成本，从而为顾客提供更个性化的产品。采用这种策略的企业由于更易受到外部环境的影响而具有较高的风险。

二、金融服务产品生命周期策略

金融服务产品生命周期是指金融服务产品从投放市场到被淘汰而退出市场所经历的过程。产品生命周期是以产品投入市场后的销售额和企业所获得的利润额的变化来衡量的。从理论上讲，产品进入市场后的销售量增长情况和企业利润额的变化，要经过"引入""成长""成熟""衰退"四个不同阶段。因此金融服务产品生命周期也包括引入期（或进入期、导入期）、成长期、成熟期和衰退期四个阶段，如图 5-2。针对金融产品生命周期的每个阶段，我们采用的营销策略是不同的。

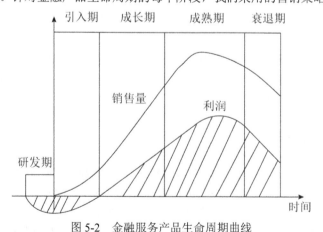

图 5-2 金融服务产品生命周期曲线

1. 引入期的特点与营销策略

引入期是金融产品投入市场的初期。在这一阶段，消费者对金融产品需要有一个了解、认识和接受过程，同时金融新产品也有一个检验、扩散过程。因此金融服务产品这一阶段的特点是：销售量低，销售额增长缓慢；购买者不多，竞争者也少；成本高，利润少，甚至无利可图或亏损。为了让人们尽快了解和接受该产品，企业需要对该产品进行大量的宣传和推广。此时，产品的营销费用较高，企业通常不能获利甚至会出现亏损。尽管首先进入市场的产品风险和成本都较高，但长期来看，这些企业却能获得高报酬、技术优势和品牌优势。这一方面是由于早期使用并感到满意的顾客在将来会偏好该企业的产品，另一方面是因为该企业的产品将成为评判其他产品的参考依据。

为了获取这些优势，在引入期，企业应该对该产品进行合理的定位，找准目标市场并进行有针对性的宣传营销。企业采用的价格策略也应与市场的竞争环境、市场潜力相匹配。

2. 成长期的特点与营销策略

成长期是金融新产品经过宣传促销，销路已打开，业务量（销售量）快速增长的阶段。在这一阶段，随着业务量扩大，规模经济效益的产生，单位成本逐步降低，利润大大提高。但由于影响的扩大，利润的诱惑，竞争者也纷纷进入市场，竞争也愈益激烈。因此这一阶段企业的营销重点应该放在保持并扩大自己的市场份额、加速销售额的上升等方面，其策略主要有：

（1）增设服务销售网点。增加人、财、物的投入，注重维系老客户，吸引新客户。

（2）宣传企业形象。宣传、树立企业形象，创名牌效应，使产品、企业形象渗入到客户心中，并扩大细分市场的范围。

（3）改善服务质量。不断完善金融服务产品，使之更适应市场需求和业务的需要，并提高金融服务产品的竞争能力。

（4）适当调整价格。为吸引更多层次的、对价格敏感的消费者，可在适当的时候调整价格。

3. 成熟期的特点与营销策略

成熟期是金融服务产品业务量缓慢增长且相对稳定的阶段。一般来讲，成熟期的时间相对较长，其特点是：市场呈饱和状态，潜在消费者减少，更完善的替代产品开始出现；市场上出现业务能力过剩的情况，因而竞争激烈；消费者为使自己的利益最大化而特别重视服务质量和金融企业的信誉。

在成熟期，金融企业应主动出击，着重使成熟期延长或使产品生命周期出现再循环，为此可采取如下策略：

（1）市场改进策略。市场改进的主要目的是要发现产品新用途或改变推销方式，发掘并开拓新的细分市场，使产品的销售量得以扩大。一般来说，企业可从三个方面进行市场改良：一是寻求新的细分市场，把产品引入尚未使用过这种产品的市场，重点是要发现产品的新用途或将其应用于其他的领域，以使产品的成熟期延长；二是寻求能够刺激消费者、增加产品使用率的方法，如信用卡的累计消费积分奖；三是市场重新定位，寻找有潜在需求的新客户。例如，过去我国个人消费，银行一般不给予贷款，现在不仅有私人购买房屋的住房抵押消费贷款，而且有购买轿车的消费贷款、大件高档消费品的购买消费贷款、教育消费贷款等。

（2）产品改进策略。产品改进是以产品自身的改变来满足客户的不同需要，吸引不同需求的客户。例如，中国人寿广东分公司曾在广东市场推出的分红系列保险，它将过去的纯粹保险产品改进为把保险公司的经营成果与客户的利益挂钩的金融服务产品，把某些传统单纯保险产品改变成能够参与分享保险公司相应经营成果（利润）的分红系列保险产品。正是该公司针对我国居民在存款利率处于较低水平情况下，正在日益增长的寻求投资渠道和争取较大投资收益的欲望所采取的措施，以达到吸引需求，推广产品的目的。

（3）营销组合改进策略。即企业通过调整营销组合中的某一因素或者多个因素，以刺激销售。

注重提高服务质量，运用多种促销手段强化分销，维护企业信誉，注重特色宣传，并随时准备投放新的金融服务产品。例如：通过降低售价来加强竞争力；改变广告方式以引起消费者的兴趣；采用多种促销方式，如大型展销、附赠礼品等；扩展销售渠道，改进服务方式或者货款结算方式等。

4. 衰退期的特点与营销策略

衰退期是指金融服务产品已不适应金融市场需求，竞争力衰弱导致业务量大幅萎缩的阶段。这一阶段，消费者的兴趣纷纷转移，企业的业务量下降，利润也快速减少甚至出现亏损，竞争者纷纷转移经营力量，竞争相对变弱。因此，在衰退期的企业可以根据实际情况选择以下几种策略：

（1）维持策略，即继续沿用过去的策略，仍按照原来的细分市场，使用相同的销售渠道、定价及促销方式，直到这种产品完全退出市场为止。

（2）收缩策略，即大幅度降低促销水平，尽量减少销售和推销费用，以增加目前的利润。这样做虽然有可能导致产品在市场上加速衰退，但能从忠实于这种产品的客户中得到利润。

（3）放弃策略。对于衰退比较迅速的产品，企业可以当机立断，放弃经营，采取完全放弃的形式，如把产品完全转移出去，退出市场；也可采取逐步放弃的形式，使其所占用的资源逐步转向其他的产品。

第三节 金融新产品开发

经典案例 5-3

英国政府公布了一项道路收费相关提案，可以根据道路收费或定价方案来替代道路税和汽油税，提案的关键内容是按司机行驶每公里路线为基础计算收费，而收费会依据行驶的路线和时段的不同而不同。

道路定价对于车辆保险行业具有启发意义。英国保险业协会（the Association of British Insurers，ABI）相信新科技能给保险营销带来革命性变化，车辆在车流量小的路线行驶，发生交通事故的概率会降低，因此保费也会降低。

由此，英国最大的保险公司诺威治联合公司（Norwich Union）探索实施了一项涉及5000辆机动车的按里程—路线—时段收费的车险实验方案。

车险实验方案的重要部分之一，是投保人先支付一定的费用，再花50英镑安装一个车载全球定位系统（GPS）黑匣子，大小和DVD机盒差不多。黑匣子可以收集、储存以及传输车辆行驶的时间路线信息。行程的细节会通过手机网络回传给保险公司，保险公司则会根据这些信息计算出每月账单，并从投保人账户中直接扣除保费。

换言之，靠GPS监测客户的每次行车情况，保险公司就可以准确地掌握客户的出行时间、路线及车速数据，并据此计算保费。

资料来源：www.dft.gov.uk/strategy.

金融服务产品的生命周期的变化会受到许多因素的影响。当新的金融工具出现，特别是新技术导致服务方式改变时，消费者的兴趣转移，国家政策、宏观经济政策出现较大变动，金融企业的信用出现危机等，都往往会影响金融服务产品的生命周期甚至导致金融服务产品的衰退。因此，企业必须不断地开发新产品，才能在当今新技术不断涌现、经济的国际化潮流日益高涨、竞争越来越激烈、经济形势也变幻难测的市场环境中生存与发展。

一、金融新产品的含义及类型

营销学认为，"新"是相对于企业或市场的原有产品而言，凡是能够为消费者带来新的满足和利益的任何东西都属于新产品的范畴。金融新产品是指金融企业提供的，能够给客户带来新的满足和利益的各种可能的服务。经营者开发出新的金融服务产品或变动金融整体产品中任何一部分所推出的产品，都可以被理解为一种新产品。具体来说，金融营销学所说的新产品，大体包括以下几种：

（一）全新产品

全新产品是指金融企业采用"新技术""新工艺""新材料"等开发的前所未有的产品。这类产品多是由于科学技术的进步或是为了满足消费者某种新的需求而开发的产品。

（二）换代新产品

换代新产品是指金融企业运用新技术开发的，使原有产品的性能有飞跃性提高的产品，如银行在传统业务基础上，开发功能更为完善的个人投资理财服务。

（三）改革新产品

改革新产品是指金融企业对原有产品的特点内容等方面进行改革创新而开发的产品，实际上是赋予老产品以新的特点，常常是金融服务产品功能的延伸或完善，以满足消费者的新需求。例如，广东发展银行广州分行与中山大学共同开发的"广发中大校园卡"（珠海校区），是将银行磁条卡和校园卡合二为一，从某种意义上来说，它就是一种新的金融产品。

（四）仿制新产品

仿制新产品是指银行对现有金融产品只做较小的改进或修正，以突出产品某一方面的特点，或直接仿照市场上已有的畅销金融产品，然后标以新的品牌或者冠以新的名称，在市场上推出。这类金融产品的开发无需新的技术，开发成本较低，但市场竞争十分激烈，金融产品的市场生命周期相对也会较短。

二、金融新产品开发程序

（一）构思搜集

新产品的构思可能来自于与顾客直接接触的一线员工，也可能来自于对顾客行为的数据分析，还可能来自于对顾客投诉的分析。由于对这些信息的掌握和思考需要企业内各方面员工的参与，金融企业内部应建立对现有产品和流程不断改进的激励机制，并逐步形成不断创新的氛围，让企业内的所有员工都为产品的提升和开发作出贡献。

（二）构思筛选

筛选之前，应建立适当的评价体系以更科学地对各种构思进行比较和分析。该筛选体系应着重考虑：

（1）新产品范围、目标市场是否一致，企业的人、财、物力是否能够适应。

（2）新产品是否有明显的需求和适当的市场，市场容量有多大，是否能广泛销售，是否有连续经营的基础。

（3）新产品的特点与竞争产品相比是否突出，新产品上市后对企业的原有产品可能会产生什么影响，能否利用企业现有的资源等。

（4）新产品的成本和利润预测，开发过程的研制时间和经费情况。

（5）产品方向是否符合国家的政策、法律法规以及社会消费发展趋势等。

（三）产品概念的形成

产品概念测试是将金融机构初步设定好的一个产品概念或几个可以替代的产品概念，展示给一群目标消费者，并获取其反应。在进行产品概念测试时，通常用文字或模型的方式来描述产品概念，其内容包括：新产品的功能、运作过程、目标市场、盈利方式、进入壁垒以及与市场现有产品的区别和优势。

（四）商业分析

主要是对新产品的商业吸引力作出评价，从而判断它是否符合企业的经营目标，是否进行下一步开发。为此，在这一阶段必须从财务上分析新产品的市场销量、成本和利润，以及投资收益率和投资回收年限等，判断开发该产品在经济上的可行性。

（五）产品开发设计

产品开发部门按产品概念的要求开发出功能完全、成本合理的产品模型或样品，并进行品牌设计，使产品概念实体化。例如，保险公司开发某一新险种，就要进行保险单设计、保险条款设计和险种命名等一系列设计工作。产品的开发设计必须使模型或样品具有产品概念中所规定的所有特征。

（六）试销

新产品设计完成后，可在一定范围的市场上进行试销，以获得市场潜量、营销方案的有效性评估，消费者的反应，渠道反馈等信息。企业根据市场反馈情况，改进营销策略及完善产品不足之处。

（七）商品化

企业正式全面向市场推出新产品。该阶段既是新产品开发的最后阶段，也是该产品生命周期的开始阶段。在这个阶段，企业用于新产品推广方面的费用较大，在短期内可能没有盈利或盈利甚少。因此，金融企业必须制定周详的新产品推广计划，对投放的时间、地区以及如何推出等问题作出适当的决策，使新产品在适当的时机、适当的地区范围进入市场，有效地开展市场营销活动，推动产品的发展。

三、新产品开发策略

金融新产品的开发手段与途径是多种多样的。例如，可以通过新技术来开发新产品；可以通过对现有产品的不足进行改进、修正，进行新功能的挖掘和创造，从而改进与革新金融产品；还可以通过仿效、模拟或者进行重新组合和包装等来开发新产品。总的来说，金融机构在开发金融新产品时可根据需要采用以下不同的策略，或者几个策略交叉使用，以达到新产品开发的目的。

（一）扩张型开发策略

金融机构在确立了自己在金融市场中的位置后，通过扩展现有服务、增加交叉销售的方法，将其业务向更广阔的市场推进，使其业务类型、产品品种和服务向纵深方向发展，使客户能够在一家金融机构中获得更多服务项目。

扩张型开发策略的优点是比较便于操作，对客户具有较强的吸引力，且能使客户获得一定的利益。例如，目前很多金融机构对客户提供"一站式"金融服务，商业银行向全能式、综合式"金融百货公司"方向发展等，均可看作扩张型开发策略的结果。

（二）差异型产品开发策略

由于金融产品的特性与金融营销的要求，金融新产品的开发永远以金融机构所关注和实现的细分市场为出发点，这意味着产品创新开发者必须关注每一个重要的细分市场，知晓哪里存在金融服务需求，确信所提供的金融产品和服务最适合这个细分市场，并可以使客户和金融机构的效用、效益获取程度达到最高。金融机构可以同时为几个细分市场服务，并且按照每个市场的不同需要，分别设计不同的产品和运用不同的市场营销组合。

差异型产品开发策略，就是指金融机构根据细分市场特点进行特殊产品开发的一种策略。金融机构采取这种策略，是以提高自己选定的目标市场占有率为目标的。在市场细分和市场定位的基础上，金融机构放弃不相关的或无竞争力的产品和服务，把着眼点放在少数细分市场上的有特色与竞争力的产品和服务上，这样既可以减少不相关的服务所带来的成本，又可通过垄断优势提高特色产品和服务的价格。差异型产品开发策略的特点是：根据金融机构市场细分的结果进行设计，每个产品一般只适应特定人群的某种或某几种需要。因此，金融机构需在经营特色上下工夫，并且在推销宣传中注重特色宣传，以使新产品特点突出、明确，易于被人们接受。

（三）卫星产品策略

卫星产品策略是指金融机构开发出一种独立的产品，它的购买者或者使用者无须是该金融机构核心账户的持有者，而是该金融机构的非账户持有人。这种产品策略的实质是：创造一种脱离金融机构核心服务的独立产品，目标是增加对非开户客户的产品销售。卫星产品策略比较适合没有庞大的分支机构网络以及缺少资金雄厚的大客户的小型金融机构。对于一些大中型金融机构来说，这种产品策略也有一定的好处：一方面提高了金融机构对非账户持有人的产品销售额，增加了其对该金融机构的了解与认同；另一方面也有利于增强金融机构的总体服务，增加对账户持有人的产品交叉销售额。

第四节 金融服务产品品牌策略

经典案例 5-4

星巴克更换商标图标

星巴克为了在全球拓展其业务，希望突破原有"星巴克就意味着咖啡"的品牌形象，以便经营更多的食品或其他产品，曾多次更换其商标的图标。星巴克将最初的斯堪的纳维亚双尾美人鱼的形象，几经更换，成为抽象化的美人鱼形象。每次商标头像的更换都会引起争议，有人认为创新有必要、有新意，而有人则认为，创新削弱甚至颠覆了星巴克独特的咖啡品牌形象，会得不偿失。你怎么看这个问题呢？

资料来源：www.dft.gov.uk/strategy.

▌一、金融服务品牌概述

产品品牌是推销的有力武器，品牌策略是产品策略的一个组成部分。以品牌来建立产品的市场地位，培养顾客对本企业产品的"品牌偏爱"，是企业市场营销的重要策略之一。随着我国金融体制改革的深化和金融领域对外开放的扩大，市场竞争力度逐步加剧，金融业纷纷引入市场营销理念，对品牌策略的实施运用也更加重视。

（一）品牌的含义

品牌是由文字、符号、标记、图案或设计等要素或这些要素的组合构成的，用以识别产品或服务，并使之与竞争者的产品或服务区别开来的商业名称及其标志。品牌通常包括品牌名称和品牌标志两部分。品牌名称，也称品牌或品名，是品牌中可以用语言称呼的部分，如牡丹卡、乐得家、奥迪等；品牌标志，又称品标，是品牌中可以被记认，易于记忆但不能用言语称呼的部分，通常由图案、符号或特殊颜色等构成。如中国工商银行的品标，是用圆圈围绕的"工"字，也是该行的行徽。品牌，就其实质来讲，是一种承诺，是销售者对消费者的承诺。如"外汇宝"这一品牌实际上是一项使消费者得到"交易手段新、报价及时、方便快捷"的外汇交易服务的承诺。消费者识别出这一承诺，并通过信息沟通及实际使用经验而认同了这项承诺，就赋予了品牌真正的存在价值。

（二）金融服务品牌

金融服务品牌简称金融品牌，它与物质产品的品牌有所不同，一般包括金融产品的名称、式样、外形、色彩、识别暗记、金融产品提供者的名称和有关合法印章、签字、背书等要素。金融产品的品牌与物质产品的品牌的区别主要表现在：通常一个产品就是一个品牌；每个品牌都必须有该产品提供者的名称和标记，产品名称与提供者名称始终相伴；品牌名称与产品功能一致。

■ 二、金融服务品牌的作用

品牌的作用可从企业、消费者等方面来观察。具体来讲，金融产品品牌的作用主要表现在：

（一）减少顾客选择风险

金融业是服务性为主的行业，其产品在很大程度上是一种有形的承诺，如票据、保险金等，以及无形的服务，如结算、保险理赔等。前者虽然由《中华人民共和国票据法》和《中华人民共和国民法典》界定成为功能划一、为消费者熟悉的规范化产品，但如信用卡等电子货币及保险险种等在功能种类方面仍存在很大的差异；而后者在无形服务方面的差异则可以更大，每个企业的服务水平都会有不同的特点。因此，顾客购买金融产品时会面对一定的风险和存在选择意向，他们在购买过程中也必然会尽力减少这些风险，选择比较优良的服务。实践证明，建立好的金融品牌有利于顾客认识、理解并信任这种金融服务。

（二）有助于市场拓展

由于金融产品的多样性和金融服务的广泛性，任何一家金融企业，都不可能满足所有客户的所有需求，而只能通过市场细分、市场定位等策略，在市场上找到一个恰当的位置，追求差异化优势，从而扬长避短，以最小的投入获得最大产出。而金融品牌则有助于企业在特定的细分市场上建立差异化优势，吸引并保留住客户，从而获得更大的市场份额。例如，建行上海分行利用"乐得家"这一品牌开拓住房按揭贷款这一市场，其市场占有率一度就高达 95%。

（三）树立金融企业形象

作为提供金融产品的企业，培育具备信息力、知识力、文化力、形象力的名牌产品，有助于其避免低层次的或单一的价格竞争，从而在更高的层次上寻求竞争优势，创造良好的经济效益和社会效益，树立现代金融企业形象。例如，企业在实施 CIS（企业的识别系统）战略基础上，对具体产品和服务再实施品牌策略，将会更加丰富、深化金融业 CIS 的内涵。

（四）有助于金融企业实施关系营销战略

从关系营销理论来看，培育并保留住优质客户对金融企业非常重要，企业须从长远战略发展的高度来认识企业与客户的关系，投入足够的力量发展与客户的长期合作关系。而金融品牌作为无形资产，所体现的是与客户的紧密关系，因此，树立品牌意识、实施品牌策略，有利于金融业的市场开发和优质客户培育，并能帮助企业避免只着眼于短期利益而采取的某些短视的、不规范的营销行为。

三、金融服务品牌策略

（一）金融品牌设计策略

金融品牌设计包括两方面的内容：

1. 品牌定位

设计金融品牌，首先要进行品牌定位。金融品牌定位包括两个方面：一是品牌功能定位，即金融品牌所代表的金融产品能给客户带来的实际使用上的利益，包括核心服务、便利服务及辅助服务，它一般是有形的或可以衡量的；二是品牌的情感定位，即客户消费该金融品牌所带来的情感方面的满足，它往往是无形的和难以衡量的。金融品牌功能性的价值容易被模仿，而感性和冲动性的价值较难模仿，并且在建立品牌忠诚方面所起的作用更大，所以金融企业应对金融品牌的情感定位给予足够的重视。例如，美国运通公司向商业人士和拥有较高社会地位的人提供价格高昂的运通卡，这种信用卡功能上与普通信用卡没有什么区别，但由于它更强调信用卡使用者的声望而倍具吸引力。

2. 品牌名称设计

品牌既是一个视觉符号，也是一个听觉符号，人们看到的是图案文字，听到的是宣传的名称。因此，名称是金融品牌的核心，对企业品牌策略的实施有着重要的影响。一个好的名称将更容易建立起高效的金融品牌。例如，上海建行的"乐得家"是从众多的应征稿件中评审出来的，该名称在树立品牌形象方面起了巨大的促进作用。一般来讲，一个成功的品牌名称设计应遵循简洁醒目，易读易记；构思巧妙，具备暗示属性；独特新颖，超越地理、文化边界的限制等原则。

（二）金融品牌经营策略

1. 品牌策略

在竞争日趋激烈的市场中，企业使用品牌能获得有助于开拓市场、培育优质客户群、树立企业形象等好处。但使用品牌，必然会增加费用，如设计费、制作费、广告费等，因此，并不是所有的产品都必须使用品牌。是否使用品牌，主要视品牌使用的投入产出测算结果而定。若利用品牌作为促销手段而不能给企业带来更多利益时，则可不使用品牌，从而节省费用，降低产品价格，吸引低收入购买者，提高市场竞争力。但由于金融产品本身特点或者是行业习惯等原因，金融产品通常是一个产品就是一个品牌，金融企业一般较多采用有品牌策略。随着金融业的发展，金融企业对产品品牌使用策略的选择空间也有了很大变化。以"银行卡"为例，中国农业银行对其信用卡使用了"金穗卡"的品牌，中国农业银行广东省分行则对其储蓄卡不使用品牌；中国建设银行对其信用卡使用"龙卡"的品牌，其广州分行发行的公积金卡则只用"龙卡"品牌图案。

2. 群体品牌与多品牌策略

企业在决策使用品牌后，仍需对下列问题进行决策。

（1）多品牌策略，即每个或每类产品单独使用不同的品牌。多品牌策略的优点是迎合了细分化市场的需要，有利于突出产品特色。其缺点是新产品无法得到成功品牌的荫蔽，且新品牌推出成本高，增加了品牌管理费用及难度。

（2）亲族品牌策略，即企业的所有产品都使用同一个品牌。其优点是可充分发挥某一品牌的价值，具有较高经济效益。利用原有成功品牌易于推出新产品，而新产品的成功又会使品牌的价值得到进一步提高。其缺点是不同定位的产品集于同一品牌，势必造成品牌间的冲突，不利于产品的销售。

（3）双重品牌策略，即企业名称与产品品牌并用，也就是企业名称加个别品牌，在各种产品品牌前冠以企业名称，将两者紧密配合，共同推出。例如，中国建设银行推出龙卡时，就将龙卡与建行名称同时宣传。双重品牌策略，使企业不仅在单个品牌上予以投入，而且将这些品牌与企业名称紧密联合，使客户对具体金融产品保持忠诚的同时，对企业本身也保持忠诚，充分发挥了群体品牌与多品牌策略的优点，避免各自的缺点。鉴于金融产品众多，而且随着技术的进步，产品更新换代的速度也较快等情况，金融企业可尽量采用双重品牌策略。

3. 优质服务策略

任何一种品牌的金融产品，其流通性、知名度、业务量与招徕的客户数量都与该产品提供的服务质量密切相关，实行品牌策略的目的是要在顾客与品牌之间发展一种紧密的联系，而这种联系在更大程度上是通过客户的实际使用经验建立起来的。客户由亲身经历所得的感受是强有力的，它能抵消或减弱企业宣传的与实际情况相悖的信息的影响。出色的品牌可使优质的服务更优，却不能挽救劣质的服务。由于金融产品在使用价值上有很大同质性，其差异要远小于实物产品，价格也具有趋同性的特点，因而产品创新极易被模仿，并增加了依靠产品开发保持优势的难度。同时，随着计算机技术在金融业的广泛应用，金融产品的知识含量也越来越高，客观上给客户选择金融产品增加了困难。因此，金融业要特别重视优质服务的作用，以全方位的服务开拓市场，树立品牌特色。例如，交通银行上海分行在推出"外汇宝"业务后，多年来不断完善服务功能，为市民提供业务咨询，经常开设汇市沙龙，并利用新闻媒体报送"外汇宝"汇价等。这些服务措施为交行"外汇宝"在上海市民心中形成"科技含量高、交易手段新、报价及时、方便快捷"的品牌形象起了重要的作用。

（三）金融品牌管理策略

1. 金融品牌管理的三个方面

金融服务产品的品牌管理主要包括品牌知名度、品牌美誉度和品牌忠诚度三个方面。

（1）品牌知名度是市场上顾客对某一品牌的理解和记忆的程度或比例。品牌知名度的实现主要依靠大众传媒。非凡的促销创意、全面的广告投放和广泛的网点布局都有助于树立品牌在顾客心目中的形象。

（2）品牌美誉度是指顾客对品牌持有好的观点或印象的程度或比例。品牌美誉度的形成主要依靠人际传播来实现。人际传播的主要途径是口头传播和人员促销，但是其传播面窄、扩散速度慢。因此品牌美誉度的形成周期较长。服务企业应该对内规范要求，强化质量；对外则大众传媒和人际传播双管齐下，加快美誉的传播速度。

（3）品牌忠诚度是品牌管理的最高层次，它以品牌知名度和品牌美誉度为基础，通过对品牌忠诚度的管理，可使企业提高品牌销量，扩大品牌资产，降低营销成本，赢得竞争优势，实现品牌的长远发展。

2. 金融品牌管理活动

基于品牌管理的知名度、美誉度和忠诚度三个方面，金融品牌的管理实际上就是以它们为中心开展活动。

（1）品牌的命名。品牌的命名应该遵循"五好"原则：好听、好记、好认、好理解、好传播。如"Jin Gang Hotel"（金港大酒店）的名称改为"Golden Harbor Hotel"，将会吸引更多外国客户的注意力。

（2）品牌的定位。进行品牌定位的基本原则就是与企业的市场定位相符，在市场定位的基础上赋予品牌核心理念。如香格里拉代表优雅的世外桃源，希尔顿代表家的感觉，这种核心理念往往代表了品牌赋予顾客的核心利益点，并能引起顾客的共鸣。同时，企业还应该注意塑造品牌形象，使品牌人性化。

（3）品牌的传播。首先要提高品牌的知名度。目前最重要的工具是整合营销传播，最大限度地调动媒体力量，通常的做法是进行媒体分析，了解哪些渠道可能使信息最有效地传递给顾客，然后用同一个声音说话。此时的注意力应该放在与顾客沟通上。其次是美誉度的建立，要求在服务整理产品质量上下工夫，做实、做细。最终是保持顾客对品牌的忠诚度。人们通常把品牌看作企业的资产，而实际上真正的资产是品牌中包含的顾客忠诚度。要维持顾客的忠诚，需要满足其不断变化的需求，让顾客体验新的价值。此时，广告应该趋向于建立忠诚度，目的在于加强已经建立的顾客与品牌的关系，提高他们的忠诚度。实践证明，成功的品牌是那些始终牢牢抓住顾客并赢得他们持久忠诚的品牌，因此维持忠诚的顾客已经成为企业提升品牌价值的关键。

（4）品牌危机的处理。如果企业与顾客发生矛盾，应该按照公司的危机管理程序冷静处理，与顾客对簿公堂是下下之策。如果品牌在顾客心目中的形象已经无法挽回，或者解决危机的成本超过新建品牌的投资，企业就应该果断采用品牌撤退策略，重新树立新的品牌。

（5）品牌改造。一个品牌经历了一定的发展后，可能面临改造的局面。品牌改造通过市场营销创新、技术创新、管理创新等手段来进行，如改变视觉形象广告、推出新产品、赋予新价值等，使品牌保持活力。一些具有悠久历史的企业往往容易忽视这一点。

【本章小结】

1. 金融服务产品概念和要素，金融服务产品特征和主要类型，金融服务产品的层次。

2. 金融服务产品的特征：无形性、不可分割性和广泛性、易被仿效性和价格的一致性、金融服务与客户关系的持续性。

3. 基础性银行产品包括资产类银行产品、负债类银行产品、结算类银行产品、租赁类银行产品以及涉外类银行产品。

4. 金融产品组合的策略有：功能齐全型、市场专业型、产品专业型。

5. 金融新产品开发策略有：扩张型开发策略、差异型产品开发策略、卫星产品策略。

【重要术语和概念】

金融服务产品 金融服务产品特征 金融服务产品组合 金融服务产品生命周期 金融新产品 金融服务品牌

模块二 能力训练

【知识回顾】

1. 金融服务产品是指由金融服务企业_____，可供_____与_____在金融市场上进行交易的各种金融工具，以及反映资金双方债权债务关系的合约与文件。

2. 银行金融服务产品的内容十分广泛，可以将产品划分为_____。

3. 针对金融产品生命周期的每个阶段，我们采用的营销策略是_____。

4. 金融营销学所说的新产品，大体包括：_____。

5. _____、_____和_____构成金融品牌管理策略的三个方面。

【判断说明】

1. "改革新产品是指运用新技术开发使原有产品的性能有飞跃性提高的产品。"此种说法是否正确？若不正确应如何修改？

2. "负债类银行产品的突出特点是风险高。"此种说法是否正确？若不正确应如何修改？

【思考反思】

1. 想想你正在使用的银行产品，分析其属于哪种产品，以及该银行在营销过程中使用了什么策略。

2. 金融服务产品的生命周期包括哪些阶段？试举例进行分析。

3. 互联网金融快速发展，如果你是一家股份制商业银行的产品开发人员，你会采用怎样的新产品开发策略？

4. 请举例说明如何管理金融服务品牌。

【能力拓展】

找到你最喜爱的一款金融产品，看看它是如何被推广的？

【自我认知】

成功者素质

仔细研究下面这个案例后，你认为小乔作为一名职业服务营销从业人员会取得成功吗？

大学毕业后，小乔兴高采烈地接受了一个报酬不错但要求较高的金融服务营销工作。小乔原来学的是体育教育专业，本来可能成为一名高中足球教练，但是在他选择工作的地区很难找到合适的工作岗位，于是他就转作金融服务营销的工作。

小乔个头很高，长相英俊，思维活跃，并不害怕接触陌生人和陌生环境。他讲话速度很快，充满自信，并且很在意自己的外表。因为他的精力和个性，小乔很容易对事物发生兴趣。他最大的优点是从不轻易放弃。运动员式的训练教他懂得在比赛结束前不能放弃。还有一点相当重要，小乔有一种与生俱来的领导能力。

在两个星期的金融机构服务营销岗前培训中，很明显，他不总认为服务营销技巧很重要。不知何故，他认为他并不需要学习如何服务，因为他的个性就能使他成功地完成这个工作。在分组培训课程中，他被分配跟随一名专业服务营销主管，以获取有关的实践经验。小乔看上去一直在听别人所讲的话。然而后来，当他有机会展示他学到的知识时，他却基本按照自己的想法行事。

在小乔单独接触客户的场合中，他在整个过程中几乎一直一个人在讲，而根本没有怎么努力去了解客户的想法。尽管他不太擅长倾听别人的想法，但金融机构里的每个人（特别是一起参加服务营销培训的伙伴们）都喜欢他，许多人认为他天生是个服务人才。很多人预测他肯定会很成功。

那么，你怎么看呢？小乔成功吗？他会长期地当一名金融服务人员吗？请做出你的判断，并写明原因。

【情景案例】

德国银商合作推出新产品新服务

在咖啡馆喝咖啡的同时可以开立银行账户，可以边喝咖啡边买卖金融产品，在超市结账台可以用银行卡提取现金……这些都是近来德国银行在各大媒体上大力宣传的新业务。

为应对私人客户市场日益激烈的竞争，德国银行近年纷纷通过"银商合作"拓展客户服务新空间。

从2007年9月开始，德国邮政银行开始同当地著名咖啡连锁店Tchibo合作，消费者在其1000家店内喝咖啡的同时，可以开立德国邮政银行的汇划账户，并购买德国邮政银行的各类储蓄投资产品。如果消费者在Tchibo咖啡店开立账户并每月存入1250欧元，那么账户将是免费的，否则汇划账户需缴纳5.90欧元月费。两个月前，德国商业银行也选择了同拍卖网站eBay合作，个人消费者在eBay可以开立德国商业银行的免费汇划账户。

9月25日，德国邮政银行又宣布，该银行储户在超市购物用银行卡付款的同时，也可以提取现金，这意味着德国各大连锁超市将成为邮政银行的"现金提款点"。虽然银行与零售网络的这种合作方式在英国等地已经存在，但在德国还是首次。

分析人士指出，德国银行业竞争激烈，私人客户资源已成为所有银行竞相抢夺的焦点。利用门户网站、超市、咖啡店等场所提供服务，正是看中了这些渠道积聚的客户资源。

由于德国银行业进入门槛相对较低，一些企业甚至也利用自身宝贵的客户资源试水金融业务，并且取得了不俗成绩。德国著名服装连锁店 CA 公司在全国有 400 家分店，在欧盟 15 个国家的分店已超过 1000 家，每天客户数达到 100 万。CA 公司利用其客户资源及电话销售、互联网销售等多种形式，在 2007 年年底取得金融业务执照后开始销售机动车保险，并提供分期和透支贷款等数十种产品和服务。2007 年德国纺织行业的平均增长率只有 1%，而 CA 公司预计增长 5%，这其中"金融部门功不可没"。

德国不同类型的金融机构之间，也通过各种形式共享客户资源。9 月 21 日，德国邮政银行宣布，将与德国第二大汽车保险公司科伯保险集团合作，从今年 10 月份开始在其柜台出售科伯保险公司的汽车保险、第三方责任险和财产保险等。同时，科伯保险公司也将提供邮政银行的一些服务。

如今德国银行业的竞争已经进入"客户资源为王"时代，特别是德国邮政银行等以个人业务为主的机构，更是将争取更多个人客户作为银行发展的首要目标。

想一想：在你生活的城市里，观察哪些商业企业可以与金融企业合作，推出新的金融服务和金融产品？

【互联网搜索】

请搜索余额宝的发展过程，并谈谈你对余额宝这一产品的看法，并分析"余额宝"品牌忠诚度。

【阅读与讨论】

请阅读产品生命周期的相关介绍，试述产品生命周期理论对金融企业开展产品营销活动的启示。

【在线测试】

扫描书背面的二维码，获取答题权限。

扫描此码　　在线自测

第六章
金融服务价格策略

【本章提要】

本章对金融服务营销价格策略进行概述，介绍了不同定价方法的含义和方法步骤，对不同的价格策略所带来的不同效应进行分析。

【知识目标】

1. 了解金融服务营销基本价格策略的概念。
2. 了解金融服务营销价格策略的种类。
3. 了解金融服务营销价格策略的影响因素和调整方法。

【能力目标】

1. 能够认识定价影响因素对价格的作用。
2. 初步掌握金融服务营销价格策略在实践中的应用。
3. 学会运用基本定价方法进行定价。
4. 具备价格调整策略的基本运用能力。

【课程思政案例讨论】

扫描此码 阅读文章

模块一　理论分析

 **导入案例**

利率浮动"枪响"，揽储暗战升级

"央行一宣布存款利率可上调到基准利率的 1.1 倍，以工农中建交等五大行为首的各大银行就纷纷加入'涨利'大军，在这种情况下，小银行就更得跟进。因此，我们也马上将利率上浮到顶。存款阵地不能失啊!"营口银行哈尔滨分行有关人士如是感叹。

据了解，利率的上浮空间打开，无疑使得百姓拥有了对银行的议价能力。正因此，各大银行对此反应极为敏锐。五大国有银行第一时间上调了从活期到定期的部分存款利率，直接带动了其他银行的定价策略。邮储银行紧随五大行之后，迅速上调了利率，兴业银行、招商银行等一批股份制商业银行也纷纷跟进。

部分资金饥渴的小型银行更是一浮到顶，上调 10%。"对我们中小银行来说，抢占市场显得尤为重要，"一家银行有关人士对记者表示，"银行现在吸收存款的难度确实比较大，此次利率上浮到顶，可以借此吸收更多的存款，进而提高放贷额度，利率成本也就抵消了。"

银行存款利率大一统的格局被迅速改写，商业银行的揽储大战由此前的"暗战"迅速升级为"明争"。

当年，各家银行都在针对 1 年期以下的存款利率进行调整，活期利率均上调了 10%，对于其他 3 个月、6 个月和 1 年期的存款不同银行调整幅度不同，而 2 年期、3 年期等中长期存款利率均未上调。那么，这其中原因何在？

为此，工行有关人士介绍说，目前银行所吸收的存款中，活期存款、1 年期以下的短期存款占绝大多数。在大多数银行，活期存款在存款总数中所占的比例都要高达 50%，不少银行甚至更高，因此，活期存款、短期存款对于银行来说格外重要，是必争的一块领地。

资料来源：http://finance.shm.com.cn/2012-07/12content_3819134.htm.

价格是对产品或服务所收取的金钱。更广义地说，价格是指消费者用来交换拥有或使用产品和服务利益的全部价值量。价格在营销组合要素中有着特别的地位。其他要素如产品、促销、渠道、人员、过程、有形展示等要素，虽然都创造价值，但在实现交易之前都须企业投入成本，只有通过合理定价促成交易才可以实现成本补偿及盈利。

价格是买卖双方达成交易的重要因素，也是影响客户选择产品的主要因素。与此同时，随着社会经济繁荣和人们收入提高，非价格因素的作用越来越大，如服务、品牌、信任等。对于金融产品，这一趋势更加明显。

与普通商品的价格不同，金融产品的价格变动与一国金融规制情况密切相关。我国处于社会转型过程中，利率、佣金、保费等的定价机制，要完全市场化，需要满足一定的市场条件，需要经历一个相对长的过程。金融机构对其产品的定价，首先要遵循国家的有关规定，然后根据市场情况，灵活运用定价策略。随着我国金融市场化改革与开放的逐步推进，由市场决定金融产品价格的时代渐行渐近，市场化的定价策略将得到越来越广泛的运用。事实上，近几年在金融企业营销活动中，自主定价的产品越来越多就是证明。因此，越早掌握营销定价策略知识，在未来的竞争中越有利。

第一节 新产品和服务的定价策略

新产品和服务的定价是金融机构定价的一个重要方面，也是其整体定价策略中的一个十分棘手的问题。新产品上市之初，定价没有借鉴，定高了难以被消费者接受，定低了则会影响到金融机构的经济效益和长远发展。因此新产品定价合理与否，关系到新产品能否顺利进入到市场、占领市场、取得较好的经济效益，并且关系到产品自身的命运和金融机构的前途。

新产品的生命周期处于导入期。新产品刚刚投入市场，消费者对其尚不熟悉，产品销量低，没有竞争者或竞争者较少。为了打开新产品的销路，金融机构定价时可以根据不同情况，在撇脂定价、渗透定价或满意定价之间做出选择。

一、撇脂定价策略

撇脂定价法又称高价法，即将金融产品的价格定得较高，尽可能在产品生命初期，在竞争者研制出相似的金融产品以前，尽快收回投资，并且取得较高的利润。然后随着时间的推移，再逐步降低价格使新产品进入弹性大的市场。这种先高后低的价格，就像从鲜奶中撇取奶酪一样，从厚到薄，故称为撇脂定价策略。例如，百货商场可对新上市的新产品制定高价，产品大规模上市后放弃经营或实行低价。这种策略要求新产品品质和价位相符，顾客愿意接受，竞争者短期内不易打入该产品市场。

一般而言，对于全新产品、受专利保护的产品、需求的价格弹性小的产品、流行产品、未来市场形势难以测定的产品等，可以采用撇脂定价策略。在撇脂定价策略具体实施过程中，金融机构可以配以大规模的广告或其他促销活动有力地推动本行产品的出售，更快地收回投资，即采用满撇脂的办法。

1. 撇脂定价策略的优点

（1）有利于树立金融机构品牌产品的形象。由于新产品的独特性和优越性，在上市之初，利用客户求新的心理，能满足部分消费者追求价高服务质量优良的要求，提高产品的声誉。

（2）有利于金融机构掌握调价的主动权。高的定价使今后价格下调有更大的空间，当竞争者闻讯而来时，金融机构即可主动降价与之竞争，也可转向其他市场。

（3）高价高利润，有利于金融机构在短时间内实现预期的盈利目标，提早收回投资，减少经营风险。

2. 撇脂定价策略满足条件

（1）市场上存在一批购买力很强，并且对价格不敏感的消费者。这样的一批消费者的数量足够多，企业有厚利可图。

（2）暂时没有竞争对手推出同样的产品，本企业的产品具有明显的差异化优势。

（3）当有竞争对手加入时，本企业有能力转换定价策略，通过提高性价比来提高竞争力。

（4）本企业的品牌在市场上有传统的影响力。

3. 撇脂定价策略的缺点

（1）高价产品的需求规模毕竟有限，过高的价格不利于市场开拓、增加销量，也不利于占领和稳定市场，容易导致新产品开发失败。

（2）高价高利会导致竞争者的大量涌入，仿制品、替代品迅速出现，从而迫使价格急剧下降。此时若无其他有效策略相配合，则企业苦心营造的高价优质形象可能会受到损害，失去一部分消费者。

（3）价格如果远远高于价值，在某种程度上损害了消费者利益，容易招致公众的反对和消费者抵制，甚至会被当作暴利来加以取缔，诱发公共关系问题。

从根本上看，撇脂定价是一种追求短期利润最大化的定价策略，若处置不当，则会影响企业的长期发展。因此，在实践当中，特别是在消费者日益成熟、购买行为日趋理性的今天，采用这一定价策略必须谨慎。

二、渗透定价策略

渗透定价策略与撇脂定价策略相反，是一种先低后高的策略，就是用低价格吸引人气，赢得市场份额。渗透定价设定最初低价，以便迅速且深入地进入市场，从而快速吸引来大量的购买者，赢得较大的市场份额。这一策略曾经应用于美国20世纪80年代初推广NOW账户的活动中。以前不能提供支票账户的储蓄银行与储蓄信贷协会等为了挤进市场，针对早就办理支票账户的银行所采取的是撇脂定价策略，以很低的费用或者不规定最低余额吸引客户、扩大销售量。对很多银行来讲，渗透定价不失为成功的策略。

1. 渗透定价策略的优点

（1）有利于缩短金融产品进入市场的时间，尽快打开市场，迅速占领市场，争取到更多客户。

（2）低价利微也可较有效地排斥竞争者加入市场，减缓市场竞争的激烈程度，增强企业自身的市场竞争能力。

（3）这种低价策略比较容易赢得客户的支持，使金融机构较长时间地占领市场，获得规模经济效益，增加利润。

2. 渗透定价策略满足缺点

（1）回收期较长。

（2）价格变动的余地也较小。

（3）一旦发现金融产品的销路较好时也不太容易提高价格。

3. 渗透定价策略条件

（1）金融机构要有一定实力，可以承受以较低价格投入市场的风险，而不至于出现巨大亏损。

（2）机构要有足够的销售资源、分销渠道和推销能力，可以保持较高的服务质量。

（3）随着销售数量的扩大，金融产品的生产与分销成本可以实现较大经济性。

（4）金融服务需求的价格弹性较大，即在产品的导入阶段，如果采用高价策略便不易打开销路。

渗透定价策略常用于价格敏感的市场，需要注意的是，该策略不是减价让利，更不是亏本经营，而是抓住时机，立足长远，以期通过市场占有率的提高和规模经济的形成来降低成本，增强市场竞争力。

三、满意定价策略

满意定价策略是指产品销售以稳定价格和预期销售额的稳定增长为目标，力求将价格定在一个适中水平上，所以也称为稳定价格策略、平价销售策略。满意价格策略是介于撇脂定价和渗透定价之间的一种定价策略。由于撇脂定价法定价过高，对消费者不利，既容易引起竞争，又可能遇到消费者拒绝，具有一定风险；渗透定价法定价过低，对消费者有利，对企业最初收入不利，资金的回收期也较长，若企业实力不强，将很难承受。满意价格策略采取适中价格，基本上能够做到供求双方都比较满意。

满意价格策略的优点在于既能避免高价策略带来的风险，又能防止采取低价策略给生产经营者带来的麻烦，缺点是实行起来困难较多，缺乏可操作性。例如，美国第一银行的满意定价。1989年，美国第一银行购买了得州一家破产银行。开业之初全无声誉，吸引不了潜在客户。该行用五个条件实行服务保证，并且承诺顾客只要对服务不满，银行分文不收。结果，1989年到1995年间，4500名顾客中只有7位对于银行服务不满并获银行全额退款。如今，美国第一银行德州信托行是全美发展最快的信托银行之一。银行拥有高质量产品信誉和高水平的个人服务，在目标市场的整体形象会对银行非常有利，这样就可以收取比竞争对手稍高的手续费或支付较低的利率。

第二节　金融服务折扣价格策略

折扣价格策略是指销售者为回报或鼓励购买者的某些行为，如批量购买、提前付款、淡季购买等，将其产品基本价格调低，给购买者一定比例的价格优惠。

在基本价格的基础上，灵活运用折扣定价技巧，是金融机构审时度势争取顾客、扩大销售的重要方法。

该策略形式多样，具体办法有以下几种：

（1）数量折扣（quantity discounts），指金融机构对购买本行产品达到一定数量或金额的客户给予一定的优惠。一般购买数量或金额越大，这种折扣也就越大，从而鼓励客户增加购买，但折扣的数量起点不宜太高，表 6-1 为某金融机构回购非累进数量折扣表。

（2）现金折扣（cash discounts），指金融机构对按约定日期或提前付款的客户给予一定的价格优惠，从而加速资金回流，尽快收回贷款。比如，银行对提前还贷的企业在收取利息时打些折扣。

表 6-1　国债回购交易非累进数量折扣

资 金 额 度	手续费折扣标准
10 万～100 万元	对应回购品种标准佣金不打折
100 万～1000 万元	对应回购品种标准佣金的 50%
1000 万～1 亿元	对应回购品种标准佣金的二点五折：25%
1 亿元以上	仅收交易经手费：对应回购品种标准佣金的 5%

（3）特殊折扣（season discounts），指金融机构根据不同的时间制定不同的产品价格，在一些特殊的日子里，可以给客户一定的折扣，从而促进产品销售。

（4）功能折扣（functional discounts），在服务分销过程中所处的环节不同，其所承担的功能、责任和风险也不同，企业据此给予的不同折扣称为功能折扣。

第三节 金融服务创新定价策略

随着金融产品、金融服务的不断创新，创新定价方法层出不穷，以下简要说明几种创新定价方法。

一、关系定价策略

近几年，随着金融竞争的加剧，关系定价策略的作用日益重要。关系定价策略注重与客户建立良好的关系，着眼于客户的长期价值。该策略的适用条件是金融机构与客户发生持续的业务接触。

关系定价策略即制定一个有助于与顾客形成持久合作关系的且具有创造性的定价策略。该策略能够吸引用户多购买本单位的服务，从而客观上达到抵制竞争者提供的服务的目的。营销人员首先要理解顾客同公司发展长期关系的需要和动机，其次要分析潜在竞争者的获利举动。

一般来说，关系定价策略可以采用长期合同和多购优惠两种方式。

1. 长期合同

营销人员可以运用长期合同向顾客提供价格和非价格刺激，以使双方进入长期关系之中，或者加强现有关系，或者发展新的关系。这样的合同能根本转变金融机构同其顾客之间的关系，能将一系列相当独立的服务交易转变为一系列稳定的、可持续的交易。每个交易都提供了有关顾客需求方面的信息，由此金融机构可获得认识与效率方面的利益。同样，顾客也随着关系发展深入而从中受益。来自于长期合同的可观稳定收入使金融机构可以集中更多资源来拉开同竞争对手的差距。

2. 多购优惠

这个策略目的在于促进和维持顾客关系。它包括同时提供两个或两个以上相关服务。价格优惠确保几种相关服务一次购买比单独购买要便宜。服务提供者将从多购优惠策略中获取三个方面的利益。首先，多购能降低成本。大多数金融机构提供一种附加服务的成本比单独提供第二种服务的成本更低。如果金融机构能以降低收费和提高存款利率形式将成本节约的部分或全部让给顾客，这样也就能刺激顾客购买相互关联的多种服务。其次，金融机构吸引顾客从一家银行购买相关的多种服务，可以节省时间和金钱。最后，多购优惠能够有效增强金融机构同它的服务对象之间联系。这种联系越多，那么金融机构获取顾客信息途径越广，以及了解顾客的需要与偏好的潜力也会越大。这类数据信息如能得到充分有效利用将会有助于金融机构同顾客发展长期的关系。

二、创新产品价格策略

一般来讲，金融机构创新产品有四种类型：一是发明型新产品，又称全新产品，是指金融机构根据市场上出现的新需求，利用新原理与新方法研发的前所未有的产品，以改变人们的生活方式或使用习惯；二是改进型新产品，是指金融机构在现有银行产品的基础上进行改造、包装或组合，使其在结构、功能、形式等方面具有新特点，以满足客户的新需求，从而扩大产品销售；三是组合型新产品，是指金融机构将两个或两个以上的现有产品或服务加以组合与变动而推出的一类新产品；四是模仿型新产品，是指金融机构模仿市场上其他金融机构的产品，结合自身特点，加以调整、改进和补充而推出的新产品。四种新产品由于开发难度、需要资金和技术等不同，因而被其他银行模仿的可能性也不同，因此对不同类型的新产品要分别采用不同的价格策略。对于发明型新产品和改进型新产品，价格策略已在前面的新产品价格策略中进行阐述，这里主要讨论组合型新产品和模仿型新产品价格策略。

（一）组合型新产品价格策略

组合型新产品价格策略是指金融机构在制定价格时将一系列新产品综合考虑，根据系列产品的总成本制定一个总的目标价格，以实现各种组合产品在总体上获利。该定价策略的特点是：只核算总成本，而不核算单项产品成本，然后用成本低的产品或服务去补偿成本高的产品或服务，用收益高的产品或服务去弥补收益低的产品或服务，从而实现组合产品在总体上盈利。金融机构采用这种策略，利用价格低廉的服务为纽带来吸引客户，与他们建立良好的关系，进而带动收益较高的产品或服务的销售。

（二）模仿型新产品价格策略

模仿型新产品的定价通常是参照被模仿产品的价格，采用降档定价的策略，即采用优质中价、中档低价、低档廉价的定价策略。

三、投标、拍卖价格策略

（一）投标价格策略

投标价格策略是采用招标和投标的方式，由一个卖主（或买主）对两个以上并相互竞争的潜在买主（或卖主）的出价选优成交的定价策略。

投标价格策略有两个特点：一是在招标投标过程中，通常是若干个投标者面对一个招标者，若干个投标者竞争一个招标者所提供的市场机会；二是参与投标的客户进行定价时都处于"暗处"，都不知道有多少竞争者，以及各自的报价。一个客户能否中标，在很大程度上取决于自身与竞争对手在实力、价格等方面的综合较量。一般情况下，在仅考虑报价水平择标时，报价高，利润大，但中标的机会小；反之，报价低，利润小，中标的机会大。

（二）拍卖定价策略

拍卖定价策略通常在经营拍卖业务的特定时间、场所，按照特定的规程有组织地进行，其价格高低由参与拍卖的买主竞价确定。

具体的出价方法有两种：一是增价拍卖法，也称买方叫价拍卖法、有声拍卖法，即在拍卖时，由拍卖人宣布预定的起拍价及加价幅度，然后由竞买者相继叫价，竞相加价，直到拍卖人认为无人再出更高的价格时，则用击槌动作表示竞买成交；二是密封递价法，也称招标式拍卖定价法，即先由拍卖人公布每批产品的具体情况和拍卖条件等，然后由各买主在规定时间内将自己的出价密封递交给拍卖人，以供拍卖人审查比较，再决定将产品卖给谁。

第四节　金融服务价格调整策略

金融服务定价策略中除了对新产品制定价格外，还包括另外一项内容，就是对已经存在的金融服务的价格进行调整。

价格调整是金融机构对基础价格的调整，由于市场情况千变万化，有时价格需要根据经济环境的变化、产品生命周期、竞争对手新策略、顾客消费心理变化等因素相机而动，以实现预期的营销目标。

例如，金融机构调整价格时，需要考虑何时宣布、何时生效，是一种产品还是整个产品线、产品组合（如是否针对所有的金融产品），或是在更广泛的产品范围内（譬如针对客户存款账户所有其他项目的收费）实行价格调整。金融机构还需要考虑，一款产品的调价对其他产品影响如何。因此，金融机构各种产品和服务的价格必须相互照应协调。

价格调整应基于必要和可行原则。

1. 价格调整的原因

金融机构发现其客户数或市场份额下降；产品的价格与竞争对手相比过高；金融服务的成本降低；客户要求金融机构提供低价服务；客户认为金融机构的价格过高；定价行为使客户对价格过分敏感，并不赏识其质量上的差异等。上述原因往往使金融机构通过采用价格降低增强竞争力。

2. 金融服务价格调整的具体策略

（1）主动变价策略。主动变价策略是指在其他金融机构尚未变动价格时，出于竞争经营的需要而主动改变本机构金融服务价格的策略。一般来说，主动变价的风险较大，适合经济实力较强的大中型金融企业。

采取该种策略应注意：①做好变价准备。在市场竞争中，金融机构可出于多种目的对价格进行调整，但无论是提价还是降价，都会影响客户、竞争者的利益，迫使他们做出反应。因此金融机构在主动变价前，必须确定自己变价是否有充分的理由，这些理由是否为客户所理解或接受，并认真分析变价可能对自身造成的影响。②把握变价时机和幅度。金融机构要在复杂的市场环境中明辨竞争形势和市场供求关系，把握变价时机、变价幅度。对于经济实力和竞争优势较强的金融机构，可选择次数少、幅度大的变价方式；而实力较弱的机构一般采用多次数、小幅度的变价方式。③注意各种竞争手段并用。金融服务价格变动，不外乎降价和提价两大类，但具体运用起来，价格变动方式却多种多样。如有的金融机构采用直接变价，有的则采用与众不同的营销手段与对手周旋，有的靠技术研究与产品更新换代的优势抢占市场。总之，价格竞争适用面较广、手段方式繁多，金融机构应根据竞争形势，选择最有效手段，使变价的动机和效果相统一。

（2）应对变价策略。应对变价策略是指金融机构根据竞争对手的价格变动情况而采取相应的价格变动策略。

应对竞争者变价时有三种策略：①仅降低价格。如果金融机构不降价，则可能流失客户，使市场占有率下降。需要注意的是，价格降低了，产品和服务水平一定不能降低，至少要维持在原有的水平，否则同样会流失客户。②降低价格，并运用非价格手段还击。有时降低价格也难以对竞争者实施强有力的打击，这时，最好的对策是适当降价，强化非价格竞争，以形成产品或服务的差异。③价格不变，任其自然。这是一种谨慎的策略，以不变应万变，寻求机会，再谋求更大的突破。

【本章小结】

金融服务营销价格的概念和金融服务营销价格策略的定义。金融服务营销的价格策略的具体方法包括撇脂定价策略，渗透定价策略，满意定价策略，金融服务折扣价格策略，关系定价策略，创新产品价格策略，投标、拍卖价格策略等。在具体的营销服务实践中，成功的服务定价策略是营销理论和营销经验与技巧的高度结合。

【重要术语和概念】

撇脂定价策略　　渗透定价策略　　满意定价策略　　金融服务折扣价格策略　　关系定价策略　创新产品价格策略　　投标、拍卖价格策略

模块二 能力训练

【知识回顾】

填空题

1. 金融服务折扣价格策略具体办法包括_____、_____、_____、_____。
2. 投标价格策略是采用_____和_____的方式。

【判断说明】

有网友说："渗透定价策略与撇脂定价策略相反，是一种先高后低的策略。"此种说法是否正确，请加以说明。

【思考反思】

1. 金融服务营销有哪些价格策略，请简要回答。
2. 新产品和服务的定价策略有哪些？

【能力拓展】

1. 某大学生创业，为同学们提供洗鞋服务，服务内容包括运动及休闲鞋类的清洁、烘干、上光等。服务地点为校区内某学生公寓楼下的学生创业试点用房，洗鞋器具为洗鞋机或可洗鞋的洗衣机。已知学校创业用房免房租，洗鞋机 8000 元/台，平均每小时耗电 0.3 度，可洗 15 双鞋。

现在他遇到的问题是洗一双鞋收多少钱合适？请你尝试采用定价方法来帮他确定价格。

2. 经过几个月的筹备，洗鞋店终于开张了，洗鞋服务定价每双 4 元，烘干 1 元，上光 1 元，然而生意不如预想的好。学生店主调查发现：一是分校区的同学过来需要乘坐公交车，不合算；二是店里零钱找不出来引起抱怨；三是女生认为自己鞋子比较干净，所以嫌贵；四是周末需求量大来不及，工作日又空闲；五是许多男生一次来洗的量大，但嫌总价高；六是光洗鞋利润太薄，须拓展其他业务增加收益。

如果你是店主，想要在价格上调整以应对这些问题，应如何处理？

【自我认知】

第一印象很关键

因为客户有不同的价值观和个性标准，所以有些金融机构鼓励他们的服务营销人员树立一种安全和保守的形象。在某些金融机构岗位（比如银行大堂、证券前台等），机构会要求从业人员穿着制服。当接受新的工作岗位时，最好在报到前，先想想如何着装和如何树立形象。

想一想，你同意下列观点吗？并说明原因。

1. 你着装的方式能帮助或破坏你想树立的形象。你的自我目标形象越好，你通常就会越发地积极。

2. 你的自我感觉越好，那么客户就会认为你越好，因为你更加自信。

【情景案例】

加息了，老百姓怎么看？

中国人民银行上海分行披露的一份储蓄问卷调查显示，金融环境变化影响居民理财观，上海居民投资热情下降，逾九成上海居民期盼加息。

央行上海分行的调查显示，居民购买国债、债券、股票、基金等的投资性意愿较上季度下降 5 个百分点。投资支出中，选择购买股票、基金的仅占 10%，比上季度下降了 13 个百分点。保险市场也在遭遇类似的困境。不过，收益小、风险低的储蓄型金融产品受到了欢迎，问卷中有

22.8%的居民选择"购买国债"，在目前居民拥有的金融资产中，国债占 16.5%，较上季度上升了 2.7 个百分点。

在投资市场普遍低迷的情况下，更多的人将钱用在消费上。物价上升和收入上升成为消费欲望上涨的两大动力。调查显示，今年以来，居民对物价的满意度持续降低，有 18.75%的居民认为物价过高、难以接受，为近两年来的最高。不过，在林林总总的消费中，居民购房意愿有所下降。

调查显示，有 93.25%的居民认为利率偏低，较去年同期上升了 10.25 个百分点。同时，认为利率适度的居民同比足足下降了 10.2 个百分点，仅占 6.5%。与高收入居民相比，低收入居民对于利率的满意度更低。专家分析，这是因为低收入居民的金融资产主要以储蓄存款为主，而高收入居民则拥有更多的其他资产，存款利率的提高却有可能使其拥有的其他资产收益率下降，这使得后者认为目前的利率还比较适度。

想一想：如果你是银行支行行长，你会把哪些产品作为核心产品推荐给金融消费者？

【互联网搜索】

马云曾点评京东与苏宁的价格战时说："价格战最终吃亏的是消费者。"请搜索这个事件，并展开讨论。

【阅读与讨论】

根据全球最大奢侈品集团 LVMH 最新财报，某年一季度，该集团营业收入达 65.82 亿欧元，同比增长 25%，其业绩继续超预期攀升，股价也由此创出历史新高。以 LVMH、Estee Lauder、Coach 为代表的全球奢侈品企业并未像其他行业的企业一样在金融危机中遭受重创，反而股价比金融危机之前的高点有大幅攀升。

1. 高价增加奢侈品的神秘感

奢侈品在定价上的独树一帜足以加大其产品对寻常人来说的神秘感。消费者会尝试从商品的各个方面试图解密其高昂的定价，价格越高的商品对消费者来讲越有神秘感。一些服装品牌奢侈品店铺的天价商品扮演的往往是"锚"的角色，正是它们为那些无法清晰定价的奢侈商品构筑了价格的上限，消费者在充斥着高价商品的环境中停留一段时间后，会以最高价位的商品为"锚"来与周围其他商品相比较。在大部分奢侈品店中，往往很容易观察到，在那些天价商品的周围总是会放着很多规格偏小、材质简单、做工略粗的商品，让消费者以天价商品为标准的对比下对那些相对价格低一些的奢侈品反而会看着顺眼许多，购买欲也由此被提升了。

根据刘杰克《营销三维论》中的四位定价论，神秘感往往还会为消费者带去一种产品价格越高，产品越好的消费心理。如果两个奢侈品品牌的类似产品，一个品牌比另一个品牌定价高 100~200 元，很多消费者会考虑是不是定价高的品牌的产品比便宜的品牌的产品好，对于大多数购买奢侈品的消费者来说，往往更希望能买到更好的产品而不是更便宜的产品。在哈根达斯进入的 44 个国家和地区，走的都是"极品餐饮冰淇淋"路线，瞄准的目标消费者是处于收入金字塔顶峰的、追求时尚的年轻消费者。在中国市场，哈根达斯将高定价策略发挥到了极致，高昂的价格让它在中国成为了只属于少数高收入者消费的奢侈品，高出同类产品好几倍的价格也让它在大众眼中增加了很多的神秘感，让消费者理所当然地认为其产品的品质比其他冰淇淋品牌的产品要高很多，即使并非高收入人群，也纷纷愿意一试究竟，看看其产品到底有什么过人之处。

2. 高价满足消费者对身份、地位、品味的追求

从经济意义上看，奢侈品实质上是一种高档消费行为，本身并无褒贬之分。奢侈品还有一种定义是产品价格中包含的功能性效用比例较低的产品。可以看出，消费者购买奢侈品更多是一种精神层面的需求。生活必需品如果降低价格可以吸引人的眼球，但奢侈品如果价格太低反而无人问津，因为高价位才能标榜成功人士的身份和地位，对于购买奢侈品的消费者来说，心理需求才是最重要的，有些人认为奢侈品是身份的象征，认为奢侈品能提升自己气质，吸引他人的眼球。假设一个低廉的价格同样可以购置相同的产品，那么消费者在奢侈品身上就会找不到"奢侈"的感觉了。虽然每一次经济危机都可能因为人们外出减少、聚会活动减少等引发一场奢侈品牌生存的危机，但他们面对危机时并没有把降价作为可选项，因为这些品牌深知，降价其实无异于自绝后路，只有高高在上的价格才能满足消费者的虚荣心。

根据《营销三维论》中的奢侈品牌论，刘杰克认为，由于奢侈品位于商品金字塔的顶端，大部分人认为这是一个社会精英人群才有能力选择的生活方式和消费方式。高收入人群对奢侈品的消费多数是象征性和炫耀性消费。消费奢侈品能满足他们的个体归属感。如果他们所在的社交圈子，大家都用奢侈品，他自身也会不得不用，出于恐惧或者担心自己被孤立、被瞧不起。同时，消费奢侈品也是为了获得并宣告自己的尊贵荣耀的地位，证明自己的财富或权力。而中等收入白领阶层购买奢侈品多是渴望性消费，出于对更好的、更有品质的生活的渴望。在他们很多人看来所谓更有品质的生活，很大程度是由那些奢侈品带来的，借由购买高价奢侈品来满足自己内心的渴望，满足自己的虚荣心。

耐克在中国的高定价使得耐克产品在中国市场的利润率极高，甚至在耐克的全球市场中都独占鳌头。抛开关税对其产品定价的影响，中国消费者对其产品特有的消费心理是耐克的高定价策略在中国得以立足的社会基础。在美国，耐克属于一种功能性产品，主要是满足消费者的运动需求，因此其定价并不高；而在中国市场，更多的中国的消费者把耐克当成是高端和奢侈品的代名词，象征着自己的品位与身份地位，因此即便价格高也有大批中国消费者趋之若鹜。

3. 高价要以其他要素为依托，有力地转移消费者视线

奢侈品高昂的价格是相对于提供同等功能的同类产品而言的，如同样是具有计时功能的手表，卡地亚的手表与其他普通品牌的手表价格却相去甚远。但奢侈品品牌应该知道其产品高昂的价格不能凭空定出来就想让消费者买单，精致的产品、上乘的服务、良好的购物环境，甚至让消费者眼花缭乱的广告都是其高昂的价格背后的有力支撑。虽然高价为企业带去超额的利润，但也要从多方面让消费者觉得物有所值，将消费者的注意力从价格本身转移出去，让消费者在购物时几乎忘记价格的存在才是奢侈品营销的最高境界。刘杰克认为，LVMH就从产品、分销、沟通等多方面入手，利用象征着身份的品牌标志、精致限量的产品、完美的商店和那些拍得无比美丽的广告大片将消费者牢牢迷惑，让许多人完全忘记了价格的存在，径直走向收银台。在这种模式的帮助下，LVMH集团的利润率一直高于其他奢侈品牌。

对于奢侈品来说，拥有产品本身的功能是远远不够的，那些高价的商品要满足人们对于审美的需求，所以从设计、概念、选材、手工艺等方面都需要追加投入。可以说，支撑奢侈品高昂的价格不应是产品本身的功能，而是由奢侈品品牌定位、产品稀缺性和独特性、品牌文化和理念、终端打造、服务传递、宣传推广等共同铸就的。

苹果旗下的各类产品比市场上其他品牌的同类产品定价要高出一大截，在电子产品领域也称得上是奢侈品品牌，除了其产品功能本身，其他方面的完美支持也让其在市场上得以保持高定价

策略。自然、美观的产品设计大大满足了人们对于审美的需求，独特的产品、追求创新与人性化的品牌文化与理念也让苹果的产品拥有了一大批忠实的粉丝与拥趸。苹果还在专卖店内摆放数十台或数百台苹果旗下的产品来供消费者自由进行互动性体验，大量的个性化与无微不至的优质服务，大大增加其产品的附加值，让消费者很容易在这个环境中购买其产品。因此，虽然苹果的产品鲜有降价与促销，但消费者似乎忘记了其高高在上的价格，对其品牌其他方面的热情超越了产品价格本身。

综上所述，高昂的定价让奢侈品品牌都获得了超额的利润，其定价策略是其获得高额利润的有效武器。这种定价策略一方面是基于奢侈品在定价上的独树一帜可以增加其产品对寻常人来说的神秘感，同时还会为消费者带去一种产品价格越高，产品越好的消费心理；另一方面，基于高价位可以满足消费者对身份、地位、品位的追求，对于购买奢侈品的消费者来说，心理需求才是最重要的。此外，对于奢侈品来说，拥有产品本身的功能是远远不够的，还需要借由产品、宣传、服务、终端、品牌文化等其他方面为其高价做背后系统有力的支撑！

讨论：金融服务产品中有奢侈品吗？它们是如何定价的？

【在线测试】

扫描书背面的二维码，获取答题权限。

扫描此码　　在线自测

4

第四篇

价值传递篇

第七章

金融服务促销策略

【本章提要】

　　金融服务促销的基本形式主要包括人员促销、广告促销以及其他促销形式。本章对几种金融服务促销方式的优缺点作了详细分析，并在此基础上提出了不同条件下的相对优化选择。

【知识目标】

　　1. 了解金融服务促销的主要形式及其特点。

　　2. 了解金融服务营销促销形式的优缺点。

　　3. 掌握金融服务促销决策过程。

【能力目标】

　　1. 熟悉金融企业各种金融产品的性质、适用人群、购买要求等产品具体信息，并对竞争企业的产品也有所了解。

　　2. 能熟练运用各种销售技能开展促销活动，培养观察能力、判断能力、表达能力和社交能力。

【课程思政案例讨论】

扫描此码　　阅读文章

模块一　理论分析

　导入案例

银行信用卡促销形式多样

　　随着年末消费旺季的来临，一波波打折促销信息冲击着人们的眼球。在电商和传统商家争相拉拢顾客的大战之际，不少银行也集中推出一些信用卡促销活动，促进刷卡消费。早在"双十一"前夕，浦发银行、中信银行、招商银行等银行就率先推出了"11倍积分疯狂送、分期得积分""倍数积分""刷卡返现"等优惠活动。"双十一"购物狂欢季之后，各家银行的信用卡优惠却仍在继续。以广发信用卡为例，其第二期广发分享日活动就有很多电商平台

"刷卡享买一送一半价优惠"活动，顾客使用广发信用卡，在快的打车、唯品会、大众点评、广发商城、携程等电商平台均可以享受不同的优惠。此外，农业银行、交通银行、光大银行等银行均推出了类似优惠活动。

当然，银行盯住消费金融市场，并非仅是电商平台。随着各大商场店庆的开启和年底促销的常规节日的临近，商场与各银行的信用卡刷卡促销活动也是鏖战正酣。而且，为了缓解消费者的还款压力，各银行针对信用卡分期的优惠力度也在加大。调查发现，多家银行都在自己的网上商城推出了分期付款，通过信用卡分期优惠，甚至是"零费用"的方式，应对年底消费市场的爆发。

资料来源：http://tech.gmw.cn/newspaper.

讨论：

商业银行为何如此看重金融促销活动？它能发挥怎样的效果呢？

第一节　金融服务促销概述

一、金融服务促销与 AIDA 模式

在市场营销理论中，促销（Promotion）被定义为："营销者向企业目标顾客传达其产品或服务的信息，以此刺激顾客购买产品或服务的一系列沟通和活动。"由于金融企业在一般情况下为顾客所提供的是无形服务，因此金融营销促销是指：金融企业通过一定的营销活动使自身的产品或服务被目标顾客所知晓、了解，从而吸引顾客进行购买的信息传达过程。沟通和说服是金融服务促销的基本任务。

这个定义包括两层意思：首先，金融服务促销实际上是一个信息传达过程，即 AIDA 模式：引起注意（Attention），引起兴趣（Interest），刺激欲望（Desire），行动（Action）；其次，为了吸引顾客购买产品，金融企业应当进行一些营销活动，如人员促销、广告等，并应根据目标顾客特征制定合理的营销促销组合。

金融服务促销组合主要由五种促销工具组成，包括广告、人员促销、公共关系、营业推广和直接营销。五种促销形式的特点如表 7-1 所示。促销的五种形式对目标客户的影响程度各不相同，如人员促销能与客户面对面进行产品信息的交流和意见的反馈，而广告仅仅是将金融产品的信息单方面传递给客户。同时，各种促销的时效性也不尽相同，如广告可能具有滞后效应；而人员促销因为交流通畅，顾客一般能当即决定购买与否。

表 7-1　促销形式的特点比较

比较项目	广告	人员促销	公共关系	营业推广	直接营销
信息流	单向	双向	单向	单向	双向
反馈速度	慢	快	慢	中	快
反馈量	少	多	少	不一定	多
确定信息内容	能	能	不能	能	能

在复杂多变的金融市场中，金融企业实施促销策略的主要作用是：金融企业可以通过有效沟通向顾客提供优质、高效、个性的服务，从而提高顾客满意度，建立企业形象。具体来说，促销策略的主要作用可以概括为以下几个方面：

（1）提供产品信息。金融企业通过促销活动，使客户知晓本企业提供何种金融产品和服务，具体有何特点，去何处购买以及购买条件如何等，以便于客户选购，扩大产品销售。

（2）引导消费需求。金融企业通过促销活动以引起客户对于新产品和服务的购买欲望，从而引导了消费需求，又为新产品开拓市场创造了必要条件。

（3）促进市场竞争。金融企业通过促销活动，使其产品的价格水平和服务质量都在市场上展现出来，可供客户选择比较。各金融企业之间也可以彼此了解，促进互相学习和有效竞争。

（4）树立企业信誉。金融企业通过促销活动，可使客户了解企业特点与优势，从而树立良好的企业声誉，有助于其维持和扩大市场份额。

总之，金融企业应重视产品促销，并采取适当的促销策略，争取获得最佳的促销效果。

二、影响金融服务营销促销选择的因素

在市场经济活动中，金融产品促销受许多因素的影响，从而使得金融产品促销效果各异。影响金融营销促销选择的因素包括：金融产品生命周期、促销费用、目标市场特点、金融产品信息涉入程度和促销策略。

（一）金融产品生命周期

任何金融产品在市场上的销售量都会随时间的推移而有所不同。所谓金融产品的生命周期是指金融产品从投放市场到退出市场所经历的过程，一般来说分为引入期、成长期、成熟期和衰退期。金融产品生命周期的各个阶段，其金融产品的需求量、利润会有所不同，因此金融产品所处的生命周期阶段是进行促销组合设计需要重点考虑的因素。

（1）金融产品引入期。金融企业应当做好介绍金融产品前的公关宣传工作，并配合适当的广告、人员促销工作，快速使其目标顾客熟悉其金融产品，从而缩短金融产品引入期。

（2）金融产品成长期。在这个时期，顾客已经对金融产品有所了解，产品知名度也有一定的提升。所以在这个阶段广告投入量降低，主要促销手段变为人员促销，而促销重点应由介绍产品转向建立分销渠道。

（3）金融产品成熟期。这时金融产品已经站稳市场，其促销策略的作用就是要延长金融产品成熟期。因此，金融企业应该实行以业务推广、公共关系为主，广告、人员促销为辅的促销策略。

（4）金融产品衰退期。当金融产品已经无法满足顾客需求时，金融企业应该大幅度减少促销投入。

（二）促销费用

不同的促销形式其费用支出也是不同的，金融企业在进行促销组合时应该遵循以下两个原则：一是在促销总费用一定的条件下，如何制定促销组合使促销效果最大；二是在促销效果一定的条件下，如何制定促销组合使促销总费用最低。此外，金融企业还应该考虑自身经营状况、财务实力等。

（三）目标市场特点

目标市场的特点将直接影响金融促销的制定。目标市场特点一般包括：购买者人数、购买者分布情况、信息传达便捷性和消费者类型等。当购买者多且分布广，信息传达便捷时，就可以使用广告和营业推广相结合的促销方式；而购买者少但购买量大时，人员促销就能达到理想的促销效果；当购买者对金融产品已有一定的了解时，人员促销就比广告的效果更好。

（四）金融产品信息涉入程度

金融营销促销的本质就是信息的传达过程，即 AIDA 模式，消费者对金融产品或服务的感知程度不同，其促销策略也会有所不同。一般来说，在前两个阶段（引起注意、兴趣），广告宣传和公共关系的促销效果更好；而后两个阶段（刺激欲望、行动），人员促销、营业推广和公共关系的作用更大。

（五）促销策略

一般来说，金融企业会根据目标市场的规模、类型等的不同而选择合适的促销策略。以广告、营业推广为主的"拉"战略，是指直接刺激客户对金融产品产生兴趣，再促使顾客向金融企业购买其金融产品；以人员促销和营业推广为主的"推"战略，是强调将产品向最后客户进行推销。但在实际促销活动中，金融企业很少单独使用其中一种促销策略进行产品推广，更常见的是将两者有力地结合起使用，并侧重于其中一种。在金融行业中，保险公司通常是保险人员主动联系客户，采取"推"的营销手段来销售其保险产品；而银行则更倾向于使用广告、营业推广等"拉"的促销方式来吸引顾客。

 经典案例 7-1

车险营销手段多，个性化配搭是关键

促销优惠和价格战是车险公司采取的最主要竞争手段，其促销活动令人眼花缭乱，包括礼品赠送（如赠送加油卡、洗车卡、工具箱、灭火器、4S店的工时费代金券），为车主免费发送驾车指南，代理车辆年审等。此外，电话销售渠道的竞争也在如火如荼地上演着，很多车主也会在车辆保险到期前的一个月接到多家保险公司的推销电话。

但"买车险送礼品"毕竟只是一种促销手段，在目前各家公司车险费率都已经基本没有下降空间的情况下，后续服务成为保险企业比拼的主要阵地。具体来说，人保财险、太平洋保险、阳光保险等公司纷纷推出"极速理赔""快赔""闪赔"等服务举措，人保电话车险还进一步提出客户服务"零距离"概念，并将原有的车险管家增值服务项目进行了升级和拓展。

阳光车险甚至将车险产品直接与汽车品牌挂上了钩。该公司一位负责人表示："我们选择了市场占有率较高的大众品牌，具体方式就是通过与大众4S店合作。"以一辆大众Polo车为例，其属于经济型车型，投保车辆除了享受大众4S店免费四轮定位、维修打折的服务之外，还可享受每升0.08元的加油优惠。

资料来源：腾讯财经。

三、金融服务促销决策实施过程

金融服务促销决策的实施过程一般分为 6 个步骤：选择目标受众、确定促销目标、设计促销信息、促销组合、制定促销预算以及促销效果评定。

（一）选择目标受众

金融促销目标受众的选择是以对金融企业的市场细分和产品定位为前提，以目标受众对金融产品熟悉程度和喜爱程度为依据。

（二）确定促销目标

金融促销的主要目标就是信息的传达过程，因此在进行促销决策的第二步就应该明确目标受众的购买反应层次。在促销过程中，金融企业可以根据不同 AIDA 反应阶段确定每次促销的目标。

（三）设计促销信息

在选定目标受众和确定目标之后，就应该根据促销目标科学地对信息的内容、结构、包装和载体进行设计。

（1）信息内容。有效的信息内容设计是指通过对金融产品的客观描述，唤起人们的需求进而产生购买行为的信息设计。信息内容又根据其诉求点的不同分为客观诉求和主观诉求。

客观诉求又称为理想诉求，是对金融产品的基本功能、价格、操作方式等客观情况进行平铺直叙的描述。

主观诉求也可称为情感诉求，是指唤起人们内心某种情感，并用这种情感来描述金融产品。

（2）信息结构，即安排信息内容的先后顺序。先传递何种信息，中间传递何种信息，结尾传递何种信息，都需要进行科学安排。信息结构可以根据其继任产品的主要诉求点插入的不同阶段分为降式、升式和水平式三种信息结构。降式信息结构是指在信息内容的一开始就展示其金融产品的主要诉求点，然后慢慢弱化这一结论；升式信息结构则是在信息内容的最后才提出金融产品的主要诉求点；水平式信息结构就是在整个信息内容的传达过程中始终饱含其主要诉求点。

（3）信息包装。用于解决如何包装信息内容，包括信息内容的背景颜色、造型、字体等。信息的包装可以采取多种艺术手段，但应当注意的是，艺术仅仅是服务于信息内容的，不能脱离信息内容的主要思想。同时，在进行艺术包装的过程中要注意受众对于信息的理解性，不能使受众产生歧义或者感觉发布的信息内容晦涩难懂。

（4）信息载体。用于传达信息内容的工具。金融企业在选择载体时应当注意信息载体的专业性、可靠性和可亲性。专业性体现在信息内容可以通过金融专家或专业人士来传达；可靠性和可亲性表现在其选取的信息载体必须是积极的、正面的，容易让人信任和喜爱的。一般来说，金融企业的信息来源可以是代言人、品牌或卡通人物等。

（四）促销组合

促销方式主要有人员促销、广告、营业推广和公共关系四大类，但每种促销方式都有着各自不同的优缺点，因此金融营销策划人员应当根据不同产品的产品周期和不同的促销阶段使用不同的促销组合，取长补短来完成促销任务。

（五）制定促销预算

一般来说制定促销预算分为两种情况：一是当促销资金充足时，在促销效果最优的条件下使得促销费用最低；二是当促销资金不足时，在有限的资金条件下达到最优的促销效果。一般使用的促销预算计算方法有销售百分比法、竞争平衡法和目标任务法等。金融企业根据自身条件选择合适的预算方法。

（1）销售百分比法。金融企业根据以往的经验，制定计提促销预算百分比。例如，某金融企业规定以销量的10%计提促销费用，如果这一季度金融企业预计销售为100万元，则根据销售百分比法可知这一季度的促销预算为10万元。该方法易于计算且销量百分比率可以根据实际情况进行变动。然而这种计算方法有个很大的缺陷就是将促销和销量的因果关系颠倒了，将销量作为自变量，这必定会导致在金融产品销售旺季，促销费用过多而导致资源浪费；相反，在金融产品销售淡季，促销费用预算不足而导致促销不能发挥应有的作用。

（2）竞争平衡法。金融企业根据同行企业主要竞争者的促销费用或行业平均促销费用水平来确定企业自身的促销预算。这是金融企业常用的促销预算计算方法，但该类方法不能与促销目标保持一致。

（3）目标任务法。金融企业根据促销目标而制定促销预算。这种方法先由营销人员制定出促销目标，再根据促销目标计算成本。其优点是金融企业的促销费用完全根据促销目标而定，具有很强的针对性；而缺点在于在实际工作中由于考虑的因素太多很难估计各项促销工作成本，可行性不大。

（六）促销效果评定

促销效果的评定不仅能对现阶段促销工作进行总结，也能从中发现促销问题，以便进行营销决策改进。然而至今为止仍没有一个很好的评价工具或标准来对促销效果进行测量。现今普遍采用的方法是，调查经过金融企业一系列促销手段之后，其金融产品知名度、满意度、促销量等指标的变化情况，并找出产生这种变化的原因。

第二节　金融服务促销的形式和特征

金融服务促销的形式包括人员促销、广告促销、营业推广、公共关系和直接营销等。

一、人员促销及其特征

（一）金融服务人员促销概述

金融产品人员促销是指金融企业利用营销人员说服消费者购买其金融产品的活动，其主要方法有推销、展示、解说、销售人员拜访和销售会议等。在众多促销形式中，人员促销是最直接的一种。

1. 人员促销特征

（1）面对面接触。在进行产品促销的时候，销售人员能和消费者零距离接触，能根据观察消费者的反应及时调整促销策略。同时，人员促销可以避免信息的错误理解。也正是因为人员促销这一最基本的特点，所以对促销的人员的素质要求很高。

（2）针对性和互动性强。这一特点是基于金融营销人员和消费者面对面接触这一特性。营销人员可以通过互动的形式为消费者解释其产品的具体信息，并根据目标受众的特点有针对性地进行说服。这一特点在保险、基金业务方面尤为突出，如保险人员经常会根据投保人的具体情况为其解释不同种类的保险项目，并为投保人解释疑惑。

（3）使金融产品有形化、具体化。金融服务具有无形化的特点，怎样让无形变得有形，从而使消费者感知到这种服务是金融营销人员要解决的重要问题。借助于人员促销向消费者传递产品信息，以引发顾客购买欲望，使得金融服务有形化。

（4）加强顾客关系。在进行金融产品的促销过程中，人与人之间产生了情感交流并建立了良好的关系，这为后续交易提供了很好的基础，只要交易的双方有了感情基础，顾客在需要该产品或类似产品时就知道去哪里寻找。特别是在保险业中，投保人还需要购买保险时，一般会继续选择同一家保险公司的同一个保险业务员。

2. 人员促销特点

（1）人员数量多且人均成本高。人员促销的形式有一对一、一对多和多对多三类，而金融企业目标受众数量多且分布广，因此进行此类促销时需要大量的营销人员。营销人员的基本工资、交通费等成本开销较大。

（2）接触面小。虽然人员促销具有面对面接触的特点，提高了单个促销信息沟通的有效性，但是毕竟金融企业的人力、物力、财力是有限的，进行人员促销时不能将其金融产品宣传覆盖所有的目标受众，整体的信息沟通有效性较低。

3. 人员促销适用情形

从人员促销优缺点可以看出金融人员促销适用于以下情形：

（1）金融产品的功能繁多，需要进行详细说明。

（2）金融产品针对某一类型小群体客户时需要人员促销。

（3）不了解金融产品而有意向购买的用户需要进行人员促销。

（4）当目标市场集中时且金融企业资金充裕的情况下可以进行人员促销。

（二）金融服务促销人员必备的技能

由于金融促销人员直接与顾客接触，金融促销人员的素质、形象就代表着金融企业。因此金融企业在选择金融促销人员时要遵循一定的标准,而这些标准也是一个合格的金融促销人员应当具备的技能。

（1）熟悉金融企业发展进程、企业目标、企业战略等企业总体情况。

（2）熟悉企业各种金融产品的性质、适用人群、购买要求等产品具体信息,并对竞争企业的产品也有所了解。

（3）能熟练运用各种促销技能。

（4）观察判断能力、应变能力、表达能力和社交能力。人员促销过程中,营销人员应善于观察并判断顾客的真实反映情况,随时做出促销策略的调整。同时,营销人员应具有较强的应变能力来处理一些突发事件。人员促销的基本特征就是面对面的交流,这就要求营销人员有较好的表达能力,能很好地向顾客介绍金融产品,说服刺激其实施购买行为。营销人员有良好的社交能力,才能最大限度地利用身边各种社会关系进行金融产品促销。

（三）金融人员促销过程

虽然针对不同的金融产品,人员促销的内容不尽相同,但金融人员促销的基本步骤相对一致,包括事前准备、寻找并接近目标顾客、产品介绍及信息交流、交易和追踪五部分。

1. 事前准备

金融营销人员在进行人员促销之前,就应当尽可能多地收集有关金融产品各方面的资料,包括金融企业基本情况、金融产品适用人群、金融产品功能及价位、金融产品能带来的好处等。并且应当准备好金融产品详细说明书和介绍词等。

扩展阅读 7-1

商业银行客户经理营销金融产品前应做好哪些工作?

商业银行客户经理的准备工作主要包括四个方面:

（1）客户经理的心理准备。商业银行客户经理在选择市场营销职业时就要有足够的心理承受能力,切记并非每一次商谈都会成功,所以不能因为遇到拒绝就情绪低落,甚至轻易放弃,而应有一种百折不挠、勇往直前的精神。失败越多,成功的概率则越大。

潜在客户的想法千差万别,对于客户经理而言,营销是一份来之不易的工作,但对客户而言,购买金融产品就要承担相应的投资风险和理财效率风险。客户经理销售完毕后,安心理得地领取奖励提成时,客户就会对自己面对的风险产生不平衡的心理态度,客户经理需要加强同理心建设,要有一颗善解人意的心,懂得关心、体贴、体谅客户,能站在客户的角度思考问题,不能有任何不能做到的许诺。

（2）客户经理营销工具的准备。金融商品既看不见又摸不着,还不能让客户试用,所以客户经理必须借助营销工具才能帮助潜在客户了解金融产品和金融服务。其主要的工具包括本银行简介资料、工作证、身份证、名片、银行业务宣传手册、各种银行方面的宣传资料、铅笔、圆珠笔、计算器、有关银行的案例故事、新闻简报资料、个人资料等。

（3）客户经理在确定拜访对象后,必须着手准备潜在客户的基本资料。通过查阅潜在客户的名单资料,选择若干名作为本次拜访的对象。对拟拜访的对象,要用心地去研究他们的有关情报资料。这样才能有的放矢地为客户做好家庭理财参谋和顾问,为营销成功打下基础。

> （4）合理地安排好拜访路线。作为从事市场营销的客户经理，最基本的工作量是客户拜访，一天中与多名客户见面，时间怎么安排、路线怎么确定就显得非常重要。所以为了提高工作效率，一般选择客户的休息时间，如节假日、下班后等时间进行拜访。对于再次拜访的客户，不要只像第一次那样，两手空空地就去拜访，而应根据初访时所收集到的资料，为其制作专门的投资建议书。这份建议书应载明客户的基本资料，如性别、年龄、工作职位、身体状况、投资意向、理财需求、银行具体产品的特性等内容，让客户感觉到客户经理认真负责的工作态度，以及比较专业化的理财服务，就比较容易接受客户经理建议，购买客户经理推介的金融产品和金融服务了。1

2. 寻找并接近目标顾客

确定好金融产品的适用人群，营销人员就应当根据适用人群特征来寻找目标顾客。寻找方法有很多，如通过现有顾客推荐、朋友介绍、电话"黄页"、行业协会名单等，营销人员应尽量重点寻找那些有能力并有意愿购买金融产品的目标顾客。

3. 产品介绍及信息交流

金融营销人员在进行金融产品促销时应当重点介绍金融产品的特点以及顾客能从中得到哪些利益。同时在整个产品介绍的过程中，目标顾客可能会针对金融产品提出一些问题和异议，这时金融促销人员应该更多地关注顾客的疑问，并就顾客提出的问题做出解释。

4. 交易

在金融营销人员完成对金融产品的详细介绍，并解答了顾客的质疑后，顾客进入了是否购买的决策阶段。金融营销人员要善于察言观色，采取一些积极的手法来促使客户尽快采取行动。例如，一些有经验的金融营销人员会以客户已经购买该金融产品的口吻进行询问："您是交现金还是刷卡？"

5. 追踪

由于金融产品的特殊性，在产品售出之后，金融营销人员还必须进行跟踪，以帮助客户解决金融产品使用过程中的一些问题。良好的售后服务可以避免"关系沟"的形成，同时能给顾客留下良好的印象，有利于建立金融企业形象，从而加深金融企业与顾客的关系，促成二次购买。

二、广告促销及其特征

广告促销和人员促销是两种互补性较强的促销工具。广告是指广告主通过各种非人员接触的方式向目标受众介绍产品，具有公开性、传播性、多样性和渗透性等特点。金融产品广告促销的优点在于：

（1）人均成本低。由于广告覆盖面广，受众数量多，所以人均广告成本非常低。如金融企业的广告费用为5万元，广告受众数量为20万人，则人均广告成本为50000/200000=0.25（元）。

（2）能重复使用。广告使顾客对金融产品产生印象，并通过不断的播放加深这种印象，从而刺激购买行为。

（3）信息艺术化。由于广告的可视性，所以在进行广告促销时，可以对信息内容进行艺术化加工，使其更具吸引力。但是应当注意广告的客观性、真实性。

（4）节省人力。相对于人员促销，广告促销节省了大量的人力资源。在必要的时候金融企业可将广告外包给广告公司。

金融产品广告促销的不足之处在于说服力不强、不能促成即时消费、广告效果不易评定等。

（一）金融广告的分类

金融广告可以根据不同的分类指标分为不同的种类。

（1）以广告使用载体为分类指标，金融广告可分为报纸广告、电视广告、广播广告、杂志广告等。

（2）以广告目的为分类指标，金融广告可分为金融产品广告和金融企业形象广告。

（3）以广告信息理解精力消耗为分类指标，金融广告可以分为低介入广告和高介入广告。

金融广告的类型很多，但是每种分类标准都能反映金融广告在某些方面的特点。

（二）金融产品广告开发与计划

一般制定广告策略是运用 5M 法，即目的（Mission）、资金（Money）、信息（Message）、媒体（Media）和衡量（Measurement）。相应的金融产品广告开发策略则为确定广告目标、制定广告预算、制作广告内容、选择广告媒体和衡量广告效果五个方面。

1. 确定广告目标

金融企业的广告目标应该与企业营销战略保持一致。由于广告的重复性，所以要精确到每一次广告目标。一般而言，广告的使用具有周期性，所以金融企业只需制定某个时间段内的广告目标。

2. 制定广告预算

金融企业在制定广告预算时，应当考虑以下几个因素：①金融产品生命周期。一般来说，在金融产品的引入期，应需要大量的广告费来引起消费者的"注意"；而在进入产品的成长期，也需要较高的广告费用来提升产品的知名度；在成熟期和衰退期，由于产品已经站稳市场或即将退出市场，则应该减少广告预算。②广告目的。由于广告目的是企业营销战略的一个缩影，因此广告预算就应该与营销战略目标相吻合。如企业要扩大市场份额，则可制定较多的广告预算；反之则制定较少的广告预算。③竞争激烈程度。当金融企业的主要竞争对手进行大量的广告宣传时，竞争者的产品信息可以覆盖本企业的产品，这就要求金融企业给予一定的还击，否则就会处于不利地位。

一般来说，金融企业制定广告预算的方法有以下三种：

（1）目标任务法：这是根据企业的营销目标或广告目标而制定相应的预算方法。

（2）销售法：这种计算方法则是根据金融企业销售量的一定比例提取广告预算。

（3）竞争权衡法：金融企业广告预算主要取决于金融企业主要竞争对手的广告费用多少。

无论使用何种方法进行广告预算的制定，共同的前提条件是广告预算应当在金融企业资金能力范围内制定。

经典案例 7-2

英国渣打银行广告

渣打银行成立于 1853 年，是一家历史悠久的英国银行。其广告宣传中也着重体现浓厚的绅士文化："欢迎，请问有什么可以为阁下服务？"

渣打很多广告主题都是西装革履、气宇轩昂的成功形象。在渣打银行推出的品牌形象广告中，一个头发银白却精神矍铄的老人，脸上写满了智慧和自信，展现出谦谦君子的风度。这象征着渣打尊敬客户，同时也向客户提供着令人尊敬的服务。渣打银行以这样的绅士风度来体现扎实的服务和强大的实力。2000年渣打银行获得由《亚洲金融》杂志举办的2000年度国家成就奖评定的"中国最佳外资商业银行"的殊荣。这是《亚洲金融》杂志对渣打的评语："渣打银行在中国国内有最大的服务网络和接近150年的经验，得到了客户的最高评价。"

作为少数能在上海、深圳两地同时经营人民币业务的外资银行之一，渣打银行在人民币存、贷款方面一直处于市场领先地位，并建立了庞大的同业拆借网络。此外，渣打银行还积极为中国公司服务，满足他们在贸易融资方面的需求，推出了很多适合中国本地企业的产品，比如无追索出口单据贴现等，使中国的出口商在交易中降低了风险，并在竞争中处于更有利的地位。

作为第一家被允许加入中国人民银行全国电子联行系统的外资银行，渣打银行率先推出"天地对接——全国电子收付汇"业务，在联网覆盖的全国500个城市内都能为客户提供当天收汇、当天付汇服务。

然而随着时代的进步，仅仅固守绅士的温文尔雅已经不能与这个日新月异的世界保持一致的步伐。从渣打的广告形象也可以看出他们在经营理念上的转向。又如，渣打的一幅平面广告表现元素就是一群活泼可爱的青春女郎，也许她们就是渣打的今天，充满了生命活力和生活激情。不同肤色和种族的可爱女郎的组合，也说明渣打对世界采取一种兼收并蓄、友好开放的态度。

再比如渣打银行的形象广告中运用了一个小伙子作为形象表现主体。这个充满活力的小伙子，头发上翘，席地而坐，衣着休闲而舒适，他那顽皮、幽默而又自信的笑容充满着对生活的热爱和挑战极限的勇气。偌大的房间明亮空旷，一个仰拍镜头和白色基调更显示出其发散的空间感，象征着渣打富有创造性的开拓精神。

也许这就是渣打的希望和明天，顺应时代的脚步，不拘一格，勇敢地改造生活、创造生活。然而昨天、今天和明天并不是孤立存在的，他们一脉相承却又不断地自我完善。优雅的绅士、可爱的女郎和率性的雅皮士（yuppie）既代表了渣打的历史，也折射出他们多元化的经营理念。

资料来源：新浪网。

案例启示：

在金融广告中，如何体现出广告业主是在提供人性化的服务，让客户感受到物有所值的享受和倍受尊崇的待遇，是金融广告成功的关键。

3. 制作广告内容

制作广告内容是金融产品广告开发与计划最为重要的一个步骤，一则广告的成败关键在于广告内容能否引起目标受众的关注。由于广告根据制作形式的不同，可以分为平面广告、影像广告两种。因此在制作广告内容时，不同种类的广告制作要求不一样。平面广告应注重文字表达，其文字应当简明、生动，同时配以适当的图片；影像广告则应运用声音和动感的画面来表达广告内容。在制作广告内容时，企业可以根据广告目的选择不同的广告策略，常用的有 USP 策略、品牌定位策略和品牌形象策略三种。

（1）USP 策略。USP 策略又称独特销售策略，其策略思路就是通过广告向客户介绍本金融产品较其他同类产品所独有的特点，并集中展示这种特点，让客户了解该金融产品可以给自己带来的利益。从 USP 策略的设计思路可以看出，使用这类广告策略是基于对产品的详尽分析，并展示其与众不同之处。然而目前的金融市场上，同质的金融产品很多，金融产品即使存在着独特销售卖点的也将很快被其他竞争者所"复制"，所以该种策略的适用范围越来越狭窄。

（2）品牌定位策略。这种广告策略是从顾客角度出发，根据顾客需要和心理特点而为其量身定做相应的广告内容，从而获得顾客的关注。品牌定位策略的基本思想是，金融企业进行某一金融产品广告促销时，首先应找到该类竞争产品在顾客心中的切入点，然后向目标受众集中广告，并运用广告创意使得该金融产品给顾客留下深刻的印象，使消费者在选购相似金融产品时首先会想到该产品。换句话说就是将金融产品植入顾客的脑海中。

（3）品牌形象定位。在金融产品越来越同质化的今天，如何体现金融产品的差异性呢？这就要使用品牌形象策略。品牌形象既是指金融产品本身所带有的承诺，也是指金融企业形象。因此，使用该广告策略的前提就是该金融产品拥有良好的产品威望和品牌形象。

4．选择广告媒体

电视、广播、报纸和杂志被称为传统四大广告媒体，而随着广告、网络技术的发展，户外广告和互联网也成为广告的载体之一，其主要的特点如表 7-2 所示。

表 7-2　广告媒体的优缺点

广告媒体	优　点	缺　点
电视	生动形象、覆盖范围广、对受众文化程度无要求、具有吸引力	费用高、针对性弱
广播	费用低、听众多、传播快等	没有视觉刺激、传达的信息量不多，不能加深产品印象、收听率不能确定
报纸	覆盖率高、传播信息量大、费用较低、不受时间限制	吸引力低、表现力较差、展示效果差
杂志	不受时间限制、信息量大、读者稳定等	传播范围小、信息及时性差
户外广告	反复刺激视觉、费用弹性大	针对性较弱、宣传地分散
互联网	信息更新快、表现形式多样化、费用较低	存在安全隐患

各种广告媒体都有自己的优缺点。因此，金融企业在选择广告媒体时应当注意以下几点：

（1）费用。不同的媒体费用也不一样。金融企业应根据自身条件和促销目标合理选择广告媒体，在费用最低的情况下达到广告效果最佳。目前许多金融企业大多数是从媒体受众人均成本来考虑广告费用，但媒体受众中既包括目标顾客群也包括无效顾客，金融企业应当厘清广告到达目标顾客群的实际人均费用，这样才能更有效地进行媒体选择。

（2）目标受众特征。目标受众特征主要包括金融企业目标顾客的教育水平、生活方式等。有关研究表明，教育程度与电视媒体受众的比例呈现负相关的关系，即相对于一般受众而言，教育程度越高的人收看电视媒体的比重越低，他们更倾向于选择网络、杂志等媒体。金融企业在进行广告投放时，必须根据目标受众的特征来确定相应的媒体。

（3）信息交流特点。不同的媒体传递信息的特点也不一样。金融企业为了传递金融产品信息，可选用印刷媒体，也可以选择户外广告、POP 广告等。

5．衡量广告效果

由于广告具有一定的滞后效应，所以衡量广告效果有一定的困难。常用的衡量方法有以下四种：

（1）销售实验法。比较广告促销前后金融产品销量的变化情况，从而评定广告效果。

（2）广告效率法。主要衡量的是金融企业中市场份额与广告份额的比较，即广告份额=本企业广告费用/金融行业广告费用总额；广告效率=本企业市场份额/广告份额。

（3）目标群体拦截询问法。金融企业先对广告受众进行初步判断，选出金融企业目标消费者，接着在制定询问方案以及人员培训，然后进行目标群体拦截询问收集数据，最后进行统计分析和广告效果评估。

（4）问卷评估法。根据金融企业广告目的设计一个广告评估问卷，然后进行顾客问卷调查，并通过统计分析确定广告效果。

三、营业推广及其特征

金融服务营业推广是指金融企业采取的收效迅速的促销方法。在市场营销中，营业推广也称之为销售促进（sales promotion，SP），即企业利用非广告等短期活动来刺激顾客迅速购买其产品或服务。营业推广与销售促进之间的不同之处在于销售促进不仅针对最终顾客，还针对企业中间商，如零售商等；而营业推广主要针对的是金融企业的公司或个人顾客，营业推广只是广告和人员促销的一种补充、辅助工具，作用短暂，仅适用于短期促销。根据以上定义，营业推广有以下优势：

（1）吸引力、诱惑力强。既能加深老产品在顾客心中的印象，又能促使顾客购买新产品。

（2）方式灵活、针对性强。营业推广可以根据顾客特点、营销环境的不同来改变其营销推广的方案。

营业推广不足之处在于：

（1）营业推广仅是辅助工具，须和其他促销工具合用。

（2）容易使顾客成为价格敏感性顾客。

（3）使用不当将影响企业或产品形象。

金融企业应当根据不同目标受众使用不同种类的营业推广策略，营业推广种类十分灵活多样，以下仅列举部分方式。

（1）样品。由于金融企业所提供的金融产品大多具有无形性，所以金融企业在向顾客赠送样品时更多的是赠送一些主体产品的附属物或样品，从而吸引顾客对主体金融产品产生兴趣进行购买。

（2）赠品。在顾客购买或使用金融产品时，金融企业会向顾客赠送一些小礼物，如银行在办理信用卡时，会赠送办卡者一些小礼品，如杯子、雨伞等。

（3）消费积分。这种常用于银行信用卡。消费者在网上或实体商店进行刷卡消费时，根据消费金额的多少会得到相应的积分。消费者可以通过积分兑换相应的礼品，积分越多，兑换礼品的价值越高。

（4）折价产品，一般是指在金融产品成熟阶段，金融企业将其限期折价出售的产品。

四、公共关系及其特征

公共关系是指金融企业为了更好地争取公众的认可、信任和合作，建立企业良好的形象，提高声誉而采取的一些行动。它是一种间接的促销形式，能减少金融企业与外部环境的摩擦、塑造企业形象，建立良好的金融营销环境。金融公共关系的基本原则是诚信合作、互惠互利，着眼于当前、立足于未来，其优势与不足如表 7-3 所示。

表 7-3 金融公共关系的优势与不足

优 势	不 足
可信性、公正性高	效果难以衡量
建立企业良好形象	不易重复
提升企业知名度	可能会忽略重要目标群体

（一）金融公共关系的内容

金融产品公共关系的内容十分丰富，主要有以下几种形式：

（1）记者招待会。这是一种很重要的公共关系活动。金融企业就最近发生的一系列事件或即将推出新产品时，召开新闻发布会，通过媒体向社会公众传播信息。这是与新闻媒体建立良好关系的重要手段。

（2）参加社会公益活动或慈善事业。该活动是金融企业树立良好品牌形象的重要途径。金融企业参与社会公益活动或慈善事业，一方面为金融企业或金融产品做了广告宣传，另一方面也借助于这种平台树立金融企业正面的社会形象。

（3）赞助。金融企业在选择赞助对象时必须考虑企业目标群体对赞助对象的认可、信任、喜爱程度。

（4）新闻报道。金融企业借用新闻报道的形式将本企业具有新闻价值的活动或事件传递给消费者，从而增强信息的可信度。

扩展阅读 7-2

银行理财沙龙五部曲

对于银行的理财经理、客户经理们而言，"理财沙龙"绝对不是一个新名词。许多理财经理、客户经理都知道定期举办理财沙龙对于维护银行的中高端客户好处多多，但多数人都不得其法，现在通过五个步骤简单教你如何举办一场比较成功的客户理财沙龙。

（1）定主题。主题的选定是沙龙成功的关键：一要符合银行的出发点，二要契合当前的社会热点，三要迎合客户的兴趣点。过时的话题不宜重复，譬如养生、美容等，很多机构天天在讲，客户容易疲惫；太直接的话题也要避免，譬如保险、基金、信托等，客户知道你们又要卖东西，八成不会来。以我前段时间给某银行策划的主题为"2014，财富都去哪儿了？"为例，采取了"爸爸去哪了""时间去哪了"的模式，客户听了都很好奇。当然还有副主题"中产家庭财富规划新路线"，会告诉他本次沙龙到底是讲什么的。总之，沙龙主题要常换常新，针对不同年龄阶段、不同类型客户群的特殊性，满足客户"私人定制"的诉求。

（2）邀客户。客户的邀请是沙龙成功的前提。也许在你看来，邀约客户无非就是打打电话、发发短信，广而告之就好了，其实倒不尽然。首先，理财沙龙的邀约必须经过严格的客户筛选，客户的特点不但要符合沙龙的主题，且要新老搭配，让老客户对新客户产生影响。其次，数量的控制，十五人左右就可以了，多了效果达不到，少了气氛又不够。有限的名额，会让客户感受到机会的难得。当然在邀请阶段，数量可稍多一些。名单确定好之后，就可以邀请了。

第一次邀约，可以在活动两周前进行。先电话，再短信，对于贵宾可登门递送邀请函。第二次邀约可在活动开始一周前进行，确认名额。第三次邀请在活动开始前一两天进行，确认名额及客户的交通工具，方便接待，同时向客户再次通知活动时间、地点等。

（3）巧策划。流程的策划是沙龙成功的保障。该环节要考虑的问题应非常细化，包括主持人、主讲人、物料准备、座位安排、表单工具、礼仪训练、话术演练等。尤其注意的是，如果是和第三方合作的活动，一定要订立君子协定，万不可喧宾夺主，客户听得很起兴，最后却只记住了第三方。银行要始终掌握主动权。

（4）妙营销。现场的营销是沙龙成功的重点。这里讲的营销不一定非要是金融产品的营销，也可以是客户经理自己的营销。让客户经理在客户心中的美好印象得到强化，让客户信任感和依赖感得到强化，这比产品营销成功更有价值。当然适时地、巧妙地向客户展示产品及理财信息，也很重要。

（5）常跟进。及时的后期跟进是沙龙成功的延续。营销不跟踪，万事一场空。客户经理可通过发送短信或电话的形式进行后期追踪。对于成交客户，其成交后会有一个不安全感的阶段，所以要立即追踪客户肯定他的决定；对于未成交客户，要感谢客户的参加，并再一次强调自己的经营理念以及表达下次活动邀请的准备。同时，也不要忽略了邀请却未参加的客户，要向他们传达此次理财沙龙的成功与未参加的可惜，并为下次活动邀请做准备。

资料来源：http://blog.sina.com.cn/iamsiqin.

（二）金融产品公共关系的意义

金融企业结合其他促销工具维护公共关系的最终目的是建立金融企业的良好形象。因此，公共关系的立足之点在于金融企业的长期利益而非短期的销量增加。由此看出金融公共关系的意义体现在以下几个方面：

（1）促进金融诚信。

（2）提升金融企业和产品的知名度。金融企业可以通过赞助、参与慈善事业等方式扩大该企业在社会公众中的知晓度和熟悉度。顾客在选择金融产品时更愿意选择自己更为熟知的产品，一般来说在金融产品促销前期，积极地进行公共关系促销比大量的广告投入更有效。

（3）降低促销成本。良好的公共关系，可换来良好的社会口碑，口碑传播可大大减少金融企业在广告宣传方面的投入。

（4）建立与社会公众的良好关系。金融企业的生存和发展离不开社会这个大环境，因此，金融企业的观念、行为等应与社会观念协调一致。金融企业可以通过公共关系树立良好的"公民"形象，从而获得社会其他成员的支持，有利于金融企业长远发展。

五、直接营销及其特征

直接营销与人员促销一样，能与顾客进行双向信息沟通。直接营销在营销渠道领域被定义为：金融企业不通过任何中间商而将金融产品销售给客户的形式。在促销领域中，直接营销则被定义为：运用双向信息沟通，刺激顾客进行购买的促销形式。

从以上定义来看，在促销领域中，人员促销属于直接营销的一种，但在营销管理中，金融企业只把人员促销当作一种基本促销工具来使用。因此，这里介绍的直接营销是指：除了人员促销以外的其他直销方式。金融产品直接营销具有以下优点：

（1）不受空间限制。金融企业可以通过网络、电话等媒介进行远程直销。

（2）隐蔽性好。直销具有很强的隐秘性，金融企业往往只针对目标顾客，因此不易被竞争者所察觉。

（3）信息双向交流。一是能准确收集相关信息，找到成本最低、利润最大的方法；二是能及时处理顾客反馈信息，巩固了与顾客的长期关系。

金融服务直接营销根据具体需求设计具体方式。金融服务的直接营销方式包括邮寄营销、电话营销、电子邮件营销、数据库营销等。

（1）邮寄营销。这是基于金融企业已知的顾客名单，通过邮寄的方式向目标顾客介绍新产品信息等来促使顾客购买的直销方式。一般邮寄物件包括金融产品宣传册、新活动介绍单等。

（2）电话营销。电话营销是指通过电话来销售金融产品的一种直销形式。由于金融产品的购买程序较为复杂，目前从技术上还不能仅用电话营销的方式来完成金融产品的销售。电话营销在金融行业中主要用于金融产品的介绍等，电话营销人员应当注意以下几点：第一，愉悦、亲切的语气是成功的一半。因为在电话营销中，顾客只能通过营销人员的声音对服务态度进行判断与评估。第二，选择恰当的营销时间，比如在上班时间，被访者通常会对电话营销产生反感。第三，电话营销结束时，要表达感谢之意，使顾客始终感受到被重视。

（3）电子邮件营销。电子邮件营销是目前金融行业中最为常用的直销方式。金融企业在推出新产品或优惠活动时，通过电子邮件的方式向现有顾客进行介绍。如信用卡用户除了能收到每月消费明细单以外，银行推出的各种信用卡刷卡优惠活动详情都会时不时地电邮给信用卡用户，从而刺激用户进行刷卡消费。

（4）数据库营销。数据库营销起源于客户关系管理系统，是将数据库技术、顾客行为分析技术和直接营销三者结合，对潜在或已有顾客进行数据收集和分析，有针对性地进行直接营销来实现销售目的。

扩展阅读 7-3

招商银行沈阳分行营销策略：从定向营销到数据库营销

招商银行沈阳分行秉承"因您而变"的经营宗旨，坚持以"市场为导向，以客户为中心，以效益为目标"的经营理念，积极致力于为各界客户提供一流的金融服务。如今，该行已发展成为地区规模最大、实力最雄厚的股份制商业银行之一，同时也是地区最大的发卡机构。在市场营销方面，该行紧密围绕着团队营销、品牌营销和产品优势等营销理念，稳扎稳打，从一个名不见经传的小银行发展成为具有较高市场份额的商业银行，走出了一条从大众营销到定向营销，从定向营销到数据库营销之路。

（1）大众营销：采取主动上街宣传方式，深入市民，深入厂矿和院校。通过与客户的零距离接触，宣传招商银行和各类功能产品，让广大客户认识招行，了解招行。用营销取得客户、让服务感动客户、以产品留住客户。同时每年组织开展广场路演活动，面向普通百姓普及银行基本知识，进一步巩固了招商银行在辽沈地区市民心中的形象和地位。

（2）定向营销：以优质客户为目标客群，以理财沙龙、社区路演和企业理财报告会为主要形式，每年开展 20 余场定向营销活动，通过"软营销"方式，循序渐进地将该行零售产品和服务推介给客户，提高了优质客户群对该行理财产品和认知和使用率，激发了优质客群的理财潜力，为该行在新时期转变经营思路、发展中间业务起到了积极的作用。

（3）数据库营销：借助营销管理平台，在对客户特征进行分析的基础上，有效地对客户进行筛选、实现各类产品在不客户群之间的交叉销售，提高了营销的精准度和客户满意度。

（4）理财公益行：为增加公众对于现代金融的了解，普及大众理财知识，提高金融消费者风险意识和自我保护能力，保护金融消费者和投资者的合法权益，促进社会和谐与共荣。从 2006 年起，该行连续三年举办"理财教育公益行"系列理财知识普及活动，巡回举办 100 余场理财讲座，发放理财宣传册 10 万余册。

资料来源：新浪财经 http://finance.sina.com.cn/.

【本章小结】

1. 金融服务促销是金融企业通过一定的营销活动使得自身的产品或服务被目标顾客所知晓、了解，从而吸引顾客进行购买的信息传达过程。沟通和说服是金融服务促销的基本任务。而金融机构实施促销策略的主要作用是金融机构通过有效沟通并向顾客提供优质、高效、个性的服务，提高客户满意度，建立企业形象。

2. 金融服务促销决策的实施过程一般分为 6 个步骤：选择目标受众、确定促销目标、设计促销信息、促销组合、制定促销预算及促销效果评定。

3. 金融促销形式主要有人员促销、广告促销、营业推广、公共关系和直接营销五大类，由于各种金融促销形式特点不同，因此应根据金融产品所处产品周期的不同进行合理的促销组合。

【重要术语和概念】

金融服务促销　人员促销　营业推广　公共关系　直接营销

模块二　能力训练

【知识回顾】

1. 什么是金融服务促销？其影响因素有哪些？
2. 简述金融广告的优点与缺点。
3. 简述金融营销营业推广的定义及分类。
4. 金融公共关系的内容包括哪些？

【判断说明】

网友说："金融服务人员，人脉是金。"你觉得对吗？原因是什么？

【思考反思】

1. 选择两个或三个金融服务的广告，并且就它们试图达到的沟通目标展开讨论。你认为它们的成功之处在哪儿？

2. 你认为哪些因素对金融服务促销的影响最大？

3. 赞助在金融机构的产品组合中扮演什么角色？

【能力拓展】

1. 选择一家金融机构的营业网点参与金融产品的促销活动，结合所学内容现场销售金融产品，在实战中注意把握客户的兴趣点，体会如何识别新业务的潜在客户，并与潜在客户进行有效沟通，了解其需求。

2. 现有××银行拟在中秋佳节到来之际，组织一次以"金秋营销"为主题的活动，旨在向高中端客户和大众客户表达银行与之"分享耕耘硕果、共创美好未来"的真诚愿望，传播银行个人银行业务以客户为中心、致力于实现银客"双赢"的经营理念。各支行可在此基础上，根据银行的活动特色，提炼活动主要"卖点"作为副标题。要求各位学生为一家支行设计促销方案，并请银行专业人员进行点评，在班级内开展促销方案比赛。

【自我认知】

自我形象认知小测评

就像演员只要有观众就肯定能在台上演出一样，如果金融服务人员与客户一直保持着联系，那么他或她就一直能够继续顺利地工作。金融服务人员树立良好的第一印象很重要。同时，你究竟怎样看待你自己和你实际具有的自信之间有着直接的联系，了解这一点也很重要。你自我认定的形象越好，你的态度就会越积极。请你在下面列出的各个方面为自己评分。如果你选很好，就说明你在这方面暂时不用过于急着提高了；如果你选择差或很差，你则需要进一步改进。请诚实作答。

	很好	好	一般	差	很差
发型、头发、眉毛或胡须修饰					
个人清洁习惯					
服装的选择（适合场合需要）					
服装颜色面料协调					
整洁度（皮鞋锃亮、服装干净、熨烫平整等）					
口气清新度					
妆面和谐					
配饰得体					
语速适中程度					
站坐姿					
言谈举止					
整体感					
总体评价					

你认为你的形象能帮助你加强你的职业形象和好感度吗？

【情景案例】

台新银行广告创意点评

台新银行是一家台湾本土银行，自创立以来不断扩充经营项目及营运网络，目前在台湾的营业点已超过一百个，服务网络日臻完善。台新银行强调"专业、服务、信誉"的经营理念，着重提供高品质的服务、建设值得信赖的品牌形象。面对台湾竞争激烈的金融环境，台新深谙特色为生存之本的道理，致力于为顾客提供独具特色的产品和服务，并与一流的商业伙伴合作，为客户提供附加服务，因而深受欢迎。

台新银行为客户提供一对一的个性化服务，其广告主色调为红色。在其发布的一组系列联合促销广告中，广告语为"台新银行信用卡，9大球场无限挥杆，结伴同行同享优惠！"，"只要一张台新银行信用卡，9大球场让您快乐挥杆打久久！"这组广告把台新银行和时尚运动高尔夫球联系起来，使用台新银行卡打高尔夫球优惠，打动消费者的心。另外一组广告中，以高级餐厅主厨为熟客提供私人料理作为类比，意指台新银行会根据每一个客户的具体财务状况和需求，为客户量身定做理财计划。用人们比较熟悉的高级餐厅作为载体传达银行一对一服务的理念，新颖而易被接受。

资料来源：张骊、林升梁. 台湾知名报刊广告创意述评[J]. 广告大观（综合版），2007（06）：79-81.

想一想：台新银行与你熟悉的其他银行广告各有什么特色？

【互联网搜索】

苹果手机、苹果电脑或其他苹果产品是如何促销的？请搜索并讨论。

【阅读与讨论】

请阅读广告媒体的相关介绍，结合一家金融机构实际情况，谈谈在一个特定的时期（如冬奥会期间），该如何选择广告媒体？

【在线测试】

扫描书背面的二维码，获取答题权限。

扫描此码　　在线自测

第八章

金融服务分销与网络金融营销

【本章提要】

本章对金融服务分销的概念及其意义进行了概述，介绍了金融服务不同分销渠道的范围和驱动因素，同时介绍了网络金融营销。

【知识目标】

1. 了解分销策略基本定义和类型。
2. 了解金融服务不同分销及传播渠道的特点。
3. 初步了解分销及传播渠道设计的基本思想、影响因素和建设方法。
4. 了解网络金融营销。

【能力目标】

1. 能根据市场环境及企业战略目标制定渠道目标。
2. 初步掌握金融服务中如何选择各种分销渠道。
3. 初步掌握渠道结构设计的基本原理。

【课程思政案例讨论】

扫描此码　　阅读文章

模块一　理论分析

 导入案例

我们为什么可以很容易买到可口可乐？

可口可乐公司是全球最大的软饮料公司之一，拥有超过 500 个饮料品牌，通过全球庞大的分销系统，使 200 多个国家和地区的消费者每天饮用的可口可乐产品达 16 亿杯。几乎在地球的每一个角落，人们都能很容易买到可口可乐。这得益于可口可乐公司覆盖全球的分销网络。

讨论：

一瓶可口可乐从生产出来到我们准备开启饮用，要经历哪些过程？

第一节　金融服务营销分销渠道

一、分销渠道的概念

所谓分销渠道是指产品和服务在从生产者向消费者转移过程中，取得这种产品和服务的所有权或帮助所有权转移的所有企业和个人。因此，分销渠道包括商人中间商（因为他们取得所有权）和代理中间商（因为他们帮助转移所有权）。此外，分销渠道还包括处于渠道起点和终点的生产者和最终消费者或用户，但是不包括供应商、辅助商。

传统意义的分销渠道反映某一特定商品价值实现的过程和商品实体的转移过程。分销渠道一端连接生产，另一端连接消费，是从生产领域到消费领域的完整的商品流通过程。在这个过程中，主要包含两种运动：一是商品价值形式的运动，是一种商品所有权的转移，即商流；二是商品实体的运动，即物流。

分销渠道主要包括以下特点：

（1）分销渠道的主体是参与商品流通过程的商人中间商和代理中间商。

（2）商品从生产者流向消费者的过程中，商品所有权至少转移一次。大多数情况下，生产者必须经过一系列中介机构转卖或代理转卖产品。所有权转移的次数越多，商品的分销渠道就越长；反之，分销渠道越短。

（3）在分销渠道中，与商品所有权转移直接或间接相关的，还有一系列流通辅助形式，如物流、信息流、资金流等，它们发挥着相当重要的协调和辅助作用。

金融服务营销分渠道是指金融服务提供商把金融服务提供给客户的所有途径和手段，在这个过程中，可能包括所有权的转移，也可能不包括所有权的转移。在现代金融业的发展中，科学合理地选择分销和传播渠道，是金融企业成功的关键之一。

二、分销渠道职能

分销渠道的职能在于它是连接生产者和消费者或用户的桥梁和纽带。企业使用分销渠道是因为在市场经济条件下，生产者和消费者或用户之间存在空间分离、时间分离、所有权分离、供需数量差异以及供需品种差异等方面的矛盾。为克服这些矛盾，更好地连接生产者和消费者，分销渠道应运而生。

分销渠道的主要职能有：

（1）调研，指收集制定计划和进行交换所必需的信息。

（2）促销，指进行关于所供产品的说服性沟通。

（3）接洽，指寻找潜在购买者并进行有效的沟通。

（4）配合，指所供产品符合购买者需要，包括制造、分等、装配、包装等活动。

（5）谈判，指为了转移所供物货的所有权，而就其价格及有关条件达成协议。

（6）物流，指从事产品的运输、储存、配送。

（7）融资，指为补偿分销成本而取得并支付相关资金。

（8）风险承担，指承担与渠道工作有关的全部风险。

三、分销渠道类型

按商品及服务在流通过程中经过的流通环节的多少、有无中间环节，金融服务分销渠道可以划分为直接渠道和间接渠道。

（一）直接渠道

直接渠道是指没有中间商参与，产品由制造商直接销售给消费者和用户的渠道类型。

直接渠道也被称为零阶渠道，在直接渠道中，金融服务提供商直接把产品或服务提供给客户，不借助中间商完成产品或服务的销售。最常见的就是金融机构的分支机构直接为客户提供服务，如图8-1所示。

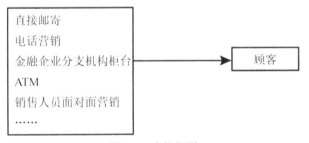

图 8-1　直接渠道

直接渠道是传统的金融企业常用的分销渠道，采用这种分销方式，金融机构与客户直接接触，客户的问题可以直接反应给金融机构，投诉也可以及时得到处理。由于直接渠道不经过中间环节，可以降低流通费用，掌握价格的主动权，有利于参与竞争。但直接渠道也存在不足，如有的直接渠道成本太高，企业在销售上投入大、花费大，而且销售范围也受到限制。例如，开设更多的分支机构成本比较高，依赖自身拓展业务，不能很好地利用其他机构的客户资源和渠道资源等。

金融直接渠道主要有分支机构、面对面营销、直复营销、网上银行、电话银行等多种方式。

（二）间接渠道

间接渠道是指产品经由一个或多个商业环节销售给消费者和用户的渠道类型。金融机构通过中间商把金融服务或产品销售给客户的各种手段和途径，通称为间接渠道，如图 8-2 所示。例如，保险公司通过银行代理销售保险产品等。

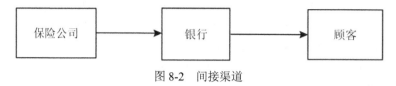

图 8-2　间接渠道

间接渠道的优点是：中间商的介入，节约了整体流通成本和时间；中间商着重扩大流通范围和产品销售，生产商可以集中精力于生产，有利于整个社会的生产者和消费者。间接渠道的缺点是：中间商的介入，使生产商与消费者之间的沟通增加了环节。

另外，间接渠道还可以按照中间环节（层次）的多少分为长渠道和短渠道；按照每一渠道层次中间商的多少分为宽渠道和窄渠道；按照渠道成员联系的紧密程度分为传统渠道和渠道系统。目前，渠道系统都趋向于联合经营或一体化经营，由竞争转向联合，通过做大做强，来追求利润的最大化。

间接渠道在金融业得到了非常广泛的应用，间接渠道的合理运用可以有效地借助合作机构的经营网络和客户资源。

在间接渠道中，中间商是协助金融企业销售服务给客户的企业和个人，是分销渠道的中间环节，中间商包括批发商、零售商、代理商和经纪商，中间商可能也是金融企业，可能是其他行业的企业。例如，一些拥有大量国际业务的银行，为了节约在世界各地开设分行进行结算的经营成本，会与各国银行签订代理行协议，有的银行甚至在全球有上千家代理行，有的银行会互为代理行。除了国际业务需要建立代理行关系，有的银行还专门发展国内代理行业务。

第二节　金融服务分销渠道的设计

一、分销渠道设计概述

（一）确定渠道模式

企业分销渠道设计首先是要决定采取什么类型的分销渠道，是派推销人员上门推销或以其他方式自销，还是通过中间商分销。企业如果决定通过中间商分销，还要进一步决定选用什么类型和规模的中间商。

（二）确定中间商的数目

中间商的数目即渠道的宽度，主要取决于产品本身的特点、市场容量的大小和需求面的宽窄。根据中间商数目的多少，渠道通常有四种可供选择的形式。

（1）密集性分销。运用尽可能多的中间商分销，使渠道尽可能加宽。消费品中的便利品（卷烟、火柴、肥皂等）和工业用品中的标准件（通用小工具等）适于采取这种分销形式，以提供购买上的最大便利。

（2）独家分销。在一定地区内只选定一家中间商经销或代理，实行独家经营。独家分销是最极端的形式，也是最窄的分销渠道，通常只对某些技术性强的耐用消费品或名牌货适用。独家分销对生产者的好处是：有利于控制中间商，提高他们的经营水平；也有利于加强产品形象，增加利润。但这种形式有一定风险，如果这一家中间商经营不善或发生意外情况，生产者就要蒙受损失。

采用独家分销形式时，通常产销双方议定，销方不得同时经营其他竞争性商品，产方也不得在同一地区另找其他中间商。这种独家经营妨碍竞争，因而在某些国家被法律所禁止。

（3）选择性分销。这是介于上述两种形式之间的分销形式，即有条件地精选几家中间商进行经营。这种分销形式对各类产品都适用，它比独家分销面宽，有利于产品扩大销路，开拓市场，展开竞争；又比密集性分销节省费用，较易于控制，不必分散太多的精力。有条件地选择中间商，还有助于加强彼此之间的了解和联系，使被选中的中间商愿意努力提高推销水平。因此，这种分销形式效果较好。

（4）复合式分销。生产者通过多条渠道将相同的产品销售给市场。这种分销策略有利于调动各方面的积极性。

（三）规定渠道成员权利和责任

在确定了渠道的长度和宽度之后，企业还要规定与中间商彼此之间的权利和责任，如对不同地区、不同类型的中间商以及不同的购买量给予不同的价格折扣，提供质量保证和跌价保证，以促使中间商积极进货。同时，企业与中间商还要规定交货和结算条件，以及规定彼此为对方提供哪些服务，如企业提供零配件，代培技术人员，协助促销；中间商提供市场信息和各种业务统计资料。

二、影响分销渠道的因素

（1）市场因素。①市场范围，市场范围宽广，适用长、宽渠道；市场范围狭窄，适用短、窄渠道。②顾客的集中程度，顾客集中，适用短、窄渠道；顾客分散，适用长、宽渠道。③顾客的购买量、购买频率，购买量小、购买频率高，适用长、宽渠道；购买量大、购买频率低，适用短、窄渠道。④消费的季节性，没有季节性的产品一般都均衡生产，多采用长渠道；季节性的产品，多采用短渠道。⑤竞争状况，除非竞争特别激烈，通常，同类产品应与竞争者采取相同或相似的销售渠道。

金融企业的目标客户特点决定不同分销渠道的效率，对于某些习惯传统生活方式的老年客户，亲自到金融机构办理业务成为习惯，新的渠道对于这些客户接受起来有个过程；对于习惯宅家的年轻人，倾向于选择电子渠道金融服务。

（2）产品因素。①价格，价格高的消费品适用短、窄渠道；价格低的消费品适用长、宽渠道。②创新性，创新程度高的产品适宜短渠道；传统的产品，适宜长渠道。③标准化程度，标准化程度高、通用性强的产品适宜长、宽渠道；非标准化产品适宜短、窄渠道。④技术复杂程度，产品技术越复杂，需要的售后服务要求越高，适宜直接渠道或短渠道。

金融产品和服务的特点在一定程度上决定渠道的选择。以银行为例，如余额查询等简单的服务，服务质量需求差别不大，服务过程大同小异，可以引导客户在自助设备办理。对于复杂程度较高的业务，适合在开放柜台或者服务专区办理，方便银行人员和客户沟通交流。

与此同时，处于不同生命周期的产品，其营销成本、收益情况及市场欢迎程度不一样，可以考虑在产品不同生命周期采用不同的分销渠道策略。

（3）金融机构自身因素。①财务能力，财力雄厚的金融企业有能力选择短渠道；财力薄弱的企业只能依赖中间商。②渠道的管理能力，渠道管理能力和经验丰富，适宜短渠道；管理能力较低的金融企业适宜长渠道。③控制渠道的愿望，愿望强烈，往往选择短而窄的渠道；愿望不强烈，则选择长而宽的渠道。

金融机构自身的资本实力、经营特色、机构数量、技术能力等，影响金融企业对分销渠道的选择，银行贷款发放后，银行要持续关注贷款质量变化情况；而保险公司在纯保障性保险签订后，只要一直没有发生约定的事件，保费不再退还，客户对保险公司没有日常性的常规需求。

（4）中间商因素。①合作的可能性，如果中间商不愿意合作，只能选择短、窄的渠道。②费用，中间商分销的费用很高，只能采用短、窄的渠道。③服务，中间商提供的服务优质，企业可以采用长、宽渠道；反之，只有选择短、窄渠道。

（5）环境因素。①信息环境特点，信息技术发达的国家和地区，公众对于网络渠道接受度较高，倾向于运用电子渠道接受金融服务。②经济形势，经济萧条、衰退时，企业往往采用短渠道；经济形势好，企业往往考虑长渠道。③有关法规，如监管制度、进出口规定、特许经营制度、税法等也会影响分销形式。

例如，西藏的客户因为地理特点，金融机构零售企业网点数量不密集，手机下单购物和手机支付增长得很快。再如，在允许混业经营的国家，一家金融企业可以办理银行、保险、证券、信托等多种业务，对代理商的依赖就会少很多，如德国的银行。

三、 金融服务分销渠道的四个方面

随着市场竞争加剧和产品同质化趋势日益明显，分销渠道被越来越多的金融企业看成是获取并保持竞争优势的主要途径之一，因此有"得渠道者得天下"的说法。

金融分销渠道是金融产品从金融机构转移到金融消费者过程中所经历的市场通道。金融分销渠道传统上是通过建立分支机构网点来实现的，因而分支机构网络是金融分销的重要手段，银行有遍及各地的分支机构和营业网点，证券公司的营业部密集地分布于经济相对发达区域。

金融机构设立分销渠道必须考虑渠道成本。一般认为，在所有的渠道中，增设自有分支机构的成本是最高的，而网络渠道的成本是最低的。综合来看，金融服务分销渠道的选择主要有以下四个方面：

（一）设置分销网络

设置分销网络是金融业最早也是最普遍的营销渠道，合理设置分支机构和营业网点对吸引客户和发展零售业务尤为重要。在竞争日益激烈的情况下，网点地址的选择就显得十分重要。金融机构为自己选择一个好的地点等于为自己做了广告，是实现战略目标的重要支持力量。业界常说：

"一个理想地点的潜力是不利地点的二十倍。"金融机构在长期的经营中，不断摸索选址的方法。

（二）大力扩展网点功能

金融产品分销渠道是否通畅以及覆盖面是否广泛，往往可以决定金融机构的竞争能力和市场份额。在英国，一个典型的家庭要同 20 多个金融产品的供应商打交道，他们从商业银行、投资公司和证券经纪商等金融企业购买多品种金融产品和服务。

在市场空间大和经费充足的情况下，大力扩展网点功能，如增加电话服务容量，扩大直销范围等，已成为金融机构采取的主要办法。

（三）大力拓展营销渠道

（1）由于技术手段的不断发展，金融业交易系统、清算系统和服务网络日新月异。金融机构大力开展业务创新，拓展业务范围。

（2）扩大金融服务和产品的代理分销渠道，寻求更多的代理商和特约商，与其他机构结成战略同盟，形成长期的战略合作关系。

（3）分销渠道并购。跨区域并购各类代理机构使其只经营本企业产品；商业银行之间、保险公司之间、证券公司之间或银证保之间并购联合扩大服务网络和服务范围。

（四）积极开发新渠道

面对巨大的电子商务市场，互联网金融风生水起。从目前情况看，单一渠道难以适应激烈的市场竞争，金融机构必须结合消费者特点，整合多渠道特点，充分发挥渠道优势。

第三节　网络金融营销

以互联网为代表的现代信息科技，特别是移动支付、社交网络、搜索引擎、大数据、人工智能、区块链和云计算等，正加速渗透到社会的各个角落，对于金融业的影响是根本性的。金融业可能出现既不同于商业银行间接融资，也不同于资本市场直接融资的第三种金融融资模式，即"互联网金融模式""网络金融"。

网络金融的发展正在颠覆传统的金融业态，银行、证券、保险、信托等金融企业，都将在这场以新经济为背景的角逐中重新定位。网络金融不仅是金融的分销方式，更是新的业态。在一定意义上，谁的网络金融营销最出色，谁就最有可能赢得市场先机。因此，对于从事金融业务的相关企业，网络金融营销的重要性，无论怎么强调都不过分。

网络金融是网络与金融相结合的产物，但又不是两者的简单相加，金融与网络技术全面结合发展，不仅产生了网上银行、网上证券、网上期货、网上保险、网上支付、网上结算等新型金融业务，而且产生了新的金融组织结构、新的金融服务理念、新的管理和控制原则。网络金融营销的学习内容涉及金融与网络信息等多学科知识，本节仅为入门式的介绍，主要内容包括：网络金融营销概述、网络金融营销的常用工具和方法。

一、网络金融营销概述

1995 年 10 月 18 日，美国 3 家银行联合在互联网上成立了全球第一家网络银行——"安全第一网上银行"（简称 SFNB）。经过近 30 年的时间，网络金融发展迅速，日新月异的网络科技发展、人们对网络资金的观念认知、与时俱进的法律法规政策促进了网络金融不断更新迭代。

现在国内几乎所有的大中型金融机构都建立开通了自己的网站和网上金融业务，图 8-3 为中国工商银行企业网上银行所开通的业务。网上金融业务渗透到了社会经济生活的各个方面，网络金融逐步成为我国金融业务的主流形态，对我国金融产业的发展方向、现代化水平和国际竞争力的提高起着决定性的作用。

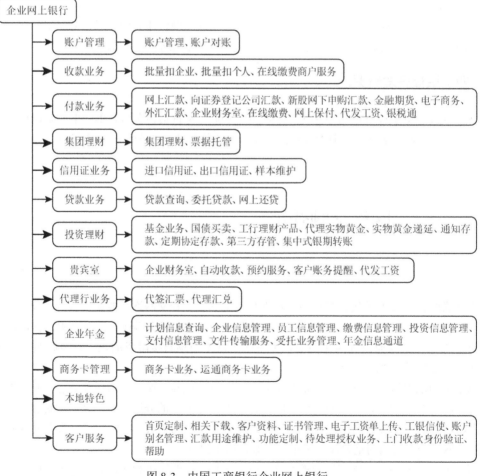

图 8-3　中国工商银行企业网上银行

资料来源：中国工商银行官方网站.

以互联网为基础的网络金融营销的主体是进行金融交易的双方甚至是三方，分别是：买方、卖方和第三方交易中介。

（1）买方一般是政府、企业和消费者等金融产品服务需求者。

（2）卖方一般是金融服务提供商。传统金融机构按照承担的职能可以简单地划分为三类：经纪人组织、基金组织和银行机构；而网络金融的出现推动了金融混业经营（包含了非主营业务）和综合经营（包含了新兴的信息业务）。

（3）第三方交易中介在网络金融市场上充当买方和卖方的交易媒介，促使交易完成的组织和个人。

网络金融营销者可以是卖方，也可以是买方，或者是第三方。谁更积极、主动地寻求交换，谁就是营销者。按照主体分类，网络金融营销可以分为六种模式：卖方对买方、卖方对第三方、买方对卖方、买方对第三方、第三方对卖方、第三方对买方。

通过对网络金融营销实践应用的归纳总结，网络营销的基本职能表现在 8 个方面：网络品牌、网站推广、信息发布、销售促进、网上销售、顾客服务、顾客关系、网上调研等。网络金融营销的各个职能之间并非相互独立，而是相互联系、相互促进的，网络营销的最终效果是各项职能共同作用，以及线上线下工作综合而成的结果。

网络金融营销的职能是通过各种网络营销方法来实现的，同一个职能可能需要多种网络营销方法的共同作用，而同一种网络营销方法也可能适用于多个网络营销职能。

二、网络金融营销的常用工具和方法

根据信息论创始人香农的观点，通信是指信息发送者和接收者之间的信息传递，一个通信过程是指由信源（发信者）发出信息，通过信息通道传送信息，再由信宿（接收者）获取信息，这就构成了通信过程。香农根据通信过程建立了通信系统的结构模型。

在分析了网络金融营销信息传递的基本特征之后，对香农的通信系统模型经过修正可以得到网络营销信息传递模型，如图 8-4 所示。图中不同方向的箭头表示信息的传递方向，箭头数量则表示信息发送者和接收者之间的信息数量不均等现象。

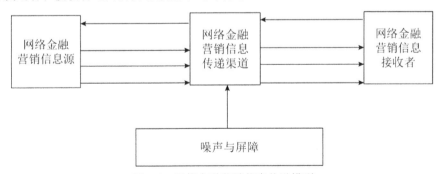

图 8-4　网络金融营销信息传递模型

与一般通信系统类似，一个完整的网络金融营销信息传递系统包括信息源、信息载体和传递渠道、信息接收渠道、信息接收者、噪声和屏障等基本要素，并且每一种要素在网络金融信息传递系统中都有着具体的含义。

（1）网络金融营销信息源。金融服务提供商希望通过互联网手段向用户传递的各种信息组成了网络金融营销信息源。金融企业网站上的内容如企业简介、产品介绍、促销信息，以及通过外部网络营销资源发布的网络广告、供求信息等都属于信息源。网络金融信息源是网络金融营销的基础。

（2）网络金融营销信息的载体和传递渠道。网络金融信息可以通过企业网站、电子邮件、搜索引擎以及其他网络渠道作为信息的载体，向用户传递信息。用户也可以通过电子邮件、网站上的反馈表单、网络社区、实时信息等方式向企业传递信息。在网络金融营销信息载体中，企业网站所包含的信息容量最大，也最容易被信息发送者所控制。

（3）网络金融营销信息接收渠道。信息接收渠道和传递渠道是同一事物的两个方面，站在信息接收者（用户）的角度上，对网络金融营销信息是接收和获取，并在必要时向企业发送一定的信息。虽然信息接收或获取渠道与信息传递渠道所依赖的是同样的工具，但由于在网络营销信息传递系统中所处方向不同，对信息渠道的期望目标和应用方式也不相同。

例如，对于搜索引擎，从金融企业的角度出发，希望让企业网站在主要搜索引擎都有好的排名，当用户检索时，本企业被发现的概率就比较大，因而通过各种搜索引擎营销方法来完善搜索引擎传递渠道。而站在用户角度看，希望通过搜索引擎获得尽可能丰富的、有价值的信息，如果是为了购买产品进行的购买调研，期望发现最新的、性价比合适的产品，并了解其详细信息。因此，网络金融营销需要考虑的内容需要切合消费者需求。

（4）网络金融营销信息接收者。信息接收者即用户或潜在用户。由于信息具有双向传递的特点，信息接收者同时也是信息发送者，因此，网络金融营销的信息传递具有交互性，更加凸显用户在整个网络金融营销中所处的重要地位。

（5）噪声和屏障。噪声和屏障即网络金融营销信息传递的影响因素。每一种具体的信息传递渠道和网络营销方法，都有不同的噪声和屏障影响网络营销的效果，对这些因素进行分析研究并采取针对性的措施是保证信息有效传递的必要手段。例如，在许可电子邮件营销中，邮件送达率是评价其效果的主要指标之一，因此，需要分析邮件退信的原因，并采取必要措施提高邮件送达率。

根据对网络金融营销信息传递原理，将常用的网络金融营销工具和资源分为 6 种基本类型，分别是：

（1）企业官方网络营销信息源，如企业自行运营的官方网站、官方博客以及其他形式的关联网站等。

（2）企业信息发布与传递一体化的网络平台，如 B2B 电子商务平台、网上商店平台、开放式在线百科、第三方博客平台、微博网站、互动社区等用户可自行发布信息的网站。

（3）第三方互联网工具及网站平台资源，如搜索引擎、网络新闻、门户网站的展示类网络广告资源、网络分类广告、网站联盟平台、其他资讯类网站等可用于网络推广的第三方服务。

（4）直接信息传递工具，包括电子邮件、即时通信工具、手机短信/彩信、微信公众号等，可实现一对一、一对多的交流和沟通。

（5）在线顾客交互工具与资源，如实时交流工具如 QQ、电子邮件、邮件列表、在线客服工具、博客、微博、微信、腾讯会议等。

（6）网络营销管理分析工具，如网站专业性诊断、网站访问统计分析、搜索引擎收录分析、网络广告点击率及转化率分析等，这些可能是第三方提供的服务，也可能是企业自行开发的管理工具。

对网络金融营销工具和资源进行分类，以及系统学习和掌握网络金融营销，都需要熟练应用每种工具和资源，并了解其在网络金融营销中的地位和作用。为实现顾客满意，网络金融营销从信息传递等多个角度，不断提升网络营销效率，改进网络营销方法，力争通过网络营销方法，实现企业长期竞争优势。与此同时，随着科技不断发展，新的金融营销工具和资源还在不断出现，网络金融营销更辉煌的未来正在迎接我们的到来。

【本章小结】

1. 分销渠道是指某种产品或服务在从生产者向消费者转移过程中，取得这种产品或服务的所有权或帮助所有权转移的所有企业和个人。分销渠道具有接洽、配合等多种职能。

2. 分销渠道具有多种类型，选择分销渠道需要与市场环境及企业战略相结合。

3. 金融服务的分销渠道有设置分销网络、扩展网点功能、拓展营销渠道等多种功能。

4. 网络金融营销是未来金融营销的决胜战场，值得高度关注。网络营销的工具可以包括六大类，如企业官方网络营销信息源、信息发布和传递一体化平台、第三方互联网工具及网站平台资源、直接信息传递工具在线客户交互工具、网络营销管理分析工具等。

【重要术语和概念】

分销渠道　分销渠道的职能　分销渠道的选择　网络金融营销　网络金融营销常用工具

模块二　能力训练

【知识回顾】

填空题

1. 分销渠道是＿＿＿＿＿＿＿＿＿＿＿＿＿＿＿＿＿＿＿＿＿＿＿＿＿＿＿＿＿＿。

2. 分销渠道的职能包括：＿＿＿＿、＿＿＿＿、＿＿＿＿、＿＿＿＿、＿＿＿＿、＿＿＿＿、＿＿＿＿、＿＿＿＿。

【判断说明】

有一位金融机构从业者认为"银行网点的设置越靠近消费者越好"，你认为这种说法正确吗？请说明理由。

【思考反思】

1. 移动互联技术影响消费者存款了吗？如何影响的？

2. 以基金服务营销为例，当市场容量很大时，基金代理销售机构越多越好吗？原因是什么？

【能力拓展】

1. 就近观察一家金融机构的网点，看看它的整体设计如何从认知、情感、联想等方面对消费者产生影响？

2. 调查你的同学和朋友手机银行使用的情况。他们觉得这项服务很有吸引力吗？他们对手机银行哪些方面不满意？

【自我认知】

服务中的心理因素

下面这些商务心理工具能帮助我们朝着更有效率的目标前进。

（1）让客户自我感觉良好。当你很恭敬地听取客户意见、帮助客户下决心，然后称赞他们决定正确的时候，你实际上已经帮助他们树立了良好的自我感觉。这能帮助我们与客户建立良好的关系。

（2）要时刻做好被拒绝的准备。"你不能赢得所有比赛"的体育术语在服务领域也适用。我们事先要对失望有所准备，这样，当失望真的来临时，我们就不会因此一蹶不振。

（3）要承认我们不总能解决复杂的问题。专业人士和金融服务人员常会通过与客户合作来寻找到解决问题的办法，而不是把自己当做一个无所不知的人。

（4）失败乃成功之母。即使你这次没有成交，但只要与客户建立了良好的关系，这也会为你将来的工作做好铺垫。例如，客户可能把你推荐给另一个可能购买同类产品的客户，而且他自己也会在将来某个时候向你购买。这种事情常常发生。

（5）一鸟在手胜于双鸟在林。对于成交不要抱太天真的想法。只有当款项到了指定的银行账户上，成交的环节才算真正完成，并且为下一环节奠定基础。一些服务新手往往会在还没有确定订单是否靠得住的时候，就认为自己已经完成任务了。

（6）时间管理。许多因以前缺乏日常行动计划而有过麻烦经历的金融服务人员现在都很善于安排自己的时间。一个不善于安排时间的人员会因为紧张、沮丧、灰心等因素而最终得不到什么。善于时间管理的人则会享受到成功的喜悦。

【情景案例】

随着互联网科技的迅猛发展及智能手机的广泛普及，微信作为社交软件应运而生。据不完全统计，截至 2021 年末，微信月活跃用户数量已经达到 12.68 亿。微信以其庞大的用户群，以方便、快捷、广泛的传播特性，逐渐走进了金融机构的视野，成为各银行关注和研究的对象。本文[①]通过分析当前银行机构利用微信营销的现状，并根据微信营销的优势，探讨中小银行微信营销价值意义和策略选择。

微信是 2011 年腾讯公司推出的一款简洁的社交软件，具有主动性、实时性和交互性等传播特征，注册用户已超过 20 亿人次。包括招商银行、建设银行、光大银行等多家金融机构积极推进或完善"微信平台"建设，重视微信营销服务客户的作用。可见微信的商业营销价值越来越明显。

---

① 慕文彬，金玉维，程金明.中小银行微信营销策略探讨[J].黑龙江金融，2014（4）：3.

一、微信营销的优势分析

从营销学的角度来看，微信是一种更直接、更便捷，也更经济的垂直传播媒体，而微信营销是网络经济时代企业对营销模式的创新，是以低成本拓展和主动管理目标客户的全新营销方式。简单地说就是借助微信平台开展市场营销，强化客户对产品品牌及服务认知的过程。

（一）成本低廉，操作简便

与广播、报纸、电视等费用不菲的传统媒介相比，微信第一个明显优势就是成本低廉，企业只需登录微信公众平台，进行注册账号，就可打造一个微信公众平台，几乎不需要投入较大的费用支出，并可随时以文字、图片、语音、视频等形式为客户提供资讯和信息，操作也非常简便。此外，微信营销还节约了客户的时间成本，较忙的人们可充分利用午休、等公车等闲暇碎片时间，了解其所订阅关注的信息。

（二）传播迅速，手段多样

与传统媒体传播信息源单向复杂相比，互联网技术的发展从根本上改变了信息源的传播方式。微信就是充分利用智能手机的移动性和实时性，不受时间与地域限制，高速度、更直接地进行信息传播。微信用户之间只需相互"关注"，建立"朋友圈"关系，就能够随时随地了解"圈子"所分享、转发的内容信息，传播即时性非常强。并且信息接受者还可再次分享、转发所接受的信息，实现信息层层传递，多方发散，受众影响面非常广泛。另外，微信的图片发送、二维扫码和地图定位等功能都能在信息传播中发挥作用，如此丰富多样的交互手段也是微信的优势之一。

（三）沟通便捷，易于互动

在微信出现之前，人们的沟通方式主要是电话、短信、聊天工具、邮件等。众所周知，这些沟通工具要么需要承担较高通信费用支出，要么对电脑有一定的依赖。而微信恰恰创造性地解决了传统沟通方式的这些弊端。微信用户只需依托智能手机，办理一个流量套餐，便能随时随地通过文字、语音、图片或者视频等形式进行消息推送，营造了无界、高效、便捷的沟通环境，人与人之间互动交流也变得异常容易。概括来说，微信以操作便捷、手段多样，以及覆盖区域广、受众人群多、服务范围多样、"人人都是媒体"等特性，使其营销优势得到充分体现，利用微信传播信息比传统的广告灌输信息传播效果好得多。

二、当前银行机构微信营销现状

通过查找微信公众号发现，目前国内多家银行都纷纷抓住微信带来的机会，涉足微信服务，加快发展新型营销手段。而且各银行的微信应用范围非常广阔，提供服务不仅包括网点查询、转账支付、代缴缴费、理财投资等基础金融服务功能，还包括天气预报、快递查询、酒店预订等丰富多彩的生活服务。

（一）交行、农行、建行等国有商业银行推出微信营销

据笔者了解，交行推出的"微银行"，主要包括借记卡、信用卡、其他服务三大主题板块，涉猎账户查询、咨询客服、无卡取款等多种金融服务。而农行的"微银行"是以"智慧、金融、生活"三位一体的"E站导航"服务，实现了"周边网点查询""理财秘籍""三农贷款"等特色服务。建行微信银行也具有多种功能，提供的服务包括"微金融""悦生活""信用卡"三大模块服务，并且客户只要将其银行账户与建行微信号绑定，即可享受余额明细查询、账户变动微信通知等多种便捷功能。

（二）招行、光大、浦发等股份制商业银行重视微信营销

招商银行是全国首家开通微信银行的金融机构，招行微信银行不仅可以实现账户查询、

转账汇款、信用卡账单查询、信用卡还款等卡类业务，还可以实现办卡申请、生活缴费、网点查询、贷款申请、手机充值等服务。光大银行也极为重视微信银行建设，用户只需通过微信平台关注"中国光大银行"公众号，将第一时间收到来自光大银行的多板块信息，享受安全、便捷的微信银行服务。浦发银行微信平台更加贴心，除了账户查询、信用卡和理财产品等基础业务外，还提供了"微旅行"服务，包括火车票查询、购买机票、酒店预订等，极大地方便了客户的工作与生活。

（三）农信社、农商行、城商行等中小银行发展特色微信营销

与大型国有银行和股份制商业银行相比，以农信社、农商行、城商行等为代表的中小银行微信营销更具特色。吉林农信社官方微信，提供的服务包括网点查询、智能客服、热点产品推广、优惠促销资讯和业务公告。呼伦贝尔农商行更具生活化，实现了官网链接、天气预报和快递查询服务。而龙江银行微信主要是24小时客服功能，只要用户关注龙江银行微信账号，就可以及时收取最新金融产品动态，抢先知晓理财产品咨询，第一时间掌握优惠活动信息。

三、中小银行利用微信营销的价值意义

在传统媒介营销上，与一些大型银行相比，中小银行一直所处劣势，无法与其抗衡。但随着互联网技术的迅速发展，极大地丰富了营销手段，也降低了营销成本。为此，中小银行尝试通过成本低廉的微信平台发展新型营销手段，开展营销攻势，具有重要战略意义。

（一）能够有效沟通客户，强化客户关系管理

对于中小银行来说，利用微信便捷、个性化的特性，进行市场营销，一方面能够更直接、更快捷地与客户沟通，及时传达银行的最新信息，实现实时互动、双向交流，有效地拉近与客户的距离，改善客户关系，提升服务水准；另一方面通过微信公众平台的用户管理功能，可以自由地根据客户年龄、性别、地域、喜好等资料完成分组，了解客户群体的心理需求，进行客户细分，以及维持老客户、发展新客户。而且还可以强化客服关系管理，对于客户发微信进行投诉，银行可主动介入，及时答复投诉人，解决银行与客户之间信息不对称造成的"鸿沟"。

（二）有利于推进信息化建设，提高服务水平

互联网金融时代，中小银行只有加快完善微信等新技术平台的营销体系建设，深化信息技术在客户服务、经营管理和业务创新等方面的应用，增进技术与业务的相互融合，借助新技术平台开展市场营销，才能及时获取市场动态，了解客户对既有产品的观感，以及掌握客户信息反馈，挖掘客户的潜在需求，从而提高中小银行营销准确度，提升经营能力和服务水平。

（三）有助于金融产品推广，树立品牌形象

由于微信支持发送语音短信、视频、图片和文字等多种传媒功能，具有强大的信息展示整合效应，使人们能够更为形象和直观地接受和感知信息。因而，中小银行通过微信渠道营销，可以做到形式丰富多彩，生动、立体化地宣传银行业务和产品，改善传统呆板的推广模式。

此外，微信还能以多种信息展示形式传播银行的新闻动态、经营业绩等，塑造银行的形象。

（四）有利于发展普惠金融，加快改革创新

当前，我国中小银行服务战略定位主要集于中小微企业及"三农"领域等客户群体。而中小微企业尚存融资难的困扰，"三农"领域金融的供求缺口也很大。基于此，中小银行可以融合传统金融和互联网金融的优势，充分利用微信平台高效、低成本、简便易用的特点，将"微信银行"与"微型金融"有效结合，探索新的业务模式，为该客户群体提供优质高效的普惠服务。总之，加快构建以"微信银行"为代表的互联网金融平台，是中小银行持续改革创新和发展普惠金融的重要手段。

四、中小银行构建微信营销体系的策略选择

（一）坚持立足于服务"三农"及中小微客户群体

在中小银行微信营销定位上，重要一点就是要继续关注"三农"及中小微客户群体。一是通过微信平台建设，深入加强与客户群体沟通交流，发掘其更深层次的潜在需求，并根据客户需求，设计开发金融产品。二是可将符合定位客户群体的金融产品、特色服务、优惠措施等相关情况进行微信专栏介绍。三是注重培育客户群体的关注度，着重推出一些生活类、时事类、娱乐类的轻松文章，适当开展抽选"幸运客户"获赠礼品、购物券等有奖活动，以提高中小银行的知名度，增加客户对"微信平台"的关注度。

（二）坚持差异化经营策略，倡导多样化服务体系

银行营销推广的最直接目的就是为客户提供尽可能多的金融产品与服务，从有效满足客户需求中获取价值利益。然而，随着经济社会的发展，银行提供的金融产品日趋同质化，而金融市场竞争的却不断加剧，客户金融意识也日益增强，对银行服务的需求也瞬息万变。在这样的形势下，中小银行要想求得生存发展，必须切实转变经营观念，在坚持差异化经营策略的同时，更要结合微信等新技术平台完善自身建设，实现产品多样性、服务多元化、价值多维度的"三多"服务模式，为客户提供卓越的价值，赢得关注度和美誉度，这将是中小银行提高产品的市场占有率和提升金融服务水平的重要保证。

（三）坚持多种平台营销并举，做到多账号微信布局

在微信营销之前，中小银行大多都是通过报纸、电视及户外等传统媒体进行营销活动，多年来连续资金的投入，也积累了大量的受众群体，取得了较大的营销收获。微信作为新型营销手段，是银行进行低成本营销的理想选择，但仍在探索和起步阶段，在格局上还需进一步开拓，而且各种媒体受众人群也存在差异，营销方式和微信也存在不同，微信也难以覆盖所有群体，所以中小银行开展微信营销的同时，一定要坚持传统媒体与新型技术多种平台营销并举，全方位营销战略布局。

此外，中小银行开展微信营销还需要做到多账号联动。具体来讲就是根据银行总分行及流程组织等特点，开通总行主账号，分行及职能部门多账号阵容布局。例如招商银行微信营销平台包括总行、信用卡中心、私人银行、理财以及各分行等。这种微信平台多账号布局的一个显著功能就是能够为客户提供更加优质、更加专业、全方位而又有针对性的服务。

（四）坚持个性化内容建设，做到业务传播紧扣企业文化

个性化的内容建设是中小银行长期发展微信营销的核心内容。一是要细致入微地了解客户，并根据独特的客户需求，建立客户数据库，然后反复研究产品或服务，合理设置微信平台招牌栏目，实现有效地引导客户。二是要时常通过"制造话题"加强与客户互动交流，帮助客户了解金融知识、银行产品、业务流程及政策规定，从而增进用户感知体验，吸引客户关注。三是业务推广要贴合企业文化，主要是根据企业价值原则，设计完整的"产品推广—企业文化"价值传递网络，并通过微信平台向客户传递包括产品、服务、价值和客服等内容的价值承诺，与客户建立并保持紧密关系，使得每一位客户通过微信平台都能得到独特的、个性的、难忘的体验，这也是中小银行建立持久客户关系的唯一途径。

互联网时代，微信营销代替了杂志、报纸及电视等传统营销媒介，成为公众信息来源的重要阵地。毫无疑问，对于中小银行来说，微信营销将是一种接近市场的重要手段，也是一种强大的直复营销工具，能够帮助中小银行传播产品信息，递送产品和服务，提升品牌形象，以及建立更

加牢固的客户关系。

思考与回答：你喜欢使用微信吗？想一想你的微信中有金融机构的微信公众号吗？微信作为金融分销渠道，有什么优势和劣势？

【互联网搜索】

请搜索"社区银行"，并讨论社区银行的优势和劣势。

【阅读与讨论】

请阅读有关手机银行的介绍，讨论电话银行和手机银行是一回事吗？

【在线测试】

扫描书背面的二维码，获取答题权限。

扫描此码　　在线自测

5

第五篇

价值保障篇

第九章
客户管理与顾客忠诚

【本章提要】

本章对金融行业的服务和服务质量做了界定，研究服务质量评判的五个维度，剖析实际服务过程中导致服务质量不佳的五项差距；同时讨论了客户满意度的理论基础，说明当前市场运用的客户满意度模型，通过实际案例表明服务质量和客户满意度对于金融机构长期发展及金融服务营销的重要性。

【知识目标】

1. 了解金融服务质量的概念。
2. 掌握金融服务质量的五个维度和五项差距。
3. 了解顾客期望和顾客期望管理的策略。
4. 掌握顾客满意和顾客忠诚的概念。
5. 了解顾客满意度模型建立的基本方法。
6. 了解金融服务中的冲突与补救。

【能力目标】

1. 认识服务质量对于金融机构长期盈利的重要性。
2. 了解作为金融服务人员该如何提高服务质量和客户满意度。

【课程思政案例讨论】

扫描此码　　阅读文章

模块一　理论分析

 导入案例

某年，我国银行业出现罕见的"钱荒"：各大银行高息揽储，各种客户服务活动频出；

保险机构打出存钱送手机、送汽车、安排旅游、观看话剧、组织免费体检等活动；证券公司为股民、民间操盘手开展表彰大会等。

各金融机构的柜面服务人员以及营销人员要求：服装统一、面带微笑、使用敬语、24小时电话客服，很多窗口设有客户满意度评价表等。

讨论：

这些日常生活中能见到的情况，都是因为什么原因？出于什么样的想法？并且达到了怎样的效果呢？

第一节 服务质量

■ 一、质量与服务质量的概念

ISO 8042将"质量"定义为：反映实体满足明确的或隐含的需要能力的特征总和。

ISO 9000将"质量"的定义为：一组固有特性满足需求的程度。这一定义对质量的载体没有任何界定，可以应用于不同领域的任意事物中。

美国质量管理专家克劳斯比从生产者的角度出发，对于质量的定义是：产品符合规定要求的程度。管理学大师彼得·德鲁克将质量定义为：满足需求。"全面质量控制"理论创始人费根堡姆认为质量是：营销、设计、制造、维修中各种特征的综合体。

著名的质量管理大师朱兰在《朱兰质量手册（第六版）》中加入了服务的概念，站在客户的角度重新定义了质量：质量意味着"适目的性"，无论生产什么，产品还是服务，它都必须适合其目的。为了适合目的，任何产品或服务都必须具备满足客户需要的正确特征，并且以最少的失效来加以提供，必须能够真正地满足客户需求，并且取得优异的业务绩效。

从上述的定义中，我们可以明确的特点包括：

（1）质量是符合或满足需求的程度。

（2）质量是动态、变化和发展的。

（3）质量不仅仅是针对实体的概念，可以是产品、活动、过程、组织和体系，也可以是服务，如金融服务等。

（4）质量是可以改善和提升的。

服务是具有无形特征却可以给人带来利益或满足感的可供有偿转让的一种或一系列活动。服务的对象是客户，因此服务质量的概念也是站在客户的角度去定义的。

汤姆·彼得斯所指出的，"客户以自己的方式感受服务，以自己的标准评价服务，客户可能处于这个原因，也可能处于那个原因，单独决定买账或者不买账，情况是如此，无须争论"。

新一代的客户对于服务的理解，越来越是一个"质"的概念。美国信托发展银行董事会主席兼首席执行官，在美国俄亥俄州东北部进行了一次随机抽样调查。调查请客户从多种因素中按照偏好顺序选择几个因素，完成填空："我因为_____而使用现在这个银行。"在收回的有效问卷中，80%的客户把"友善"作为第一选择，第二、第三选择分别是"公平和有礼貌""方便"。一系列的调查问卷表明，客户对于银行的期望是：安全、快捷、更关心人、恭谦有礼。

因此，服务质量是针对客户而言的，是对客户期望的满足程度。

服务质量并不是对于"规范的满足"，而是对于客户评判标准的满足，这两者之间有着重大的区别。服务质量既是现实，也是感觉。在服务柜台前实际发生的，以及客户根据自己的事前期望对柜台前所发生的事情的感觉，这二者构成了服务质量。

期望有两层含义。一种是客户在得到服务之前事情的猜想，另一种是他们事前的愿望。本章节所有讨论的均是客户事前的愿望。正是因为客户想获得某种服务的愿望，决定了他们对于某家金融机构服务的感受。如果这家金融机构顺应客户，满足了或者超越了他们的愿望，那么这家机构就会让客户感受到优质的服务。

服务营销以顾客为出发点和落脚点，理解顾客对服务质量的感知，既是提升顾客满意度、建立顾客忠诚的前提，又是理解顾客需求、创造和传递服务价值的基础。

二、感知服务质量的评价维度

由于服务不同于有形产品，其生产和消费过程几乎是同时发生的，顾客也在不同程度参与整个服务生产过程。因此对服务质量的探讨大都建立在顾客感知的基础上，即顾客感知服务质量。

克里斯汀·格罗鲁斯率先对服务质量进行开创性研究，并指出如果只片面地强调提高服务质量，而对服务质量是如何被顾客感知的、怎么才能提高等问题不加以界定，这种强调是没有意义的。1982年，克里斯汀·格罗鲁斯提出"感知服务质量（perceived service quality）"的概念，即顾客对服务型企业或服务人员所提供服务过程和结果的主观感受和价值判断。

只有服务型企业及服务人员充分了解了顾客如何评价服务质量，才能够采用有效的策略和方法来影响顾客的服务质量评价过程。事实上，服务业中所涉及的大多数服务质量，并不是服务企业自己界定的质量，而是顾客的感知服务质量。金融企业面临的重要挑战之一，便是企业不清楚顾客到底从哪些方面来评价服务质量。而顾客认为服务质量并不是单一的方面，这意味着顾客对服务质量的评价是对多个要素的综合感知。

1985年，帕拉休拉曼、泽斯曼尔和贝里三位学者（常缩称"PZB"），首先提出了影响顾客进行服务质量评价的10个重要维度或要素。随后，PZB在1991年运用因子分析方法将10个维度压缩到5个，即可见性（tangibles）、可靠性（reliability）、响应性（responsiveness）、可信性（assurance）、可亲性（empathy），这五个维度又被称为RATER指数。美国权威的客户服务研究机构美国论坛公司投入数百名调查研究人员，用近十年的时间对全美零售业、信用卡、银行、制造、保险、维修服务等14个行业的近万名客户服务人员以及这些行业的客户进行了细致深入的调查研究，发现RATER指数可以有效衡量客户服务质量，而客户对于金融机构的满意程度直接取决于RATER指数的高低。

按照服务流程，对这五个维度具体分析如下：

（一）可见性

可见性，是指服务活动的"可见"部分：服务设施、装备以及与客户打交道的职员形象等，这些因素是能被客户看见的，暗示着服务的内在素质。由于服务是有表演性质，而不是实体性质的，因此客户直接了解会非常困难。客户倾向于观察那些协助实现服务的表面内容，以帮助他们对服务质量进行判断。

服务的可见性维度是指有形的服务设施、环境、服务人员的仪表以及服务对客户的帮助和关怀的有形表现。服务本身是一种无形的产品，但是整洁的服务环境、安静的大厅、洁净的地板、着装整齐的服务人员等，都能使服务这一无形产品变得有形起来。

使客户认为你的服务是高品质的，需要做出很多努力，采取多种方式。其中的一种方式是小心处理任何一个细节问题。每一个细节可能都显得无关紧要，但是当它们汇集起来的时候，对于客户的期望，乃至对金融机构以及机构的员工都有一定的影响。

可见性在两个方面对于服务的质量造成影响。第一，可见性提供的是一个客观标志，客户往往会由这种客观标志推测服务的内在特征与质量。第二，可见性也直接影响客户对于服务的感觉。例如，熙熙攘攘的服务场所，到处都是大声接着电话的人们，地上水渍、废纸随处可见的场景和一个干净、整洁、有序的服务大厅，明亮的地板，宣传材料整齐的摆放，工作人员着装整齐，面带微笑的场景。这两种可见性的场景对于客户的感受是完全不一样的。

经典案例 9-1

詹先生的一次面谈

詹先生是一家保险公司的推销员，他的一位客户给他介绍了一个朋友，是一位律师。此时正是三伏天的中午，烈日炎炎，他们首次约定地点是这位律师客户所在公司不远处的一个咖啡厅。

当这位律师客户走进咖啡厅的时候，看到的是一位穿着西装，打着领带，面带微笑的一位先生，在一旁的座椅上放着一个质地上好的公文包，里面应该是为本次的交流所准备的材料。整个面谈的过程十分的轻松而且愉悦，后期他们的保险方案也十分愉快地成交。

讨论：

1. 詹先生为什么要大热天穿西装、打领带？
2. 詹先生的做法，给他的律师客户留下了怎样的印象，这对于他们后来的成交有影响吗？

（二）可靠性

可靠性是指不折不扣地兑现对服务的承诺，既要有兑现承诺的诚意，还要有兑现承诺的准确性。许多以卓越服务出名的公司，在客户中赢得良好的声誉，都和他们对于服务的兑现有关。

可靠性维度是指一个金融机构如果能够始终如一地履行自己对客户所做出的承诺，就会拥有良好的口碑，赢得客户的信赖。

例如，很多银行和保险公司的客服热线是 7×24 小时的，让客户能够随时随地解决问题，享受服务。车险理赔在证件材料齐全的情况下，实现快速理赔款到账等。

如果服务出现差错，则存在纠错成本，不仅在直接的层面上是昂贵的，而且还可能动摇客户对于机构本身的信心，在间接层面上的意义也是昂贵的。要挽救一个失去可靠性的服务机构，道歉的作用是有限的。

作为金融机构的营销人员在最初就需要把事情做正确，减少服务出现的差错，同时管理层和公司体制应该奖励那些在刚开始就把事情做正确的人员。尽管在金融服务中，100%的可靠性是很难达到的，但是管理层对于"零差错"的态度将会激励员工检视自己的行为，必然带来可靠程度的提高。

经典案例 9-2

保险公司的车险理赔

吴先生在买车后，曾在某 4S 店直接购买保险，4S 店的服务人员告知吴先生一旦出险，理赔十分迅速，只要给服务人员打电话，便会立即为客户处理这个问题，理赔款项也会很快到账。吴先生高兴地离开。

不幸的事发生在半年后，出现了一次交通事故，当吴先生打电话给这位服务人员时，对方告知目前手中有事走不开，请耐心等待。一个小时过去了，依旧没有其他回复，最后吴先生再次电话联系，对方说这是小故障，电话指导处理就可以了，然后让吴先生自己电话报案，将车开走。

下一年度保险到期时，吴先生没有在这位服务人员处继续投保。

讨论：

1. 为什么吴先生不继续投保？
2. 这位服务人员的服务中出现了什么问题？

（三）响应性

响应性是指对服务的准备，是快速反应并且富有效率地服务客户的意愿。对于客户来说，总是拨不通或者占线的客服电话、在营业大厅一直需要等待的柜台服务，对于客户来说就是缺乏敏感性、缺乏响应性的。

响应性维度指金融机构或服务人员对于客户的需求给予及时回应并能迅速提供服务的状态。当服务出现问题时，马上回应、迅速解决能够给服务质量带来积极的影响。作为客户，需要的是积极主动的服务态度。

响应性和服务活动其他方面的因素一样，时常表现在一些"小事情"上：一个稍稍迟到几分钟的客户，还能够得到很周到和善的服务，他的感受会很好；在漫长的等待时间里，机构的服务人员让客户知晓等待的原因和继续等待的时间，这样的感受会更好。

（四）可信性

可信性通常指服务人员的礼节十分周到而且称职，这样的服务人员会赢得客户信任，给客户带来信心。

可信性维度是指金融机构的服务人员所具备的专业知识、技能和职业素质，包括：提供优质服务的能力、对客户的礼貌和尊敬、与客户有效沟通的技巧等。如果和客户打交道的服务人员一方面令人很愉快，另一方便又保持着很高的专业度，那么会给客户在心里感觉确实来对了地方。服务人员有礼貌而没有专业水平，或者有专业水平而没有礼貌，都不会给客户带来十分积极的印象。我们仔细观察可能发现，在提供服务的人员身上，同时满足这两点是一件不容易的事情。

在糟糕的服务体验中，服务人员缺乏礼貌是最基本的特征。确保礼貌服务，越来越成为我们普遍面临的一个挑战。在我们的日常生活中有很多缺乏礼貌的实际案例，同时我们会对那些面带微笑，话语亲切的服务人员留下很好的影响。

可信性的另一个方面是专业性。混业经营已经成为市场发展的趋势，针对这个金融机构的服务人员，他们的服务项目会更加繁杂。同时当今的市场上金融产品快速繁殖也加剧了对服务人员专业性的挑战。

为了建立服务的可信性，金融服务机构须精心挑选与客户接触的服务人员。他们具有服务的潜质，并在其上岗前和工作中进行连续的培训，找合适的人，做合适的事情。

对于金融机构而言，提高服务质量，不是一个"事件"或是"运动"，而是一种动态的发展过程，它没有终点。

经典案例 9-3

一位金融机构管理人员的苦恼

当今的金融机构身处一个硬管控逐步放宽，盈利空间逐渐狭小，客户资源争夺激烈的市场竞争环境中。不少金融机构的管理人员已经意识到服务对于企业开拓和留住客户资源的重要性。

王先生，是一位金融机构的管理人员，当初是从一线的业务人员中脱颖而出，成为主管。他对于客户服务有很深的认知，明白基本的职业素养及专业度对于服务人员的重要性。在挑选人员的时候，他就会观察求职人员的礼节修养，进入工作岗位后再对其进行不断的培训。但是他的团队员工流动性非常大，以至于老员工的留存不足，新员工急需培养。

讨论：
1. 这样的情况是否会给客户带来不良的服务体验？
2. 这位王先生的苦恼是否有道理？金融营销服务人员应该具备怎样的素质？

（五）可亲性

可亲性比职业性的礼貌来得更加重要。可亲性是对客户的使命，理解客户的确切需要并为他们寻求正确答案的强烈愿望。可亲性是糅合对客户的关怀、个性化以及需要面对面进行的服务。

可亲性维度是指服务人员能够随时设身处地地为客户着想，真正地同情理解客户的处境、了解客户的需求。

这是一位金融服务人员的心声："我们发现，寻求人性化服务的人们一旦信任我们，基本上服务的成本就不是一个主要问题。客户感受到他们正在和受过良好职业训练的、十分称职的人打交道，因而他们对于交易有很强的信心。他们知道服务人员很明白自己对于服务的期望，并且相信最终所接收到的服务将满足甚至超过他们的期望。相应的，金融机构的服务人员必须十分注重和关心客户的需要和愿望，并且有决心克服困难，自始至终帮助他们达成心愿。"

在实际的工作过程中，经常会出现沟通不畅的情况，服务人员说着一堆专业术语，对于门外汉的客户来说，无异于听天书。而客户的需求，服务人员也难以真正地捕捉和理解，很多时候表面的需求和潜在的真实需求之间还是有差距的。真正关心客户，努力弄明白客户的需求，想方设法满足他们的需求，使他们满意而归，这些就构成了优质服务所谓的可亲性。

上述客户认可的服务这五个方面的维度，都很重要，且相互糅合。

经过美国论坛公司的深入调查研究发现，对于服务质量这五个要素重要性的认知，客户的观点和金融机构的观点有所不同：客户认为这五个服务要素中，可靠性和响应性是最重要的，这说明客户更希望金融机构或服务人员能够完全履行自己的承诺并及时地为其解决问题；金融机构则认为这五个服务要素中，可见性是最重要的。

如果某个机构的服务满足或者超过了客户的期待，那么这个机构在前面所说的五个维度中，都会获得相对较高的分数。尽管在不同场合、不同情况下，五个维度各自的重要性会有所不同，但大体而言，它们都十分重要。五个维度作为一个整体，构成了优质服务的骨架，金融机构要想在服务方面做得出色，必须在可见性、可靠性、响应性、可信性和可亲性5个方面做得出色。

改善服务是一件非常人性化的事业。优质服务五个维度中的三项（响应性、可信性和可亲性）直接来自于人的行动，可靠性往往取决于人的行动。可见性也是与人的行动相关的，因为服务提供者的外在形象能够影响客户对于服务的影响，从而构成服务质量的一部分。

金融机构中的每一个人都是服务的提供者，每个人都在提供某种类型的服务，后台人员的内部服务和前台人员的对外服务一样重要。事实上，前台人员对外提供的服务质量往往取决于后台人员向他们提供的服务质量。

客户判断服务好坏，不仅依据服务的结果，也依据服务的过程。过程和结果一样重要，在所有的服务项目中，"如何"提供服务是影响服务质量的关键所在。

客户评价服务质量有两把不同的"尺子"。一把"尺子"是常规的服务，如保险公司的服务人员定期寄送的客户服务报、银行工作人员定期寄送的信用卡账单等；另一把"尺子"是在日常服务出现问题或者客户对服务另有期望，那些出色的服务机构很可能会对因常规服务差错而导致的客户损失进行弥补或满足客户更高的期望。客户在日常生活中经常会遇到服务出错，但是得不到及时、妥善的解决方案，也因为如此，客户们会注意并记住那些迅速处理服务争议的机构。那些热情追求零差错服务，或当差错或者问题真的出现时又能够迅速做出处理的金融机构，在两个方面都获得强大的动力，使它们能够不断改善自己的服务质量。

三、妨碍服务质量提高的因素

没有人愿意自己的服务质量低劣。尽管如此，质量低劣的服务还是可能频频出现。

那么问题在哪里?是什么在妨碍服务质量的提高？由美国贝利、巴拉索拉曼以及史萨姆组成的研究团队总结了存在于服务机构的4种差异。导致服务质量缺陷的4种差异是：

差异 1：管理层对客户期望的判断不符合实际情况。

差异 2：管理层对服务的规范不符合管理层对于客户期望的判断。

差异 3：实际提供的服务不符合管理层对服务的规范。

差异 4：实际提供的服务与公司对外宣称要提供的服务不一致。

以上 4 种差异和它们之间的关系如图 9-1 服务机构存在的服务差异及其关系所示。

这 4 种差异或者单独地，或者以不同的组合方式集体地，导致了第 5 种差异：客户对服务的期望和客户对服务的实际感受之间的差异。

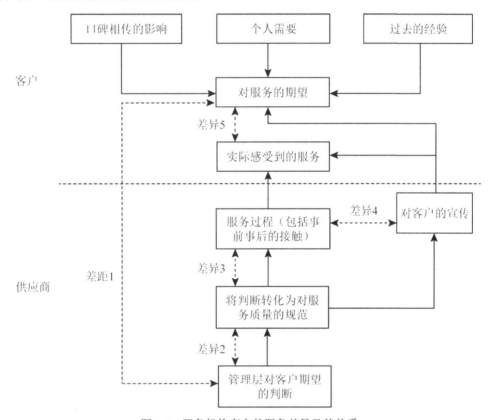

图 9-1　服务机构存在的服务差异及其关系

（一）管理层对客户期望的判断不符合实际情况

管理层对于客户期望的判断与客户对于服务的真实期望存在差异。如果管理层对于客户的真实愿望作出了错误的判断，一系列的错误行动将会随之而来，包括制定错误的服务标准、对员工进行错误的培训、以错误的方法评估绩效、宣传错误的广告等。

造成这种差距通常出于三个原因：首先是因为高层管理者自以为了解客户的真实需求，因此放松了对于客户需求的正常市场调查，没有跟踪客户群体的需求。这一点和本章第三节的客户满意度密切相关，准确把握客户的真实需求很重要。其次是因为管理层花在和客户以及一线员工直接接触的时间太少，即使有常规的市场调查，也不能代替这种直接接触。调查报告通常是已经经过处理的数据，数据的很多性质被隐去。最后是管理层级的多少，从服务一线到最高管理层，中间的层级越多，最高管理层清楚地掌握真实的客户需求就越困难。繁多的中间管理层，意味着信息丢失和扭曲的可能性就越大。因为这些原因，管理层对于客户真实愿望作出的判断是有很大差异的。

（二）管理层对服务的规范不符合管理层对于客户期望的判断

有时，管理层或许已经掌握了客户的心态和服务需求，但是他们未能将其转化为适当的服务规范。以短期利润为导向的经营思维让多数管理者认为改善服务质量的努力会带来成本的增加，而收益的部分则没有那么明显。但是被忽略的事实是，如果短期内不对改善服务进行投资，那么长期内也不会有对改善服务进行投资，后者是前者的积累。

管理人员往往对于建立服务标准和服务绩效评估办法存在畏难情绪，因为服务质量较难用统一的标准去衡量，而且建立这样的标准也是十分困难的。管理者的眼光更多地是落在能够量化的指标上。

（三）实际提供的服务不符合管理层对服务的规范

即使管理者正确地把握了客户对于服务的期望，并且确实建立适当的服务准则，但实际中提供的服务还是可能与客户的期望存在距离。这种差异叫作"服务活动差异"，即服务的质量水平比管理者设定的规范要低。

出现这种差异的首要原因，是与管理者设计规范的要求相比，提供服务的人员或者缺乏意愿，或者缺乏能力，或者二者皆缺，从而导致服务走样。营销服务人员须培养提供优质服务的意愿，并且需要锻炼和培养服务能力。

一些特殊原因也会引起这种差异。

（1）角色冲突，比如管理者对于服务人员的要求与客户对于服务人员的期望是不一致的，或者因为工作中的分身乏术。

（2）控制力分散。服务人员工作需要多方配合时，当其中某个环节出现差错，会导致整个服务出现差错。例如，在保险公司进行理赔时，客户对于理赔的需求是快速、理赔金额准确。管理层了解这样的需求，对于理赔流程设立了对应的规范，要求在相应的工作日之内完成理赔，一线的服务人员也会将这样的信息传递给客户，但在实际操作中服务人员对于理赔整个进度的控制能力并不强，他需要很多部门的配合，如柜面收单部门、材料通勤部门、扫描处理部门、理赔审核部门、财务部门等，实际理赔的时间和金额没有办法受到控制，进而难以有效地兑现对客户的承诺。

（3）角色模糊。许多服务人员对于岗位角色的定位并不是十分明确，且缺乏必要的信息，无法对自己的工作进行充分的了解。对于不同行业营销人员的研究表明，角色模糊将导致职业满足感和工作表现水准的降低。

（4）机构对于岗位的支持力度不足，也会导致服务出现差异。

（四）实际提供的服务与公司对外宣称要提供的服务不一致

除了实际操作过程中会出现难以控制的因素外，还有一些道德层面的因素导致差异的出现。

金融机构的服务人员用夸大事实的办法为自己的客户服务进行描述，在一开始，可能会因此吸引很多的客户，并且带来更多新的业务，但是在服务机构以及营销人员实现不了这样的承诺时，客户对于该服务机构的印象会大打折扣，并且会怀疑服务机构以及营销服务人员之前所有的努力。

比如，银行宣传的"24小时随时贷款""一天放贷"；证券行业的"高收益"宣传；保险机构的"保证7日理赔"等，如果这些机构实际无法提供承诺的服务，客户会因此怀疑其服务。

（五）客户对服务的期望和客户对服务的实际感受之间的差异

客户判断服务质量的优劣，来自于两个方面，一方面是他们对服务的期望，另一方面是他们对实际得到的服务的感觉。差距5是客户对于服务的期望与客户对服务的实际感受之间的差异，这两者之间的差异实际上是前面四个差异的结果。所以，金融机构弥补了前面四个差异，第五个差异自然而然也就得到了弥补。

简而言之，金融机构和营销服务人员如果想提高服务质量，带来更好的客户服务感受，需要做到以下几点：

（1）金融机构管理者须加强对客户真实需求的关注，制定符合需求的产品策略和服务方针。

（2）对于服务标准需要规范化。

（3）甄选具有客户服务意愿的员工，并进行专业化的培训。

（4）合理地宣传，注重长期效益，并实现对外宣传的服务承诺。

第二节　顾客期望与期望管理

对于金融企业来说，顾客的期望是评估服务绩效的标准和参考点。因此，金融企业应该善于了解顾客对于服务的期望，并通过一系列营销手段对顾客的期望进行有效的引导和管理，主动采取措施和行动，去设定、满足，然后超越顾客期望。因此，了解顾客期望的具体知识对于金融企业和服务营销人员非常重要。

一、顾客期望的内涵与类型

（一）顾客期望的内涵

所谓顾客期望，是指顾客在接收服务之前对于服务的一种预期，这种预期不仅包括对结果（企业提供什么样的服务）的预期，还包括对服务流程（企业如何提供服务）的预期。一般来说，顾客期望是一种"满意期望"（satisfaction expectation），即理想的、称心如意的、想要的、渴望的期望。

对于金融企业而言，都希望自己提供的产品和服务能使顾客满意，并且使满意的顾客最终成为企业的忠诚客户，然而事实上，顾客对于金融企业的服务水平最终满意与否，还取决于顾客期望水平的高低。

当顾客体验的服务质量高于期望服务质量时，顾客就会满意；反之，当顾客体验的服务质量低于期望的服务质量时，顾客就会产生不满的情绪。由此可见，顾客期望是顾客评价服务企业绩效水平的前提和基础。

实际上，顾客期望是一把"双刃剑"，它一方面是吸引顾客的动力，正是因为有了期望，顾客才会选择购买服务，以便满足自己的期望；另一方面，顾客期望的存在，又给金融企业绩效建立了一个最低标准，如果企业达不到这个标准，顾客就会不满，甚至会选择其他金融企业。

金融企业往往通过广告宣传、促销或其他沟通方式，自觉或不自觉地在服务质量、价格、时间和地点等方面对顾客作出诱人的承诺，使顾客对企业的绩效形成一定的期望，以此达到吸引顾客的目的。但是，金融企业也需要意识到顾客期望的另一个方面，即企业或机构在建立顾客期望的同时，也就意味着给自己的绩效设立了最低标准，有可能增大了使顾客满意的难度。如果当企业确定的顾客期望值不切合实际，不能提供所承诺的服务，那么广告制作得再精心、标语打得再令人印象深刻，往往也是没有效果，甚至还出现反效果，顾客有可能因为企业提供不了承诺的服务而加倍失望。

因此，顾客期望管理的主要目的就是在两者之间寻求一种平衡：使金融企业或机构建立的顾客期望，既对顾客有充分的吸引力，又能保证企业能够实现相应期望，从而满足企业的长期利益，实现长远发展。例如，有些精明的企业制定高水平的服务标准，并让顾客及其员工都了解这些标准，他们不承诺办不到的事情，而是致力于实现他们在顾客中已形成的期望值，不仅如此，他们还努力去超越这些期望值，使顾客的满意变成忠诚。

（二）顾客期望的类型

按照不同的标准，可以对顾客期望进行不同的分类。广为接受的分类是按照期望的清晰程度为标准来划分的，它把顾客期望分成模糊期望、隐性期望和显性期望三种类型。

1. 模糊期望

模糊期望是指顾客只期望服务供应商为其解决问题，但不清楚解决问题的方式和途径。对于服务供应商来说，了解顾客的模糊期望是非常必要的。

在有些情况下，顾客可能无法表达自己的期望。例如，顾客能够意识到自己有必要接受某种服务以改变自己的现状，但是无法表达或不知道应该怎么去做或做什么来达到这种目的。实际上，这些模糊的期望是一种真实的期望，因为顾客确实期望获得服务以达到某种改变，只是不知道怎么样改变。

例如，顾客希望一种新发型，但是不清楚不同染烫或造型材料的效果，以及发型师的手艺，无法向发型师清晰表达自己的要求。因此，模糊期望对顾客的质量感知会产生重要影响，决定着他们是否对服务质量满意。

由于模糊期望的重要影响，金融企业应当认识到模糊期望的存在，并努力使这些模糊期望显性化。只有当金融企业确信顾客所有的模糊期望都已经被显性化并且都得到了满足时，才有理由相信自己向顾客提供了优质服务，并让顾客满意。

2. 隐性期望

隐性期望是指有些服务要素对于顾客来说是理所当然的事情。无论是对于顾客，还是对于企业来说，某些服务可能都是最基本的，顾客认为这些服务是企业理所当然提供的，也是自己理应获得的，并不需要特别表达。例如，顾客购买了餐饮服务，其中餐饮的卫生与健康对于顾客来说就是一种隐性期望。顾客会想当然地认为其被提供餐饮是卫生与健康的，因为这些期望是十分明确的。但正是由于该期望是隐性的，有些金融企业可能会忽视这些期望，在提供服务的流程中不去很好地满足这些期望，甚至根本就不满足。

如果隐性期望被满足了，顾客不会刻意地去琢磨这些问题；但是如果这些期望没有被满足或者是当顾客处于不满意的状态时，这些问题就会影响到顾客的服务质量感知。金融企业必须注意，顾客有哪些隐性期望还没有得到满足，以便采取措施，满足顾客所有的服务预期，而不仅仅是显性的服务预期。

3. 显性期望

显性期望是指服务开始之前就已经清晰地存在于顾客心目中的期望。这就意味着顾客明确知道自己需要什么样的服务，并能够明确地想象和表达出来。顾客之所以主动和有意识地表达出他们的服务预期，是因为他们假定这些期望是能够实现的。这里需要提及的是，在这些显性期望中，可能存在一些非现实的期望。例如，生病的病人来医院看病，他们通常会认为，如果花了钱，那么医生能够为其提供医疗服务，治好病患。

在金融服务营销领域，顾客的显性期望存在非现实性的例子非常多。比如，顾客认为，如果花了钱，那么理财顾问为其提供保证一定收益率的理财方案就是自然而然的事情。但实际上，在市场上，任何人都无法完全规避金融风险。因此，对于金融企业来说，帮助顾客将非现实的期望转化为现实期望，是一件非常重要的工作。如果能够做到这一点，顾客所接受的金融服务就会远超出他的期望。

在建立服务关系的整个阶段，金融企业对他们所做的承诺都要非常小心。金融企业承诺越模糊，顾客产生非现实期望的可能性也就越大。这种模糊的承诺是非常危险的，因为顾客有可能会被误导，认为金融企业有能力实现那些实际上根本无法实现的诺言。在沟通的流程中，模糊的和故意含混的信息，往往是导致无法实现承诺的主要原因，也是顾客产生非现实期望的重要原因。

对于金融企业而言，在对顾客进行承诺和沟通时，须使用明确和清晰的语言，不要让顾客产生误解，更不要让顾客提出过高或非现实的期望，模糊的承诺更容易导致顾客提出非现实期望。同时，针对顾客非现实期望，要明确告知顾客，企业不具备满足该期望的条件和能力，并介绍整个行业或某一地区的某一服务行业的现有服务能力，进而适当降低顾客期望或消除顾客的非现实期望。

星巴克、麦当劳和迪士尼的排队

如果你仔细观察，会发现不同的公司其顾客的排队是不同的。

星巴克——横着排队。

麦当劳——竖着排队。

迪士尼——绕弯排队。

这是为什么呢？

星巴克定位是社交，已经远远超过一杯咖啡的概念。横着排队，顾客之间容易产生交流，而且更有利于选购橱窗中精心设计陈列的产品，提升附加收益。

麦当劳的定位是速度，作为快餐业的鼻祖，麦当劳营造更热闹、更快捷的氛围，纵向排队追求效率。麦当劳的所有顾客体验都是围绕着速度和效率来构建的，意在促成顾客快速用餐、快速购买和快速离开。

迪士尼的顾客排队形状是弯的，原因是每个项目平均等待时间较长，绕弯排队会让顾客感觉到终点马上就要到了，降低等待时的焦虑感。

思考：顾客期待和客户体验，如果企业不加管理，会是什么情况？

▎二、顾客期望管理

金融企业要进行顾客期望管理，首先要明确顾客期望管理能给企业带来哪些好处，为什么要进行顾客期望管理。在深入了解顾客期望管理的动因之后，还需要对顾客期望的关键影响因素进行分析，然后在此基础上实施相应的服务营销策略，对顾客期望实现有效管理。

（一）顾客期望管理的动因

在以顾客为中心的时代，企业的绩效往往与顾客对服务的感知、顾客满意程度和顾客忠诚水平密切相关，而顾客在每次服务消费之前，往往会对服务内容、服务绩效水平，甚至服务流程形成一种预期。综合来看，企业对顾客期望进行管理的动因主要表现在以下三个方面：

1. 促使顾客感知服务质量，提高顾客满意度

顾客对服务质量的感知流程是非常复杂的，顾客实际接受的服务体验并不能直接决定顾客感知服务质量的好坏。实际上顾客感知服务质量水平，并不是取决于技术质量和功能质量这两个因素，而是取决于顾客所预期的质量和所体验的质量之间的差异。

顾客满意与顾客期望之间存在密切的联系。如果顾客感知的实际服务符合自己所期望的服务，那么顾客就会感到满意；反之亦反。金融企业想要向顾客提供满意的服务，就必须了解顾客期望是在一个什么样的水平上，并通过一系列服务措施，提高顾客的实际感知，尽量使顾客所感知到的服务质量等于或高于顾客的期望，从而使其对企业提供的服务感到满意。

2. 促使顾客进行正向的口碑传播

口碑传播是人们对企业的信息进行交流，并且意识到不会为此得到任何货币性收益的一种活动。在很多情况下，口碑传播成为潜在顾客作出购买服务产品决策的主要信息来源，对感知风险较大的服务来说，口碑传播尤其重要，因为顾客往往会认为向亲戚朋友、网友等询问建议会减少部分感知风险。如果顾客所体验的服务与期望一致或超越期望，顾客就会感到满意甚至惊喜，此时顾客进行正向口碑传播的倾向性也就更强，从而形成良性循环。

3. 提升企业形象，对企业形成积极的长期回报

顾客期望是顾客对企业服务的一种心理预期和希望，也代表顾客对企业的一种认同。企业能否对顾客期望进行有效的管理也关系到企业形象。与此同时，在通常情况下，企业希望从顾客那里获得的内容主要包括：顾客在获得服务后及时支付货款、未来的重复购买行为、顾客对服务失败的感受回馈以便使企业有机会进行补救、顾客资讯以便使企业进行服务的创新和改

造。如果企业提供的服务令顾客满意，或者超出了顾客的期望，那么顾客对上述几个方面的反馈可能就是积极的。因此，对顾客期望进行管理，可以在很大程度上为企业从顾客那里获得各种回报提供保证。

（二）影响顾客期望的因素

总体而言，影响顾客期望的因素主要包括以下四个方面：

1. 消费者自身的服务体验

顾客对商品或服务的消费经验，往往会影响顾客对服务质量的期望和满意度。当顾客亲身体验过企业所提供的服务，对某个企业有了充分的了解之后，可以形成对该企业较为稳定的服务期望。

2. 企业的口碑

口碑传播对于难以评价的服务在购买和直接体验之前，是非常重要的。服务具有无形性、易逝性等特点，使得口碑传播对于服务产品来说更为重要。简言之，积极的口碑不仅对企业形象产生正面影响，而且也会促使顾客产生积极的期望；反之，消极的口碑会对企业形象产生负面的影响，也会促使顾客产生消极的期望。

3. 企业明示的承诺

企业通过广告、宣传、推广等沟通方式向顾客提出的承诺，直接影响顾客心目中理想的服务期望的形成。由于金融企业缺乏有形的产品，顾客依据多种形式的有效信息对服务进行评价。服务越是不明确，顾客就越依赖金融企业作出的明示承诺。在竞争条件下，一家金融企业作出的承诺还可能"迫使"其他同类企业也效仿，因为顾客可能以这家金融企业的服务标准来要求同类的其他企业。由此可见，明确的服务承诺是完全由企业控制的影响顾客期望的因素。

 经典案例 9-5

银行的承诺

某银行在公告栏中承诺：

"办理活期储蓄业务 2 分钟，定期储蓄业务 3 分钟，外汇储蓄业务 5 分钟。"

"每超过 1 分钟赔偿顾客 1 元，扣发出纳员奖金 10 元。"

讨论：

这里的 2 分钟、3 分钟、5 分钟可能成为顾客对储蓄业务的服务期望吗？这家银行的承诺可能形成顾客对其他银行储蓄服务的期望吗？

---

4. 暗示的承诺

企业暗示的承诺，包括服务场所的设施、环境等有形依据，这些都会影响顾客心目中理想的或合格的服务期望的形成。

比如，在服务场景中，环境设计、面积、色彩、气氛及噪声等因素一般会深深作用于顾客的潜意识，并且间接左右顾客对服务的感受和评价。宽敞、整洁、安静的营业环境，先进的设备和有条不紊的工作氛围会使顾客对企业的服务产生一种信任感。这些暗示的服务承诺对于顾客期望产生的影响是不可忽视的。

上述影响顾客期望的各因素中，明示的承诺和暗示的承诺是企业可以直接控制的因素，口碑传播和消费者自身的服务体验是企业可以间接控制的因素。

（三）顾客期望的管理策略

在金融服务营销过程中，可以坚持以下五种管理策略，有效管理顾客期望，赢得更高的顾客满意度。

1. 作出能够兑现的有效承诺

企业必须通过积极的广告宣传和服务承诺来树立良好的企业形象，以提升顾客的期望，刺激顾客的消费欲望。从营销实践来看，将顾客期望控制在一个相对较低的有效水平，企业营销活动的余地会更大。因此，企业的市场沟通要与实际的服务能力匹配，宣传承诺不能过早、过度、模糊、夸大，否则这些外部沟通中不切合实际的承诺，会对顾客产生很大的负面影响。与此同时，金融企业在为顾客提供服务的过程中，要公正、平等，服务过程要诚实、注意礼仪。

2. 促使期望显性化，提高服务的可靠性

在有些情况下，顾客无法清晰地表达自己的期望，但这些模糊期望仍然会对顾客的质量感知产生重要的影响，并直接决定顾客是否满意。实际上，这些模糊期望就是顾客的真实期望，如果金融企业忽视了顾客的这种期望，顾客就会感觉到所接受的服务有所欠缺，并感到不满。因此，对于金融企业而言，运用适当的营销工具和沟通技巧，发现顾客的模糊期望，并促使期望显性化，是有效实施顾客期望管理的前提和基础。与此同时，要保证提供服务的可靠性，确保服务品质稳定在适当的程度上。

3. 对期望进行差别化管理

不同的顾客具有不同的期望和要求，但是企业不可能满足所有顾客的全部期望，这就需要企业进行顾客细分和市场定位，以便识别并差异性地对待这些期望。金融企业应确保满足顾客最基本的期望，在此基础上，努力实现顾客的理想期望，应该使顾客清楚地知道自己的期望是否得到了满足。金融企业应帮助顾客建立现实期望，对于那些因自身需求过高而产生非现实期望的顾客，金融企业没有能力满足他们，可以谢绝与他们进行交易，以免其产生不满并散布不利于企业的言论。

4. 对不利的顾客期望及时加以修正

金融企业的服务人员难免会犯错误，服务系统难免会出现故障，顾客的行为难免会带来麻烦，与顾客的沟通难免会出现失败，顾客也可能会随意更换自己所喜欢的服务内容……所有这些失误都会影响金融企业的服务流程，导致顾客无法得到期望的服务。事实上，服务失误是实践中在所难免的。对金融企业来说，关键是如何采取有效措施，对服务失误进行补救，及时修正不利的顾客期望。在服务出现失误时，基于顾客导向的服务补救措施，关注顾客价值，注重补救效率，着眼于与顾客建立长期的关系，往往能够有效地修正不利的顾客期望。

5. 努力超越顾客期望

超越顾客期望，会给服务企业带来积极的效果，如积极的口碑、顾客忠诚等，并能够使企业的市场份额和服务绩效上升。作为金融服务供应商，应把握平衡，既使顾客感到满意，又不至于使顾客期望过高，这是企业管理者需要认真解决的挑战性问题。

第三节　顾客满意与顾客忠诚

一、顾客满意概述

本章前两节已论述了企业服务质量与顾客期望的相关知识，在此基础上，针对顾客满意与顾客忠诚的研究也成为很多金融机构和营销服务人员的一项重要课题。

（一）顾客满意的定义

顾客满意与顾客满意度的研究始于科特勒（1965）的市场营销研究，之后便得到营销学家和金融机构管理专家的青睐和重视，产生了大量的研究成果，同时也给出了许多不同的概念定义。

其中，比较经典的是菲利普·科特勒给出的定义：顾客满意是指一个人通过对一个产品的可感知效果和他的期望值比较之后，所形成的愉悦或失望的感觉状态。

奥利弗的定义为：顾客满意是指顾客的一种心理状态，顾客根据消费经验所形成的期望与消费经历一致时产生的一种情绪状态，并将顾客满意定义为知觉效用和期望的函数。需要注意的是，顾客满意并非一个绝对的静态变量或指标，而是一个动态的过程，

顾客满意度则是对于顾客满意状态的定量表述，是衡量顾客户满意的量化指标。顾客满意度实际上就是通过一定的手段、方式来测量顾客满意后得到的具有一定意义的结果，这个结果具有可比性，能够使评价主体对于客户的满意程度有直观的认识。

顾客满意度调查近年来在国内外得到了普遍重视，特别是服务性行业的顾客满意度调查已经成为金融机构发现问题、改进服务的重要手段之一。

国内的满意度调查是在最近几年才迅速发展起来的，但已经引起越来越多金融机构的重视。金融业由于客户群庞大，实现一对一的服务几乎不可能，所以通过满意度调查了解客户的需求、金融机构存在的问题以及与竞争对手之间的差异，从而有针对性地改进服务工作，显得尤为重要。

顾客满意度调查的作用是：

（1）掌握满意度现状，帮助金融机构把有限的资源集中到客户最看重的方面，从而达到建立和提升客户忠诚并保留客户的目的。

（2）通过品牌和客户群调研，为分层、分流和差异化服务提供依据，了解并衡量客户需求。

（3）找出服务短板，分析客户价值，实现有限资源优先配给最有价值的客户。

（4）研究服务标准、服务流程及服务传递与客户期望之间的差距，找到客户关注点和服务短板，提出相应改善建议。

（二）顾客满意的理论基础

顾客满意度的理论基础包括以下多种方面：

1. 马斯洛需求理论

马斯洛需求层次理论把人类需求分成生理、安全、社交、尊重和自我实现五类，依次由较低层次到较高层次，如图9-2所示。

生理需求是人类维持自身生存的最基本要求，如果这些需要任何一项得不到满足，人类个人的生理机能就无法正常运转，换而言之，人类的生命就会因此受到威胁。在这个意义上说，生理需求是推动人们行动最首要的动力。马斯洛认为，只有这些最基本的需求满足到维持生存所必需的程度后，其他的需求才能成为新的激励因素，而到了此时，这些已相对满足的需求也就不再成为激励因素了。

图9-2 马斯洛需求层次理论

安全需求包括对人身安全、生活稳定以及免遭痛苦、威胁或疾病等的需求。马斯洛认为，整个有机体是一个追求安全的机制，人的感受器官、效应器官、智能和其他能量主要是寻求安全的工具，甚至可以把科学和人生观都看成是满足安全需要的一部分。和生理需求一样，在安全需求没有得到满足之前，除了生理需求，人们最关心的就是这种需求。当然，当这种需要一旦相对满足后，也就不再成为激励因素了。

社交需求包括对友谊、爱情以及隶属关系的需求。当生理需求和安全需求得到满足后，社交需求就会突显出来了。在马斯洛需求层次中，这一层次是与前面两个需求层次截然不同的另一层次。随着我国经济的快速发展，人民生活水平的提高，这一需求的表现越来越明显。

尊重需求既包括对成就或自我价值的个人感觉，也包括他人对自己的认可与尊重。有尊重需求的人希望别人按照他们的实际形象来接受他们，并认为他们有能力，他们关心的是成就、名声、地位和晋升机会。这是由于别人认识到他们的才能而得到的。当他们得到这些时，不仅赢得了人们的尊重，同时就其内心因对自己价值的满足而充满自信。马斯洛认为，尊重需求得到满足，能使人对自己充满信心，对社会满腔热情，体验到自己活着的用处和价值。

自我实现需求是最高层次的需要，是指实现个人理想、抱负，发挥个人的能力到最大程度。达到自我实现境界的人，接受自己也接受他人，解决问题能力增强，自觉性提高，善于独立处事，要求不受打扰地独处，完成与自己的能力相称的一切事情的需要。也就是说，人必须干称职的工作，这样才会使他们感到最大的快乐。马斯洛提出，为满足自我实现需求所采取的途径是因人而异的。自我实现需求让人努力实现自己的潜力，使自己越来越成为自己所期望的人。

2. 刺激—反应理论

刺激—反应理论是行为主义的主要理论，它是从个体与刺激物的关系来研究个体行为，认为行为是个体对刺激的反应，影响个体行为的关键因素是相关的外部刺激因素。行为主义者的代表性人物约翰·沃森认为，心理学不应研究意识，只应研究行为。

与弗洛伊德强调个体内在冲动不同的是，行为主义者重视外在因素。行为主义者把"诸如感觉、认知、意向、欲望、目的，甚至思想与感情等一切主观定义的词汇都从科学词典中剔除了出去"。在行为主义者看来，行为就是有机体用以适应环境变化的各种身体反应的组合。简单的反应如肌肉收缩和腺体分泌，复杂的反应如吃饭、游泳、谈话、学习等，且复杂的反应是由肌肉收缩和腺体分泌等简单反应构成的。行为主义者特别强调个体刺激—反应的学习过程，并将其视为对人类行为的主要解释。

行为主义者的刺激—反应理论的实践含义是：环境完全决定了个体行为，人是灵活、完全可塑的。只要给定一个培养成长的环境，向任意方向塑造个体行为的可能性是无穷无尽的。美国心理学家罗伯特·伍德沃思对行为主义的刺激—反应理论进行了修正，提出了刺激—机体—反应行为模型。伍德沃思主张应研究个体行为的全部活动，包括意识和行为两个方面。在具体研究中，必须从研究刺激与反应的性质开始，也就是必须从客观的外界事物开始。对此研究还不够，在刺激和反应之间还存在有机体的作用，包括有机体本身及其能量和经验等。根据伍德沃思的行为模型，刺激作用于有机体产生相应的反应；相应地，作为结果而产生的反应既取决于刺激，又取决于有机体。他认为，人的活动包括驱动力和机制两个方面，驱动力发动机制，机制可以转换为驱动力，两者相结合才能完整说明有机体的行为。伍德沃思的行为模型引起了人们对个体黑箱过程（行为内部原因）的关注和重视，这对理解消费者行为提供了新的启示。

在刺激—机体—反应理论基础上，科特勒进一步发展了客户购买行为模型，揭示客户购买行为也是一个刺激—机体—反应的过程，如图9-3所示。在购买过程中，客户受到来自金融机构营销因素和外部环境因素的刺激。面对刺激，客户会因为个体特征的不同而出现黑箱效应。这种黑箱效应往往与两大因素相关：客户特征和决策过程。这两类因素的作用机理无从知晓（故称之为黑箱），但最终结果（客户反应）是可以了解的，即客户对这些信息做出个性化的处理，最后产生有关的抉择反应（认知、情感和行为反应），做出具体的购买决策。

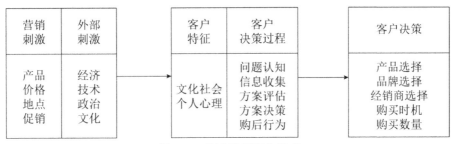

图9-3　客户购买行为模式

3. 态度—情境—行为理论

德裔美国著名社会心理学家库尔特·勒温在大量试验的基础上提出了勒温行为模型，即内在因素—外部环境模型。勒温通过区分内在因素和外部环境以表示诸多因素对个体行为的方式、强度、趋势等的影响。在勒温的内在因素—外部环境行为理论基础上，瓜尼亚塔、斯特恩和迪茨进一步提出了预测环境行为的态度—情境—行为理论，如图9-4所示。当个体有积极的环境态度，同时对外部情境有利时，个体会产生积极的环境行为，即图中虚线右上侧部分；反之，当个体有消极的环境态度，同时外部情境不利时，个体会产生消极的环境行为，即图中虚线左下侧部分。当环境态度与外部条件的方向不一致时，环境行为则取决于两者的影响效应比较。

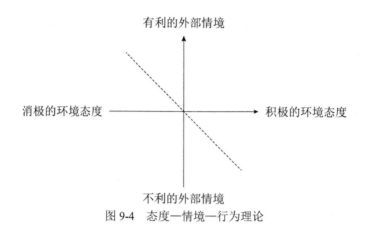

图 9-4 态度—情境—行为理论

态度—情境—行为理论认为，个体行为是个体的环境态度变量和外部情境因素相互作用的结果。当情境因素的影响中性时，态度和行为的关系最强；当情境因素极为有利或极为不利时，可能会大大促进或阻止行为的发生，此时态度对行为的影响会接近于零。这意味着，如果情境因素不利行为，如要支付更高成本、花费更多时间，行为对态度的依赖性就会显著变弱，对情境的依赖性则会显著增强。

4. 理性行为理论

理性行为理论是美国学者菲什拜因和阿耶兹于 1975 年提出的，主要关注基于认知信息的态度形成过程，以及态度如何有意识地影响个体行为。理性行为研究模型如图 9-5 所示。

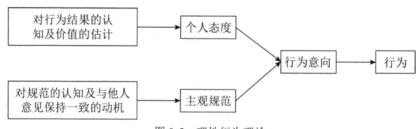

图 9-5 理性行为理论

理性行为理论的基本假设是：人是理性的，在做出某一行为前会综合各种信息来考虑自身行为的意义和后果。在这一假设前提下，菲什拜因和阿耶兹认为，行为的产生直接取决于个体执行特定行为意向。行为意向是个体想要采取某一特定行为的倾向，它反映个体愿意付出多大努力、花费多少代价去执行特定行为。行为意向是任何行为表现的必经过程，所有可能影响行为的因素都通过行为意向来间接影响行为。阿耶兹证明了个体行为意向和实际行为之间存在高度的相关性：个体的行为意向越强，采取行为的可能性就越大；反之采取行为的可能性就越小。

行为意向是个人态度、主观规范两大因素共同作用的结果。行为意向的第一个决定因素是个体对行为的态度。态度是个体对特定对象反映出来的持续的喜欢或不喜欢的心理体验，是个体对实行特定行为的正向或负面的评价。态度的形成可从个体对实行特定行为结果的显著信念和对结果的评价两个层面解释。

行为意向的第二个决定因素是主观规范或社会态度。它是个体对身边重要的人或组织对其执行或不执行特定行为所产生压力的感知，主要指影响个体行为意向的社会因素，如法律法规、市场制度、组织制度等。主观规范的形成取决于规范信念和依从此普遍性社会压力的依从动机。规范信念是个体感知到重要的人对个体执行特定行为的期望程度或特定制度对个体特定行为的约束程度；依从动机是个体对这些观点或制度的遵从程度。

理性行为理论是一个通用模型，是影响范围最为广泛的理论之一。它认为任何因素只能通过个人态度和主观规范来间接地影响行为，这使得人们对理性行为产生了清晰的认识。一些研究也证实理性行为理论可以有效地预测很多领域的行为意向与实际行动，不但可以有效预测一般的社会活动，如参加体育活动，还可以有效预测消费活动，如使用优惠券、产品购买等。

5. 人际行为理论

态度—情境—行为理论忽视了行为的一个关键性社会心理因素，即习惯的作用。特里安迪斯意识到社会因素和情感因素在意向形成中的关键作用，强调了先前行为或习惯对调节当前行为的重要性。基于这些观察，特里安迪斯提出了人际行为理论，如图9-6所示。

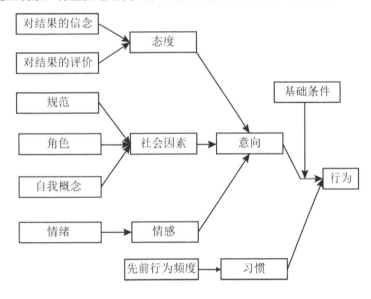

图 9-6　人际行为理论

和理性行为理论一致，在人际行为理论中，意向也是行为的直接前提条件。不同的是，人际行为理论吸收了学者们对理性行为理论的一些评论，并在此基础上进行了发展。根据人际行为理论，意向的形成有三个显著性条件：态度或对期望结果的感知价值、社会因素、情感因素或情绪反应。其中，社会因素包括规范、角色和自我概念：规范是关于什么该做、什么不该做的社会规则；角色是特定个体情境里采取的被认为是适宜的一系列行为；自我概念是对自我应追求和参与什么活动的自我评估。对决策或决策形势的情感反应被认为是不同于对结果的理性工具评价，且可能包括不同强度的积极和消极的情绪反应。情感对决策制定来说或多或少地属于无意识的投入，被特定情境下的本能行为反应所控制。

人际行为理论考虑了更复杂的习惯（先前行为的频率）对调节当前行为的重要性。根据人际行为理论，习惯越强，人们对这种特定行为的思考越少。当然，无论是意向还是习惯因素，都受到基础条件或外部因素的调节。

人际行为理论是一个多角度联合使用内、外部因素预测行为的整合理论。根据人际行为理论，行为既不是完全经慎重考虑的，也不是完全自动生成的；既不是独立的，也不是社会性的，他们受到普遍信仰的影响，但这种影响又受到情绪内因和认知约束的调节。

人际行为理论考虑了行为改变的内外部因素，也注意到习惯与规律在行为行程中的重要作用，因而相对来说更适用于解释习惯化、日常化的行为。

（三）顾客满意度指标体系

对顾客满意度衡量指标逐级展开，则会形成一个多层次、多维度的测评指标体系。该指标体系分为三个层次，相应的指标也分为三级，具体如图9-7所示。

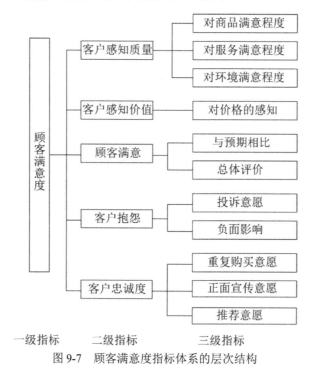

图9-7 顾客满意度指标体系的层次结构

（1）顾客满意度是总的测评目标，为一级指标，即第一层。

（2）驱动模型中的五个潜变量：客户感知质量、客户感知价值、顾客满意、客户抱怨和客户忠诚度构成二级指标，即第二层次。

（3）根据一些学者对客户满意度的研究，并结合客户满意的特点对二级指标进行展开，其中客户感知质量分为客户对商品、服务、环境满意程度；客户感知价值指对在价格方面的感知；顾客满意指顾客在购买使用服务产品过程中及使用一段时间后形成的最终满意程度，可分为总体满意度、实际感受同预期水平相比后的顾客满意度等；客户抱怨可以分为客户的投诉意愿和负面口碑宣传；客户忠诚度可以分为重复购买意愿和向亲友正面宣传意愿、推荐意愿。二级指标展开构成三级指标，即第三层。

引用前文中科特勒对于客户满意度的定义，认为客户满意"是指一个人通过对一个产品的可感知效果与他的期望值相比较后，所形成的愉悦或失望的感觉状态"。阿塞尔也认为，当商品的实际消费效果达到客户的预期时，就导致了满意，否则会导致客户不满意。如果效果低于期望，客户就会不满意；如果可感知效果与期望相匹配，客户就满意；如果可感知效果超过期望，客户就会高度满意、高兴或欣喜。根据客户在享受产品和服务的过程中，按照客户满意度模型将其划分为不同的状态。

我们可以看出顾客满意度与客户对服务的期望值是紧密相联的。金融机构需要站在客户的角度，不断地通过感知服务质量的五个评价维度来衡量自己所提供的服务。只有金融机构所提供的服务超出客户的期望值时，金融机构才能获得持久的竞争优势。

二、顾客忠诚概述

对金融企业而言，服务营销管理的成功不仅仅是统计意义上的市场占有率等，更应该体现在忠诚客户的数量和质量。

对于顾客忠诚的认识，经历了一个发展过程，对顾客忠诚的理解从行为忠诚到复合忠诚，从单一维度到多维度认识的过程。其中，比较有代表性是理查德·奥利弗提出的"认知—情感—意向"模式的顾客忠诚内涵。该模式认为，顾客忠诚是在未来持续重复购买某一偏好产品或服务的深度承诺，同时出于情感上的偏好，也会主动向他人推荐顾客忠诚，同时导致对价格敏感度下降，即使出现瑕疵或适度涨价情况，仍坚持选择该产品或服务。随后，他将顾客忠诚区分为认知忠诚、情感忠诚、意向忠诚和行为忠诚四个先后有序的发展阶段。

根据顾客在服务消费过程过程中的态度和行为，可以将顾客忠诚划分为态度忠诚和行为忠诚两类：态度忠诚是指顾客对金融企业及服务产品具有积极情感，反映顾客对服务产品具有高水平的依恋；行为忠诚是指顾客对金融企业及服务产品进行不断的重复购买，与企业建立长期的互动关系。根据顾客的态度忠诚和行为忠诚指标，可以将顾客忠诚划分为四种类型：绝对忠诚、惯性忠诚、潜在忠诚、非忠诚，如图9-8所示。

图 9-8　顾客忠诚的类型

面对激烈的服务市场竞争，金融企业都竭尽全力将潜在顾客或现实顾客转化为能够重复购买且具有积极情感的忠诚顾客。没有顾客满意，就不会有真正的顾客忠诚，顾客满意是构建顾客忠诚的基础。因此，金融企业在服务营销活动中投入大量的资源追踪和测量顾客满意度，希望基于顾客满意，实现顾客忠诚。

三、基于顾客满意的顾客忠诚构建

按照上文中顾客满意度划分指标体系的层次结构，提升客户满意度的实践可以从针对不满意的客户及满意的客户需要采取不同的措施出发。

（一）正确对待客户不满

在我们的日常生活中，经常会听到周围人的抱怨，我们作为客户时也会有抱怨，如价格高、服务差、质量不可靠等。客户的抱怨是客户不满意的一种表现，而金融机构只有重视客户满意、实施客户管理，才能创造更多的客户价值，获得立足市场的资本。经调查发现：服务不能令客户满意，会造成90%的客户离去，客户问题得不到解决会造成89%的客户流失，而一个不满意客户往往平均会向9个人叙述不愉快的被服务经历。客户是金融机构生存之本、利润之源，企业对于不满意的客户更应该重视，他们表现不满给了金融企业与客户深入沟通、建立客户忠诚的机会。

1. 坚持客户至上的理念

金融企业应当认识到客户是金融机构生存、发展的基础，是金融企业利润的来源。只有尊重客户、服务客户，金融企业才能稳定地发展。认识到客户不满意对金融企业来说并非坏事，客户对金融企业的认识是一步一步进行的，客户的不满意给了金融企业与客户进一步沟通的机会，处理好客户的不满更有利于加强客户对金融企业的忠诚度。因此，金融企业应对这种隐性不满多加注意，这就对营销服务人员的观察、感知客户表情、神态、行为举止的能力提出更高的要求，做到未雨绸缪，倾听、安抚客户不满的心理。当客户表现出不满意时，金融企业应该去迅速了解客户的不满，这就要求营销人员学会倾听、安抚和平息客户怒火的技巧，确认自己的理解是否与客户所说的一致，并站在客户的立场上替客户考虑，不可心存偏见。

金融企业在处理客户的不满时，要判断出客户不满意的善恶之分，并结合实际情况进行具体处理。面对恶意不满要迅速了解情况，控制局面，拿出应对措施，防止节外生枝；而对善意不满则要多加安抚，赠送礼物，提供更优质的服务来留住客户。

对于客户提出的不满处理不当，就有可能小事变大，甚至殃及金融企业的生存；处理得当，客户的不满则会变成美满。忽视客户的不满意会给金融企业带来沉重的打击。树立"不满意"公关意识，有助于金融机构及时做好准备，采取有效的策略化解客户的不满意，金融企业只有树立了全员"不满意危机公关"意识，认识到对客户"不满意"处理不当可能会给金融企业造成的危害，金融企业的工作人员才不会置客户投诉而不理，或相互推诿，而是以一种积极的心态去处理客户的不满意，直至客户满意。

2. 建立客户反馈信息平台

金融企业对客户投诉的态度是影响客户满意度的一个重要因素。首先，建立客户投诉渠道并保障客户投诉渠道的畅通，方便客户投诉；其次，及时、友善、快捷地为客户处理产品问题并解释其原因；最后，跟踪问题产品和客户满意状况，防止客户满意恶化。

同时，在整个处理过程中，保持尊重和歉意很重要，它能赢得客户的尊重和客户的忠诚回报。所以，金融企业应重视客户投诉，降低客户抱怨频度，建立客户反馈信息的长效机制。通过信息反馈机制，可以金融企业可以推动客户与生产商、销售商进行交流，又可以增加客户获取产品及服务信息的途径；金融企业可以及时了解客户对金融机构满意的程度，以及对金融企业的意见；金融企业还可以利用这种沟通的方式掌握客户的相关信息，形成客户数据库，以针对其特点更好地开展业务。

不掩盖任何客户投诉所反映的问题，金融企业需要对营销服务人员有严格的行为规范，同时营销服务人员也需要对自己有更加严格的要求。只要金融企业时刻为客户着想，客户一定会感到很舒服。在竞争日益激烈的时代，客户体验将成为制胜的关键。经常举行客观的客户满意度调查，了解客户的心声，在产品、服务、客户沟通等方面的不足，并根据这些调查，在客户不满意的方面或者客户满意度下降的几个方面下大力气进行改进，以便得到这些方面得到明显的提升。

（二）维系顾客满意状态

1. 保持与满意客户的良好沟通

金融企业要时时跟踪客户需求变化动态，准确地识别客户的关键需求变化，准确地识别客户的关键需求和预测客户需求的可能变化，在满足客户对产品的本质需求的基础上，尽可能最大限度地满足客户对产品的表层需求。产品和服务永远要超前于客户对它预期。一方面，应把产品与服务标准提高到客户现有预期之上，使客户不仅仅是满意；另一方面，要在客户预期之前就引入新的服务形式，积极主动为客户服务，不仅向客户提供他们想要的东西，而且要提供连他们自己都没有意识到会喜欢的东西。

建立详细的客户档案。现代营销非常强调这一点，关系营销的基础是要建立客户档案，并建立有效的沟通机制。客户档案所记录的信息，需要保持全面、有效，并且及时更新。在新的产品上市之前或是核心产品发生改变时，要请客户进行体验，经常性的沟通对于产品和服务的改善会有很大的帮助。同时，建立客户档案可以让客户感到一种被重视的感觉，会更增加客户对金融机构的满意程度。

2. 强化情感作用

金融企业不仅要考虑到客户互动中的基本因素，还要考虑传递给客户的微妙信息，这些信息使他们对公司产生了正面或者负面的感情。真正忠诚的客户能感受到他们与企业之间的情感联系，但能使一个客户满意的东西，未必会使另一个客户满意；能使客户在一种情况中满意的东西，在另一种情况中未必能使其感到满意。因此公司和它的员工应对不同的客户群体在各种情况下的满意状况的影响因素有一个非常好的了解。影响客户满意的因素将从核心产品和服务逐步深入到互动和情感因素上，而且越来越重要。同时在这个过程中，企业为客户增加的价值也越来越多。因此，在客户满意度的影响因素中，在情感因素与客户互动层次上才更能使体现金融企业的竞争优势，也才能赢得高度满意的客户。

一个优秀理财规划师客户服务的真实回顾

吴女士是一家综合金融规划机构的首席理财规划师，从事这份工作已有十几年的时间，所涉及的客户服务项目多元化，她借助市场上的产品工具帮助客户做完善的理财规划。在她看来，理财规划是对生活的打理，而非仅仅对钱财的打理，理财是透过规划和工具实现生活中各个阶段的生活目标。理财规划是对财富的管理，实现平衡、富足，且没有遗憾的人生。

在从业的这些年里，吴女士一共服务了近 400 个家庭，1000 人以上，并为多家大型公司和单位员工做过保险规划和相关的服务，客户黏合度和信任度好，客户满意度极高。

吴女士的客户服务系统较为完善，并仍在持续维护和改善中。

那她是怎么做的呢？

一、日常服务

（1）吴女士为她所有的客户建立客户档案，记录详细的联系信息、生日信息、爱好信息、服务频次及服务内容的信息。客户生日来临之前，她都会送上真挚的祝福。

（2）针对当前的热点财经资讯，她会通过微信及邮件的方式发送给有对应需求的客户。专业的理财杂志会以邮寄的方式每月递出。

（3）逢年过节，会有针对性地送上节日问候，或礼物，或电话，或拜访。

二、专业服务

1. 帮助客户做专业化的规划建议

吴女士对于自己的专业度提升非常关注，经常参加各种类型的培训，接触国内外的相关资讯，以求能够给客户更加专业的服务。

对于客户的理财规划，吴女士会通过面谈记录详细的信息，形成档案。同时会根据客户的生活目标及当前的财富状况进行专业规划，运用多种专业工具和思维理念，帮助客户建立现金流账户、保障账户、储蓄账户和投资账户，以求达到更加优化的服务。

2. 专业化的售后服务

吴女士对于自己的要求是帮助客户建立终身的规划，会根据客户工作、家庭等状况的变化，进行调整。在保险方面，会对各方面的信息加以维护和变更，保障账户金额领取，在出现事故的情况下第一时间协助理赔等；在投资方面，向客户说明清楚投资的风险收益关系，帮助客户分析当前的形势和市场上产品的优劣性，协助追踪产品动态，更大程度上保障客户的利益。

3. 附加值服务

在吴女士的服务体系中，除了日常服务和专业服务外，还有专门针对有更多需求的客户服务内容：针对高净值客户的财富传承计划方案、针对有宝贝家庭的亲子交流活动和孩子的财商教育计划、针对女性的独立性资产安排课堂、针对企业员工的高端医疗服务课堂、针对关注健康和养生客户的健康讲堂服务等。

讨论：

1. 在吴女士的服务中，哪些是前文知识点的体现？

2. 在吴女士的服务中，有哪些方面值得借鉴？

3. 如果你是吴女士，你还会有哪些其他客户服务方面的具体事务？

第四节　顾客关系营销

一、关系营销

关系营销是指企业着眼于长远利益，通过互利交换和共同履行诺言，建立、保持并加强与客户之间的关系，以使关系各方都实现各自的目的。关系营销是把营销活动看成是一个企业与消费者、供应商、分销商、竞争者、政府机构及其他公众发生互动作用的过程，其核心是建立和发展与这些公众的良好关系。

目前，关系营销理论研究和实践，已从单纯的客户关系扩展到了企业与供应商、中间商、竞争者、政府、社区等关系。关系营销涉及的市场范围也从消费者市场扩展到了供应商市场、内部市场、竞争者市场、分销商市场、影响者市场、招聘市场等，从而大大扩展了传统关系营销的含义和范围。

关系营销是长期导向，并建立在相互信任的基础上，其结果是关系双方的"双赢"。关系的维系与发展则有赖于不断地承诺和给予对方高质量的产品、优质的服务和卓越的价值。

二、金融服务关系营销的层次

金融企业为了培养与客户的长期关系，在关系营销方式、应用范围和类型上会有所不同，主要可以分为三个层级：一级关系营销、二级关系营销和三级关系营销。三个层级的关系营销依次加大了企业为维护与客户关系的投入，并且也是一层比一层递进，且更为有效。三者之间并不互斥，企业可以根据自身的资源和市场特点采用适当的关系营销方式。

（1）一级关系营销，是与客户建立财务性联系，赢得了客户的信任和认可。

（2）二级关系营销，主要是进行社会性联系，比一级关系营销优越。二级关系营销强调个性化服务，把潜在客户、新客户变成关系客户。它并不放弃财务因素的重要性，而是在财务联系基础上寻求与客户建立社会性的联系。二级关系营销强调要了解客户的想法和需要，注意客户的细节。

（3）三级关系营销，通过结构性、系统性的联系来巩固与客户的关系，比上述一级、二级关系营销在营销范围和使用资源上提高了一个层次。所谓结构性、系统性是指企业的产品和服务经常被设计成一个价值的传递系统，而不仅仅依靠个人与客户建立关系的行为。如果三级关系营销实施得好，将会增加客户转向竞争者的机会成本。

三、关系营销的类型及其选择

（一）关系营销的类型

按照企业与客户关系的水平，关系营销可以分为五种类型，分别为：基本关系营销、被动式关系营销、负责式关系营销、主动式关系营销、伙伴式关系营销，其基本特征如表9-4所示。

表9-4　关系营销的类型及其基本特征

类　型	基　本　特　征
基本关系营销	企业只是简单地出售产品
被动式关系营销	企业出售产品，并鼓励顾客如有什么问题、建议或不满意就联系企业
负责式关系营销	企业在售后不久就联系顾客，以了解产品是否与客户的期望相吻合，服务营销从业人员还从客户那里征集各种有关改进产品和服务的建议及任何不足之处
主动式关系营销	企业经常与客户联系，讨论有关改进产品用途或开发新产品的各种建议
伙伴式关系营销	企业与客户一起找出影响客户的服务方式或者帮助客户更好地行动

（二）关系营销的选择

在明确了上述五种客户类型的基础上，企业可以根据其客户或分销商数量的多少、产品或服务边际利润水平的高低来选择关系营销的类型，如图9-9所示。

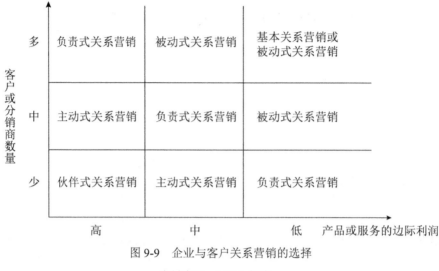

图9-9 企业与客户关系营销的选择

资料来源：MBA智库。

如果企业拥有为数众多的客户，并且其产品或服务的边际利润比较低时，适合的关系营销层次就是基本营销。比如，可口可乐公司并不想给每一位购买其饮料的客户打电话向其表示感谢，其至多对客户的问题作出解答。

如果企业的客户很少且产品或服务的边际利润也很高时，企业就应该采取伙伴型营销来维护和发展其与客户的关系。如波音公司生产特殊产品和大型产品的企业就需要与其客户保持紧密的合作关系，按照客户的需求来设计和生产，以满足其特殊的需求。

在这两者之间的其他情况，则适用其他几个类型的关系营销。

第五节　服务中的冲突与补救

一、真实瞬间理论

真实瞬间的概念是针对服务的特殊性提出的。服务的生产和消费是一个不可分割的过程，可以将这个过程看作是由服务提供者和客户相互作用的诸多时间点构成的，就像一条线由很多点组成一样。

在这一个个时间点，服务提供者与客户发生联系，并完成服务产品的一部分生产和消费，这样的点被称为服务营销过程的真实瞬间。在实际的营销操作中，金融企业可以对各种服务过程进行拆解，拆解成很多真实瞬间，并抓住主要的真实瞬间来进行考察，从而更有针对性地开展管理和协调工作。

金融行业本身所具有的专业性、技术性，对服务人员的业务素质和沟通能力都提出了较高的要求，每个客户对于自身财富安全和资金保值增值的要求使得金融服务的难度加大，每一次服务接触以及金融服务的每一个真实瞬间都成为服务营销中非常重要的环节。从服务的全流程看，可以将金融服务的全过程分为金融服务的介入、金融服务的交付、金融服务的完成和金融服务的延伸几个阶段，每个阶段中都可以仔细分析、筛选，确定影响最大的真实瞬间，并不断进行改进和完善。

通过对真实瞬间进行针对性的研究，一旦发现了问题产生的根本原因，金融企业的管理决策层就应该提出一些解决方案，并努力保证解决问题的效率。筛选解决方案时要具有系统性，须本着以企业自身实际和营销环境状况出发的原则，制定切实可行的方案。

真实瞬间的管理，不是一次事件、一个解决方案，而是一个不断循环、不断完善的管理过程。换言之，金融企业在经营过程中，要不断地进行真实瞬间的确定和研究，要将这个管理程序作为常规性工作严格要求和执行。

二、零缺陷理论

零缺陷理论于 20 世纪 70 年代末提出，经过不断完善，成为品质管理的经典理论，被许多世界级大企业推崇，成为企业创造质量奇迹、迅速发展壮大的强劲推动力。零缺陷理论的核心为：第一次就把事情做对。将零缺陷理论用于金融服务管理，对金融服务营销有着重要的意义。

零缺陷理论对品质管理的基本认识包括以下几个方面：

（1）品质就是符合要求。零缺陷理论认为，品质不可以加入主观色彩，因为对于品质的要求是客观存在的，符合要求就是要具备有品质的产品和服务。

（2）产生品质的前提是预防而不是检验。预防是从设计源头发现和解决问题，检验只能发现问题造成的结果，只注重检验，不注重预防会对品质成本及顾客满意等各个方面造成某些不可挽回的损失，因为检验时缺陷已经产生了，并且部分缺陷还会被遗漏，预防是防患于未然，因而比较经济。

（3）工作标准必须是零缺陷。这一要求的含义是每一时间、每一个作业都需要满足工作过程的全部要求，而不是在某些方面满足要求。

（4）品质是用缺陷造成的金钱损失来衡量的。零缺陷理论认为，用缺陷造成的金钱损失来衡量品质比用不良数据来衡量品质更能引起高层的重视，进而采取行动。

金融服务营销管理运用零缺陷理论，首先可从源头树立"零缺陷"的理念，从金融服务技术质量控制和过程质量控制两方面入手，制定金融服务提供过程的规范，真正从源头控制质量。金融企业需要认识到，提供可靠的服务是所有服务策略的基础。为了贯彻良好的服务意识，金融企业应在企业内部形成一种"零缺陷"文化，将服务失误降到最低。在"零缺陷"文化下，员工都认识到提供可靠服务的重要性，促使服务人员时刻为每一位客户提供优质的服务，力争让每位顾客满意。

三、服务失误与补救

顾客满意是服务营销成功的基础。然而，无论金融企业如何努力，都不可避免地在服务过程中出现服务失误。服务失误不仅给客户造成了影响，由此导致客户抱怨、客户流失，甚至客户通过消费者权益组织或法律渠道进行投诉或诉讼，也必然对企业的经营和发展造成不良影响。

在金融服务中，由于金融服务专业性较强，且易受经济发展及环境的众多不确定因素的共同影响，产生失误的可能性更大，可以说，有金融服务的地方就必然会有失误发生。因此，正确对待服务失误是很重要的工作内容。

造成服务失误的原因非常复杂，既有金融服务提供者的原因，也有客户自身的原因，还有随机因素的影响。服务失误的后果包括两种，一种是显性的，即客户流失；另一种是隐性的，即在不满意的客户中"坏口碑"的形成和传播。无论哪一种后果，最终都会严重损害企业利益。因此，提高服务失误补救水平，是保持客户满意和优化企业形象的一个非常重要的手段。

（一）金融服务补救的重要性

"服务补救"最早是 1980 年英国航空公司在"把客户放在首要位置"的活动中提出来的。帕拉素拉曼等（1998）认为，服务补救是企业在可能或者已经出现服务失误的情况下，对客户抱怨立即做出的预警性或补救性反应，目的是通过这种反应来重新建立顾客满意和顾客忠诚。

从学者对服务补救的定义看，金融服务补救是金融服务企业在出现服务失误的情况下，对客户不满和抱怨当即做出的补救性反应，其目的是通过这种反应，将服务失误给客户感知服务质量、客户满意和员工满意带来的负面影响降到最低。

国外研究表明，虽然服务不可以重新生产，但恰当、及时和准确的服务补救可以缓解客户的不满情绪，部分恢复顾客满意和顾客忠诚，而且在极个别情况下，甚至可以大幅度提升客户满意和忠诚。也就是说，经历服务失误的客户，如果对企业努力做出的服务补救感到满意，那么他们将比那些问题未得到解决的客户更加忠诚。

有效的服务补救策略，其潜在好处是多方面的，它不仅能提高顾客满意，消除客户不满，还能够使金融企业积累更多的处理危机的经验和改善服务的信息，在总结服务补救经验的基础上，通过调整服务过程、系统和产品，降低再次失误的概率，提高客户的初始满意度。

如果企业对服务失误没有实施服务补救或没有采取有效的服务补救策略，会产生严重的后果：除了可能造成客户流失之外，更有可能导致客户由于不满而形成"坏口碑"。一项调查表明，当企业出现服务失误导致客户不满后，不满意的客户将向 9~10 人讲述他们遭遇的不好的服务经历，而这 9~10 个人又会向另外的 9~10 人传播对企业不利的消息，这是一个几何级数的变动过程，最终结果是企业形象受到严重损害。与此同时，如果金融企业反复出现服务失误却不实施有效的服务补救策略，会造成员工不满，打击员工士气甚至失去员工，从而使金融企业付出很大的代价。

因此，既然服务失误无法避免，那么重视服务补救应成为金融企业一项重要的、长期不容忽视的问题。

加拿大丰业银行的服务补救

加拿大丰业银行拥有自己的服务补救数据库，通过这个数据库提供的信息可以了解最容易发生服务失误的环节，并且银行可以根据客户的信用记录在服务过程中采取不同的服务方式。银行要求一旦发生服务失误，前台员工要立即采取行动，并向客户阐明解决问题需要经过的程序，让客户及时了解问题解决的进度。当问题不能当场解决时，员工要告诉客户银行将计划采取何种行动，表明银行正在进行的措施，同时，要把问题解决的进度及时告诉客户，以减轻客户的心理成本；然后通过深入调查的形式了解服务补救的效果以及服务失误发生的原因，为改进工作提供依据。在补救完成后，会更新完善服务补救数据库资料，保证客户信息和服务补救信息及时更新，帮助银行更好地预测潜在的服务失误。

在服务补救的过程中，加拿大丰业银行对员工仪容仪表、服务用语、环境状况和设备设施等都明确了统一的标准。服务补救的理念在银行中得到了共同的重视。

（二）金融服务补救策略

越来越多的金融企业意识到对不满意客户提供完美的服务补救的重要性，优秀的服务补救需要企业注重在服务过程中将各种各样的策略加以综合运用。通常来说，金融服务企业可以从以下方面制定服务补救策略。

1. 避免服务失误，争取"零缺陷"

虽然常说"亡羊补牢，未为晚也"，即在出现服务失误时，采取有效的补救措施可以降低服务失误对顾客感知服务质量、顾客满意和员工满意带来的负面影响，但在服务中争取"一次成功""零缺陷"是所有行业企业不懈追求的目标，也是服务质量重要的量度标准。因此，企业需要重视对"零缺陷"管理，努力减少或者避免因为员工失误或是不负责任的工作所造成的服务失误，尤其是严重的服务失误。

2. 处理好客户抱怨，建立弹性的补救机制

由于服务失误在所难免，金融服务企业必须正确面对服务的"二次成功"，处理好客户的抱怨。金融企业可以引导客户表达不满并设立有效的投诉、抱怨传递渠道，建立专门的机构来管理这些投诉和抱怨。

要重视客户的问题，快速采取行动，畅通投诉渠道，及时处理客户投诉，倾听并主动征求客户意见和建议，通过满意调查、重大事件研究和客户流失研究等主动查找潜在的服务失误。同时，金融企业可以建立一定的授权机制，鼓励灵活解决客户问题。

以往金融服务企业的补偿方式包括给予折扣、退款和道歉等，这些往往是站在企业本身的角度来解决补偿的方式，对于在何种情况下要采取何种补偿形式，并没有统一的标准，企业应该基于每一次服务失误的经验，建立弹性的服务失误处理机制，更好地应对各种服务失误的发生。

3. 从补救经历中吸取经验教训，改进产品和服务质量

处理客户抱怨的过程不仅是弥补服务漏洞、增强与客户联系的良机，同时也是一种有助于改进客户服务的有价值的信息来源。通过追踪服务补救的过程，金融服务企业可以充分识别问题的

来源，进行过程改造，避免下一次发生同样的问题。

此外，为了避免未来发生同样的服务失误和损失更多的客户，金融服务企业要更多地了解客户流失的原因，作为有效服务补救策略的重要部分。

总之，在金融服务中，失误和冲突在所难免，而且金融行业具有的特殊性，可能会放大这种失误和冲突，因此，重视并掌握服务补救基本理论并将其有效地运用于金融服务实践十分必要。

【本章小结】

1. 服务质量是针对客户而言的，是对客户期望的满足程度。服务质量既是现实，也是感觉，是一种现实与感觉的混合体。在服务柜台前实际发生的，以及客户根据自己的事前期望对柜台前所发生的事情的感觉，这二者构成了服务质量。

2. 客户认可的服务存在五个方面的维度，都很重要，且相互糅合。改善服务是一件非常人性化的事业。优质服务五个维度中的三项（敏感性、可信性和可亲性）直接来自于人的行动，第四项（可靠性）往往取决于人的行动，第五项（可见性）也是与人的行动相关的，因为服务提供者的外表能够影响客户对于服务的印象，从而构成服务质量的一部分。

3. 导致服务质量缺陷的4种差异是：

差距1：管理层对客户期望的判断不符合实际情况。

差距2：管理层对服务的规范不符合管理层对于客户期望的判断。

差距3：实际提供的服务不符合管理层对服务的规范。

差距4：实际提供的服务与公司对外宣称要提供的服务不一致。

这4种差距或者单独地，或者以不同的组合方式集体导致了第5种差距：客户对服务的期望和客户对服务的实际感受之间的差距。

4. 顾客满意是指一个人通过对一个产品的可感知效果和他的期望值比较之后，所形成的愉悦或失望的感觉状态。客户满意度则是对于客户满意状态的定量表述，是衡量客户满意度的量化指标。

5. 顾客忠诚是顾客在未来持续重复购买某一偏好产品或服务的深度承诺，同时出于情感上的偏好，主动向他人推荐。顾客忠诚也会导致对价格敏感度下降，即使出现瑕疵或适度涨价情况，仍坚持选择该产品或服务。

6. 关系营销是指企业着眼于长远利益，通过互利交换和共同履行诺言，建立、保持并加强与客户之间的关系，以使关系各方都实现各自目的。关系营销是把营销活动看成是一个企业与消费者、供应商、分销商、竞争者、政府机构及其他公众发生互动作用的过程，其核心是建立和发展与这些公众的良好关系。

7. 真实瞬间理论认为，服务的生产和消费是一个不可分割的过程，可以将这个过程看作是由服务提供者和客户相互作用的诸多时间点构成的，就像一条线由很多点组成一样。在这一个个时间点，服务提供者与客户发生联系，并完成服务产品的一部分生产和消费，这样的点被称为服务营销过程的真实瞬间。

8. 零缺陷的核心是"第一次就把事情做对"。

9. 服务补救是企业在可能或者已经出现服务失误的情况下，对客户抱怨立即做出的预警性或补救性反应，目的是通过这种反应来重新建立顾客满意和顾客忠诚。

【重要术语和概念】

服务质量　可靠性　响应性　可信性　可亲性　可见性　顾客满意　顾客满意度　顾客忠诚　客户关系营销　真实瞬间　零缺陷管理　服务失误　服务补救

模块二　能力训练

【知识回顾】

填空题

1. 服务质量是针对_____而言的，站在_____的立场提出的。
2. 服务质量的五个维度，分别是：_____、_____、_____、_____、_____。

【判断说明】

1. "因为提高服务质量会增加企业的成本，所以这不是一件需要马上去做的事情，可以等以后再做。"你觉得这种观点正确吗？请说出对应的理由。
2. 金融机构的服务人员认为："我是公司的员工，我只要按照公司的规章制度办事即可，其他的我可以不做。"请判断正误，并说明理由。

【思考反思】

1. 金融机构提高服务质量的障碍存在于哪些方面？并列举实例说明这些方面以及给出对应的解决办法。
2. 什么是顾客满意度？请列举两个表示客户满意度的度量方法。
3. 请举例说明顾客忠诚，为什么顾客忠诚对金融企业非常重要？
4. 为什么服务失误不可避免？服务补救为什么如此重要？

【能力拓展】

1. 按照本章的内容，为一家金融企业设计顾客满意度调查问卷，并回收相关数据，得到客户满意度的相关数据，作对应分析。
2. 询问你的亲戚或朋友，他们使用目前的银行服务有多久了？他们对银行的服务是否满意？如果他们不满意，询问并了解他们不更换银行的原因。你能将他们的回答归结到转换障碍吗？他们提到的原因对金融企业有什么启示？
3. 试描述你在大学生活中的几个真实瞬间。

【自我认知】

持续保持积极的态度

能否持续保持积极的态度对金融服务营销从业人员而言是最大的挑战。经济形势的好坏常会影响金融从业者的情绪。金融从业者的情绪会时起时落。例如，在经济景气时，企业订单增加，消费旺盛，金融从业人员存贷款业务、理财业务增长势头迅猛，从业人员很容易保持积极的态度；而当经济不太景气时，从业人员则很难始终保持积极的态度。

更重要的是，当经济情况良好时，客户财富增加，比较容易得到满足；而当经济不太活跃时，客户会提出更多的要求，甚至主管或行长们也会更加严格。由于多种因素，任何一名金融从业者，要想在相当长一段时间内一直保持积极的态度就显得非常困难。一些专家认为，保持积极的态度是给金融从业人员提出的首要挑战。

生活不可能始终一帆风顺。而每个人，包括最成功的金融从业人员，也有事业上不太顺利的时候。

这个练习有三个假设前提：①你整体上是个积极的人。②你可以通过做些特定的事情以保持积极。③了解哪些事情能帮助你保持积极，这一点本身也可以帮助你保持积极。

下面列出的各种方法能够帮助一些人保持积极态度。请先阅读，然后选择出对你最有用的 3 种。

(1) 参加某种体育锻炼。

(2) 为自己树立更多的、可以达到的目标。

(3) 努力把生活想得轻松些。

(4) 与他人一起分享你的积极态度。

(5) 拿出更多的周末来休息或安排一些"迷你"度假。

(6) 保持工作与休闲之间的平衡。

(7) 更加注意你的整体装束。

(8) 花更多的时间来追求心理协调（学国学、练习瑜伽、读本好书、聆听高雅音乐等）。

(9) 为他人做更多的事。

(10) 找寻那些能够促进你增强积极态度的人。

【情景案例】

1. 请在本章所列举的案例中，灵活运用本章的相关知识点，选择其中一两个案例进行深入讨论。

2. 追公车的感受。

在烈日炎炎的夏日，当你经过一路狂奔，气喘吁吁地在车门关上的最后一刹那，登上一辆早已拥挤不堪的公交车时，洋溢在你心里的是何等的庆幸和满足！

而在秋高气爽的秋日，你悠闲地等了十多分钟，却没有在起点站"争先恐后"的战斗中抢到一个意想之中的座位时，又是何等的失落和沮丧！

同样的结果——都是搭上没有座位的公交车，却因为过程不同，在你心里的满意度大不一样，这到底是为什么？

这个例子对了解什么是"满意"有启发吗？

【互联网搜索】

请搜索英国金融服务消费者专题讨论小组的文章《消费者对金融服务的态度及购买服务体验的调查》，http：//www.fs-cp.org.uk。

讨论中国金融消费者和英国金融消费者的服务体验的相同之处。

【阅读与讨论】

阅读顾客忠诚方面的书籍或资料，讨论顾客忠诚的主要表现是什么？

【在线测试】

扫描书背面的二维码，获取答题权限。

扫描此码 在线自测

第十章

组织与控制

【本章提要】

本章对金融服务营销的组织和控制进行了介绍，并分析了影响金融服务效能的因素，提出了提升效能的做法。

【知识目标】

1. 了解服务营销组织的类型。
2. 了解服务营销控制框架。
3. 了解市场营销组织设计的基本原则。

【能力目标】

1. 初步了解金融服务营销组织架构。
2. 了解不同服务营销控制办法。
3. 了解金融服务营销组织的架构设置。

【课程思政案例讨论】

扫描此码　　阅读文章

模块一　理论分析

花旗银行——银行帝国的诞生

创立于 1812 年 6 月的纽约城市银行是花旗银行（Citibank）的前身，1865 年根据美国政府颁布的国民银行法，改名为纽约国民城市银行，是美国金融中心之一，也是华尔街最老的银行之一。

19 世纪末至 20 世纪初，纽约国民城市银行被科洛菲勒和斯提尔经家族所控制，并成为他们掌握美国石油系统的金融调度中心。1955年在美国大规模的兼并浪潮中，纽约国民城市银行兼并了摩根财团两大大金融支柱之一的纽约第一国民银行，并改名为纽约第一国民城市银行，后改名为第一国民城市银行。

1967年，第一国民城市银行重组为银行控股公司，即第一国民城市公司，也即人们所说的"花旗银行"，成为现代化银行和大型商业银行的典范。1998年10月，花旗银行与旅行者集团合并成功，组成了全世界最大的金融机构——花旗集团（Citigroup），同时也开辟了把所有金融产品集于一身的金融界前所未有的多元化业务发展模式，市场资本总额达到了1万亿美元，工作人员达到了27万人之多。2021年花旗集团的总收入高达718.84亿美元，其利润高达219.52亿美元。经历了200多年的发展，花旗集团从一个小小的银行起身，一路经过无数次的生死锤炼与蜕变，成为金融界的巨人。

讨论：

历次扩张，对花旗银行的客户服务组织架构的影响是怎样的？

第一节　金融服务营销的组织

一、金融服务营销的组织

金融企业的市场营销部门是执行市场营销计划，服务市场购买者的职能部门。市场营销部门的组织形式，主要受宏观市场营销环境、企业市场营销管理哲学，以及企业自身所处的发展阶段、经营范围、业务特点等因素的影响。

（一）单纯的销售部门

20世纪30年代以前，西方企业以生产观念作为指导思想，大部分都采用单纯的销售部门形式。一般说来，所有企业都是从财务、生产、销售和会计这四个基本职能部门开展的。财务部门负责资金的筹措，生产部门负责产品制造，销售部门通常由一位副总经理负责，管理销售人员，并兼管若干市场营销研究和广告宣传工作。在这个阶段，销售部门的职能仅仅是推销生产部门生产出来的产品，生产什么、销售什么；生产多少，销售多少。产品生产、库存管理等完全由生产部门决定，销售部门对产品的种类、规格、数量等问题，几乎没有任何发言权。

（二）兼有附属职能的营销部门

20世纪30年代大萧条以后，市场竞争日趋激烈，企业大多数以推销观念作为指导思想，需要进行经常性的市场营销研究、广告宣传以及其他促销活动。这些工作逐渐变成专门的职能，当工作量达到一定程度时，便会设立一名市场营销主任负责这方面的工作。

（三）独立的市场营销部门

随着企业规模和业务范围的进一步扩大，原来作为附属性工作的市场营销研究、新产品开发、广告促销和为顾客服务等市场营销职能的重要性日益增强。于是，市场营销部门成为一个相对独立的职能部门，作为市场营销部门负责人的市场营销副总经理同销售副总经理一样直接受总经理的领导，销售和市场营销成为平行的职能部门。但在具体工作上，这两个部门是需要密切配合的。这种安排常常使用在许多企业中，它向企业总经理提供了一个全面分析企业面临的机遇与挑战的机会。

（四）现代市场营销部门

尽管销售副总经理和市场营销副总经理需要配合默契和互相协调，但是他们之间实际形成的关系往往是一种彼此敌对、互相猜疑的关系。销售副总经理趋向于短期行为，侧重于取得眼前的销售量；而市场营销副总经理则多着眼于长期效果，侧重于制定适当的产品计划和市场营销战略，以满足市场的长期需要。销售部门和市场营销部门之间矛盾冲突的解决过程，形成了现代市场营销部门的基础，即由市场营销副总经理全面负责，下辖所有市场营销职能部门和销售部门。

二、金融服务营销的组织形式

（一）功能性营销组织

功能性营销组织是最常见的市场营销机构的组织形式，是在营销副总经理领导下由各种营销职能经理构成的职能性组织，具体结构如图10-1所示。

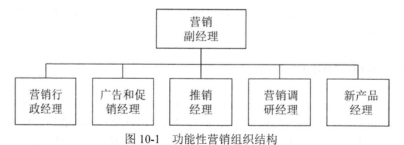

图10-1　功能性营销组织结构

功能性组织的主要优点是管理简单。但是，随着产品的增多和市场扩大，这种组织形式会暴露出很多缺点。由于没有一个人对一项产品或一个市场负全部的责任，因而每项产品或每个市场制定的计划欠完整，有些产品或市场就很容易被忽略。另外，各个职能部门为了各自利益容易发生纠纷。

（二）地区型营销组织

在全国范围内组织营销的企业往往按地理区域组织其服务人员。例如，许多企业把中国分成华东、华南、华北、西南、东北、西北等多个区域，每个区域设一区域经理，区域经理根据所管辖省市的销售情况再设若干地区销售经理，地区销售经理下再设若干地方销售经理或主任，每个地方经理或主任再领导几位销售代表。

这种模式明显增加了管理幅度。但在推销任务复杂或推销人员对利润影响很大的情况下，这种组织形式作用明显。

（三）产品或品牌管理组织

生产不同产品或品牌的公司往往需要设立产品或品牌管理组织。这种组织并没有取代功能性管理组织，只不过是增加一个管理层次而已。其基本做法是，由一名产品主管经理领导，下设若干个产品大类（产品线）经理，产品大类（产品线）经理下再设几个具体产品经理。产品管理组织最初是由美国宝洁公司于 1927 年率先采用的。

产品或品牌管理组织优点包括：

(1) 可以协调其所负责产品的营销组合策略。

(2) 能及时反映产品在市场上出现的问题。

(3) 即使不太重要的产品也不会被忽视掉。

产品或品牌管理组织缺点包括：

(1) 需要同其他营销部门合作，容易造成部门冲突。

(2) 很难成为公司其他功能的专家。

(3) 管理成本往往比预计的高。

(4) 经理的流动导致该产品营销规划缺乏连续性，影响产品的长期竞争力。

（四）市场型营销组织

当企业把一条产品线的各种产品向不同的市场进行营销时可采取市场型营销组织模式。例如，生产电脑的企业可以把目标客户按不同的购买行为和产品偏好分成不同的用户类别，设立相应的市场型营销组织结构。市场型营销组织具体结构如图 10-2 所示。

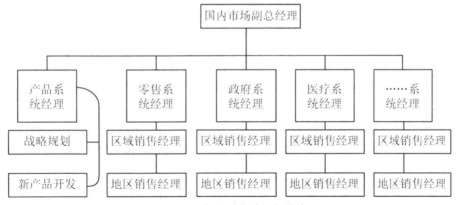

图 10-2　市场型营销组织结构

市场型营销组织的优点在于：企业的市场营销活动是按照满足各类不同顾客的需求来组织和

安排的，有利于企业加强销售和市场开拓。其缺点是存在权责不清和多头领导的矛盾。

（五）产品—市场管理型组织

生产多种产品并向多个市场销售的企业，可以采用产品管理型组织，也可以采用市场管理型组织，还可以建立一种既有产品经理，又有市场经理的两维矩阵组织。

该组织结构管理费用太高，而且容易产生内部冲突。比如，各个产品在市场上的定价是由市场经理还是产品经理来决定？如何组织服务人员？是按银行卡、信贷业务等产品品种分别组织服务队伍，还是按对公业务、对私业务等市场来分别组建队伍？

第二节 金融服务营销的控制

一、服务营销控制的定义

所谓服务营销控制，是指衡量和评估服务营销策略与计划的成果，以及采取纠正措施以确定服务营销目标的完成。服务营销的控制是十分重要的，主要原因在于以下几个方面。

（一）环境变化的需要

控制总是针对动态过程而言的。从服务营销管理者制定目标到目标的实现通常需要一段时间，在这段时间里，企业内外部的情况可能会发生变化，尤其是面对复杂而动荡的市场环境，每个企业都面临着严峻的挑战，各种变化都可能会影响到企业已定的目标，甚至有可能需要重新修改目标和计划以符合新情况。高效的营销控制系统，能帮助营销管理者根据环境变化情况，及时对自己的目标和计划作出必要的修正。一般来说，目标的时间跨度越大，控制也越重要。

营销控制系统的作用在于：帮助管理者看到形势的变化，并在必要时对原来的计划作出相应的修正。

（二）需要及时纠正执行过程中的偏差

在计划执行过程中，难免会出现一些小偏差，而且随着时间的推移，小偏差如果没有得到及时纠正，就可能逐渐积累成严重的问题。

服务营销控制不仅是对企业营销的结果进行的控制，还必须对金融企业服务营销过程本身进行控制，而对过程本身的控制更是对结果控制的重要保证。因此，营销管理者必须依靠营销控制系统及时发现并纠正小的偏差，以免给企业造成不可挽回的损失。

控制与计划既有不同之处，又有密切的联系。一般来说，服务营销管理程序中的第一步是制定计划，然后是组织实施和控制。而从另一个角度看，控制与计划又是紧密联系的。控制不仅要按原计划目标对执行情况进行监控，纠正偏差，在必要时，还将对原计划目标进行检查，判断其是否合理，也就是说，要考虑及时修正战略计划，从而产生新的计划。

二、服务营销控制的类型

（一）年度计划控制

年度计划控制是由企业高层管理人员负责的，旨在检查年度计划目标是否实现，一般可用 4 种方法检查计划执行绩效。

1. 销售差异分析

衡量并评估金融企业的实际销售额与计划销售额之间的差异情况。

譬如，某基金公司在苏州、无锡、常州三个地区的计划销售额分别是 2000 万元、1500 万元、1000 万元，总计 4500 万元，而实际总销量是 3800 万元，三个地区实际销售额分别是 1200 元万、1400 万元、1200 万元，与计划的差距分别为-40%、-6.7%、+20%。通过分析可知，苏州是造成困境的主要原因，因而应进一步查明苏州地区销量减少的原因。

2. 市场占有率分析

衡量并评估企业的市场占有率情况。根据金融企业选择的比较范围不同，市场占有率一般分为 3 种：

（1）全部市场占有率：企业的销售额（量）占行业销售额（量）的百分比。

（2）目标市场占有率：企业的销售额（量）占其目标市场总销售额（量）的百分比。

（3）相对市场占有率：企业的销售额（量）和几个最大竞争者的销售额（量）的百分比。

3. 营销费用率分析

衡量并评估企业的营销费用对销售额的比率，还可进一步细分为人力推销费用率、广告费用率、销售促进费用率、市场营销调研费用率、销售管理费用率等。

4. 顾客态度追踪

金融企业通过设置顾客抱怨和建议系统、建立固定的顾客样本，以及通过顾客调查等方式，了解顾客对本企业及其产品的态度变化情况，进行衡量并评估。

（二）盈利能力控制

盈利能力控制一般由财务部门负责，旨在测定企业不同产品、不同销售地区、不同顾客群、不同销售渠道以及不同规模订单的盈利情况的控制活动。

盈利能力指标包括资产收益率、销售利润率和资产周转率、现金周转率、存货周转率和应收账款周转率、净资产报酬率等。

企业要取得较高的盈利水平和较好的经济效益，一定要对直接推销费用、促销费用、仓储费用、折旧费用、运输费用、其他营销费用，以及生产产品的材料费、人工费和制造费用进行有效控制，全面降低支出水平。

（三）营销效率控制

假如盈利分析发现公司在某些产品、地区或市场方面的赢利不佳，那接下来要解决的问题是寻找更有效的方法来管理销售队伍、广告、促销和分销。

1. 服务营销人员效率控制

各服务经理可用如下指标考核和管理销售队伍，提高服务人员的工作效率。

（1）服务人员日均拜访客户的次数。

（2）每次访问平均所需时间。

（3）每次访问的平均收益。

（4）每次访问的平均成本。

（5）每百次销售访问预定购的百分比。

（6）每月新增客户数目。

（7）每月流失客户数目。

（8）销售成本对总销售额的百分比。

2. 广告效率控制

为提高广告宣传的效率，各服务经理应掌握如下统计资料。

（1）每种媒体接触每千名顾客所花费的公告成本。

（2）留意并阅读广告的人在其受众中所占的比率。

（3）顾客对广告内容和效果的评价。

（4）广告前后顾客态度的变化。

（5）由广告激发的询问次数。

3. 营业推广效率控制

为了提高促销效率，企业应注意如下统计资料。

（1）优惠销售所占的百分比。

（2）每一单位销售额中所包含的陈列成本。

（3）赠券回收率。

（4）因示范引起的询问次数。

4. 分销效率控制

主要是对分销渠道的业绩等进行分析和改进，提高分销的效率。

三、服务营销审计

服务营销审计是对一个企业或一个业务单位的营销环境、目标、战略和活动所作的全面的、系统的、独立的和定期的检查，其目的在于决定问题的范围和机会，提出行动计划，以提高企业的营销业绩。营销审计可由企业内部人员来做，也可聘请外部专家进行。

营销审计是服务营销控制的主要工具。一次完整的服务营销审计活动的内容是十分丰富的，概括起来包括六个大的方面：

（1）服务营销环境审计，主要包括宏观环境，如人口统计、经济、生态、技术、政治、文化；

任务环境，如市场、顾客、竞争者、公众等。

（2）服务营销战略审计，包括企业使命、营销目标和目的、战略等。

（3）服务营销组织审计，包括组织结构、功能效率、部门间联系效率等。

（4）服务营销制度审计，包括营销信息系统、营销计划系统、营销控制系统、新产品开发系统。

（5）服务营销效率审计，包括盈利率分析、成本效率分析等。

（6）服务营销职能审计，对营销的各个因素，如产品、定价、渠道和促销策略的检查评价。

四、金融服务营销人员的管理

金融服务营销人员的管理包括金融服务人员的选择及培训、激励和绩效考评三个方面。

（一）金融服务营销人员的选择及培训

金融服务人员的选择应当从道德、文化、专业素质和表达能力四个基本方面进行考评。道德素质是金融服务营销人员最基本的要求，有德无才可以培养，但有才无德却万万不行。金融服务营销人员应该具备市场营销学、心理学和金融学相关知识，并善于将这些知识运用到实际的服务营销活动中。

在进行服务人员的培训时，一般采取的方法有授课、示范、实习以及一对一学习。对培训不合格的学员应该及时剔除。

（二）金融服务营销人员的激励措施

科学合理的激励措施能调动营销服务人员的积极性，从而有效完成金融企业所指定的营销服务任务。在金融企业中一般实行的薪金激励措施有以下几种：

（1）固定工资加奖金。这种激励措施一般适用于不直接获取订单的营销人员，如银行大堂经理等。但这种措施激励性不强，营销人员容易产生惰性。

（2）无底薪提成制。这种激励措施提成幅度较高，能大大调动营销人员的积极性。但这种激励措施容易使得营销人员重数量而轻质量。如银行规定办理一张信用卡奖励 100 元，某些营销人员为了完成任务，将持卡人的信用和偿还能力置之不顾，从而导致不少信用卡闲置，造成银行资源浪费。

（3）底薪加提成。这种激励方式是以上两种措施的结合，这也是现在金融企业较为常用的一种激励方法。

（三）金融服务营销人员的绩效考评

促销效果的绩效考评则是另一种调动金融服务人员积极性的方法。金融企业在进行绩效考评时，应当注意考评标准的可操作性、相关性和公平性。

（1）操作性是指绩效考评指标要可行、可量化。

（2）相关性是指绩效考评指标内容应当与工作内容相关。

（3）公平性则是指对所有金融服务营销人员使用统一绩效考评指标。

　　金融企业应根据实际服务营销内容、服务营销目的等建立相应的考评体系。评定指标可以是顾客满意度、金融产品销量、任务完成情况、开发新顾客数量等。

扩展阅读 10-1

××银行客户经理绩效考核表

考核项目	考核指标	指标含义/具体任务	目标值	权重	计分方法	得分
业务经营（25%）	部门税后净利润	部门税后净利润=利息净收益（含内部资金清算利息）+手续费净收益+资金业务收益+投资收益-营业税-所得税	0.93亿元	15%	完成目标值的85%，启动计分。考核得分=[1+（实际完成额-目标值）/目标值×100%]×满分，最高限为满分的150%	
	基金业务线营业收入	基金业务线营业收入=资产类产品收入+负债类产品收入+中间业务产品收入，其中：资产类产品收入=资产×（生息资产利率-内部资金转移价格利率）-营业税及附加，负债类产品收入=负债×（内部资金转移价格利率-付息负债利率）	3亿元	8%		
	业务线营业收入	业务线营业收入=公司业务线营业收入+资金业务线营业收入+金融机构业务线营业收入+结算业务线营业收入+基金业务线营业收入+中小企业业务线营业收入+银行卡业务线营业收入	34亿元	2%		
业务经营（15%）	操作风险损失率	操作风险损失率=收入损失额/当年应收收入×100%	2.7%	10%	考核得分=[1+（目标值-实际完成额）/目标值×100%]×满分，最高限为满分的150%	
	部门可控费用	部门可控费用=差旅费+业务宣传费+印刷费+业务招待费+会议费+公共费	220万元	5%	考核得分=[1+（目标值-实际完成额）/目标值×100%]×满分	
客户关系（20%）	内部客户满意度	总行行级领导、总行各部门、一级支行对该部门的满意度	100分	10%		
	外部客户满意度	外部客户对该部门及其业务条线提供的产品和服务的满意度	100分	10%		
工作进程（30%）	业务拓展与产品研发	投资基金、证券化资产、保险、年金等创新产品的研究；与行业重要机构客户的关系维护；年内新增基金及集合理财类产品2只，销售量大于5亿元	100分	15%	考核得分=实际得分×权重	
	业务线信息系统建设	三季度结束前，完成第一期年金业务系统的测试工作，年底前完成投产工作；上半年完成基金代销系统的二期推广工作；配合信息技术部完成保险资金、理财计划系统的开发或采购工作	100分	10%		

考核项目	考核指标	指标含义/具体任务	目标值	权重	计分方法	得分
	风险控制	组建风险控制团队，在风险管理部门的指导下，年底前完成风险类规章制度的清理、修订和编制工作	100 分	5%		
员工学习与成长（10%）	绩效辅导与沟通计划完成率	本部门实际完成员工绩效辅导与沟通次数/本部门应完成员工绩效辅导与沟通次数×100%	100 分	5%	考核得分=计划完成率×满分，最高限为满分的100%	
	员工培训计划完成率	本部门实际完成员工培训课时/本部门应完成员工培训课时×100%	100 分	5%		

资料来源：百度文库

【本章小结】

1. 服务营销有不同的组织形式，不同金融企业应选择适应自身发展的组织形式。
2. 服务营销需要控制。控制包括年度计划控制、营销审计等多种控制方式，这些方式对促进金融企业提高效能有一定借鉴意义。

【重要术语和概念】

服务营销组织　服务营销控制

模块二　能力训练

【知识回顾】

1. 金融服务营销的组织_____、_____、_____、_____。
2. 服务营销控制是指_____。

【判断说明】

"一家银行层级越少，越扁平化，组织的效率就越高。"这种说法对吗？请说明理由。

【思考反思】

1. 服务营销组织形式的演变经历了哪些阶段？
2. 服务营销控制有哪几种类型？请从这些类型中选择一种，说说它的特点。

【能力拓展】

一家金融企业准备把服务营销部门与公共关系部门合并起来，由同一位副总经理来领导，这种做法从机构设置的角度考虑是否可取？

【自我认知】

服务营销就像打棒球

服务营销就像比赛。专业服务营销人员出于许多原因把服务营销看做是一项比赛。你会听到他们说："每天都是一场比赛，有时，你每个步骤都对，可还是出局了。"

实际上，"比赛"比"工作"更能激发人，你可以将棒球比赛的概念套用到服务营销中去。

下图所示的棒球示意图在此只是一种帮助你学习服务营销基本技巧的参考物，你可不必非得是个棒球迷。

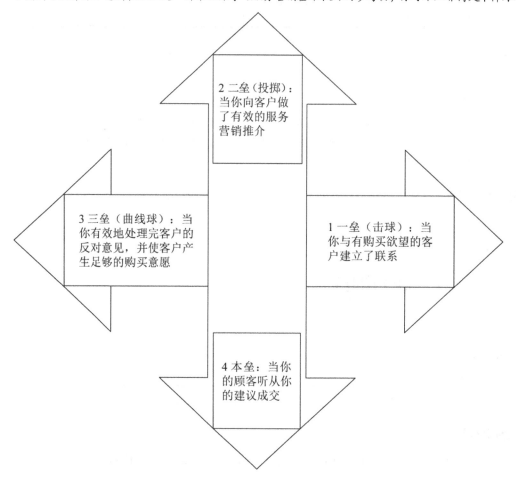

【情景案例】

澳大利亚联邦银行的经营服务

1. 营销管理

澳大利亚联邦银行没有专设市场营销部门，而只在其总行的"国内金融服务部"下设新产品研究开发中心，负责全行新产品的研究、开发和推广。该中心的独特之处在于：中心负责人可依据授权，在全行范围内跨部门、跨地区、跨专业进行产品信息搜集和新产品推广及后续跟踪监督。对于日常的市场营销工作，该行采取"全员营销"模式，即全行每一位员工均是兼职营销员。每当银行推出新产品，各部门都要组织本单位员工观看新产品的介绍和演示，以尽快熟悉新产品并能迅速有效地推介给客户。为增强员工从事营销的责任感和积极性，联邦银行将营销工作分解并列入每一位员工的个人业绩考核范围，同时出台相应的奖励措施加以激励。在这种市场营销管理机制下，联邦银行虽没有设专职营销员，但其营销力量却十分雄厚。实践证明行之有效。

2. 营销策略

多层面的市场分类是联邦银行的基本策略。其市场分类的特点是"细而又细"，在将客户分为个人、企业两个基本类别的基础上，对每一类客户又进一步细化。如对个人客户，根据年龄分为不同组别，有针对性地提供适合各年龄段需要的金融产品和服务。不仅如此，对同一产品也根据各年龄段的特点设计不同的形式。以储蓄为例，为小朋友推出儿童零用钱账户，对青年人设立移动电话银行、网上银行账户，为老年人保留最原始的储蓄存折。其宗旨是从客户需要出发，为客户提供全面服务、终身服务。尽管像儿童零用钱这样的账户服务不会给银行带来多少收益，但这能使客户从小就认识了解联邦银行，再加上联邦银行随着小客户的成长不断为其及时提供适当的产品和服务，使得联邦银行绑定客户的能力大大增强。目前联邦银行拥有近1000万客户，占澳大利亚人口总数近一半，其中很多客户与联邦银行的服务相伴终身。因此，这种自然培养客户的长期策略不仅稳定了客户群，并为银行提供生生不息的业务源泉，而且还相应减轻了银行拓展新客户的压力，节省了相关的成本和费用。

3. 产品定价

澳大利亚联邦银行基本上采用成本定价和市场定价相结合的方法，主要定价因素有产品开发和推介成本、产品内在风险和资本收益率等。对于新产品，在推介初期采取低价政策吸引客户，待产品推介成功后再逐步提升至目标价格。值得一提的是，联邦银行一直保持动态定价的做法，即根据市场的变化随时对有关产品重新定价。这在住房贷款业务中尤为重要，因为澳大利亚住房贷款市场竞争十分激烈，主要体现在价格上，客户一旦发现其他银行贷款更优惠，就有可能提前还款而转向别家银行。因此，根据市场行情适时重新定价是保持竞争力的重要手段。同时，根据住房信贷客户经济实力的强弱区别对待，如对高薪、经济实力较强的专业人士在住房贷款利率上给予适当优惠，以吸引这些高收入、高素质的低风险客户。

4. 营销手段

澳大利亚联邦银行经营的基本原则是"以现有客户为中心，重点发展延伸金融服务"，注重交叉销售和关系经理制的建立。这一策略目前已为各银行所普遍采用，其原因是：在市场竞争趋于白热化的情况下，拓展新客户的成本相对较高，而向现有客户提供延伸金融服务，则无须额外增加营销费用，可谓低成本、高收益。而客户在选择了一家银行的综合业务服务之后，同银行的关系进一步增强，有利于巩固和提高客源稳定性。在这项原则的指导下，该行的营销手段有两大特点：

（1）注重交叉销售（cross selling）。这种销售方式打破了银行内部业务划分的界限，目的是向现有客户销售尽可能多的银行产品。如企业融资部在为企业客户提供信贷服务的同时，还向该企业客户推销储蓄账户、信用卡、保险和养老金管理等零售银行业务，对于企业的高层管理人员则推销私人银行业务。一旦客户对某一项业务感兴趣，则立即联系有关的业务部门进行具体操作。交叉销售的宗旨是让现有客户尽可能多地使用本行产品和服务，从而锁定客户。

（2）注重发展"客户经理制"（customer manager system）。20世纪90年代初，西方银行为突出以客户为中心，普遍推行"客户经理制"，客户经理负责管理客户在银行办理的所有业务，旨在提高对客户服务的质量。目前，澳大利亚联邦银行传统的"客户经理制"正在向更深层次的"关系经理制"（relationship manager system）演变。使用"关系经理"的名称，体现出现代银行不仅注重客户服务，更注重银企长期关系的维系和加强。关系经理不仅要保证为客户提供一流的服务，更注重深入研究企业的经营管理和发展策略，为企业发展提供顾问服务，并根据企业的发展方向分析客户潜在的金融需求，及时提供相应的产品和服务。如发现银行现有产品无法满足客户需求，则及时与产品开发部门沟通，设计新产品。在这种"关系经理制"下，银行帮助企业逐步成长壮大，企业的成长则反过来推动了银行业务的扩张和发展，二者同生共长。

想一想：澳大利亚联邦银行组织模式对于开展经营服务有哪些优势？

【互联网搜索】

请用互联网查阅相关资料，分析中国工商银行A股上市前是如何重构组织形式的？

【阅读与讨论】

什么是信息化金融机构？

信息化金融机构是传统金融机构通过采用信息化技术，对传统运营流程进行改造或重构，实现经营、管理全面电子化、网络化的银行、证券和保险等金融机构。其通过互联网改变原来的金融服务模式，现在有线上银行、线上保险、线上证券和线上理财等多种模式。传统金融机构通过互联网及相关技术开展各种金融业务，大大节省了物理网点和各种资源的投入成本，提高了运行效率，创造了更多价值，提高了核心竞争力。

2013年以来，金融行业信息化进入了创新机遇期。经过了之前十余年的数据和业务的大集中建设，包括银行、保险、证券等在内的金融行业信息化正在走向一个全新的阶段。基于云计算、大数据、移动与智能设备以及社交网络等第三类平台的金融服务，正在成为新的金融业务创新及增值点。

目前信息化金融机构主要运营模式分为以下三类：传统金融业务电子化模式、基于互联网的创新金融服务模式、金融电商模式。

一、传统金融业务的电子化模式

传统业务的电子化实质也是金融电子化的过程，是指金融企业采用现代通讯技术、网络技术和计算机技术，提高传统金融服务行业的工作效率，降低经营成本，实现金融业务处理的自动化、业务管理的信息化以及决策的科学化，为客户提供快捷、方便的服务，达到提升市场竞争力的目的。它是一种基于传统的、封闭的金融专用计算机网络系统，其本质是行业内部管理的自动化与信息化。

二、基于互联网的创新金融服务模式

金融机构信息化建设为金融服务电子化创造了条件。近年来，金融机构依托云计算、移动互联等新技术加速转型，不断扩大金融服务电子化的范围及影响。金融服务电子化的变革体现在金融电子渠道对金融业务和服务的不断创新。

三、金融电商模式

对于传统金融机构而言，在互联网时代充分抓住互联网带来的机会，主动拥抱互联网金融是每个机构的必然选择。这种选择体现在运营模式上的一个最大特色和共同点就是金融机构电商化的选择。他们或者自己建立电商平台，或者与其他拥有海量客户信息和渠道的互联网企业合作建设电商平台，无论采用何种模式，其目的都是获得多元化的盈利模式。

讨论：你身边的人，有使用信息化金融服务的吗？请举例说明。

【在线测试】

扫描书背面的二维码，获取答题权限。

扫描此码　　在线自测

实践篇

市场调研：汽车金融产品的风险控制

【案例思考】

产品是企业的核心竞争力之一，而汽车金融产品作为一款金融产品，其本身就承载了汽车金融机构的风险偏好，在进行产品设计时经常会加入一些风控逻辑。

一、设计汽车金融产品时为什么要加入风控逻辑

有人会以为汽车金融产品很简单，无非是首付、贷款额、利率、贷款期限、还款方式等。尤其近两年随着互联网金融切入汽车金融市场，这种声音越来越强。

举个很简单的例子，几年前市场上流行"两证一卡"产品的时候，很多做汽车金融的机构纷纷效仿，但有意思的是，此后一年不到的时间，很多效仿做"两证一卡"产品的汽车金融机构便销声匿迹了。究其原因，这些销声匿迹的汽车金融机构只看到了"两证一卡"产品的资料要求，却没有看到其他机构产品里的风控逻辑。"两证一卡"产品资料简便的背后，是其复杂的风控规则组合和风险控制能力。

实际上，一个看似简单的汽车金融产品，放款额度大小，利率高低，以及还款期限，都充满了风控逻辑。汽车金融产品里，什么样的条件能放更高的成数，什么样的条件能批更低的利率，什么样的条件适用更长的还款期限，这些条件便是风控逻辑的排列组合。而这些风控逻辑的组合，构成了汽车金融产品最原始的抗风险能力。

二、设计汽车金融产品比较常用的一些风控逻辑

（1）客群与车型的产品设计。做过逾期分析的风控从业者大概知道，不同的客群和不同的车型的逾期风险是存在明显差异的。对不同客群和不同车型做产品设计时，引入最多的风控逻辑是对利率和贷款成数的控制。

（2）交易场景的控制。汽车金融业务高度依赖于交易场景，在 4S 店买车的客户与在汽贸城或二网店买车的客户，审核汽车金融产品时的侧重点也会不一样。目前市场上厂商系的汽车金融产品在对交易场景的控制上具有得天独厚的优势，因此厂商系的业务很少有出现虚假交易的情况，而其他非厂商系的业务则不具备这种优势。

（3）大数据的运用。例如一些很常见的案例，客户在汽车金融公司被拒的原因主要是手机实名不一致、在网时长不够、有案底记录、贷款申请过多等。大数据等科技手段为汽车金融产品的创新提供了更多维度的风控逻辑：产品是针对稳定的年轻客群，那在产品的准入条件上便加上手机实名且在网时长超六个月等条件；低利率产品的目标客群不接受高负债和多头借贷，便在产品的准入客户中去除小额贷款申请过多的客户。汽车金融产品中这些不起眼的准入条件和其背后的

风控逻辑，反映着汽车金融机构的风险偏好。

（4）风险留存。许多汽车金融产品中都会有保证金的设计，保证金就是对风险进行防范的一种行为，以一定比例的保证金对可能发生的风险进行担保。

（5）以收车来控制风险的逻辑不再适应市场。前两年，汽车金融市场里有很多产品有一个简单而粗暴的风控逻辑：在控制首付比例的情况下，金融公司只要能收回车就不会亏损，自然就没什么风险。这种风控逻辑曾经非常盛行，在这种逻辑下，客户逾期就收车甚至暴力拖车并收取高额的拖车费，一度加剧舆论对整个汽车金融贷后催收的妖魔化。这种不合理的风控逻辑盛行后，随之而来的自然是国家政策对于催收的监管。

三、风控逻辑的合理利用可以规避汽车金融产品风险

比对银行按揭类汽车金融产品和非银行按揭类汽车金融产品，在排除规模骗贷因素后，在同样的市场，面临的整体环境和客户群体基本一致的情况下，银行类汽车按揭类产品的逾期远远低于非银行类按揭汽车金融产品。

也许有人说银行的利率低，当然是吸引了最好的一部分客户。其实利率只是其中的一个方面，银行按揭类汽车金融产品经历多年的发展，从资料要求到审核要点，乃至首付要求一直没有太多改变，这就代表着其产品核心的风控逻辑没有改变。而市面上非银行类汽车按揭类产品从一开始参照银行的资料要求逐渐放宽到"两证一卡" "一证贷"，看似只是减少了一些资料，实则改变了整个产品的风控逻辑。而骗贷者或者高风险客户倾向于舍弃手续更复杂、资料更麻烦、审核通过率更低的银行按揭类汽车金融产品，向资料简单、通过率高、手续方便的非银行按揭类汽车金融产品转移，这才是造成非银行按揭类汽车金融产品逾期率远高于银行按揭类汽车金融产品的深层次原因。

四、设计汽车金融产品时还需要思考的几个问题

（1）产品的目标客户群体。一款低利率的产品，那便一定要去找低风险的客群；一款高利率的产品，别期待都是低风险的客群。找准每一款产品的目标客户群体，而不要指望拿一款产品就想涵盖所有的客群。

（2）产品是否符合市场需求。每一款汽车金融产品，都将推向市场，市场是检验产品最有效的途径。这可能会让产品设计者陷入一个误区：市场上最受欢迎的产品就是最好的产品。其实未必，以汽车金融市场上的"一证贷"产品来说，因为手续简便，受欢迎程度相当高，但正因为其门槛低，对风险把控要求高，导致这类产品风险较高，一定程度上成了"赔本赚吆喝"的产品。

（3）产品是否符合市场趋势。产品发展是随着市场趋势不断变化的，别看这两年以租代购产品不断推陈出新，车抵贷产品纷纷涌现，但要是把这两个产品放到十年前肯定是无人问津。所以一款新的产品，必须要符合市场的趋势。

（4）产品的生命周期。市场在不停地变化，经常可以看到某产品逐渐退出市场了。所以在产品设计的过程中便要考虑产品的生命周期，只有紧跟市场需求和市场趋势，不断做出调整改变的产品才会一直保持旺盛的活力。

（5）客户体验。现在市场上的汽车金融产品无不在强调客户体验，哪家产品的客户体验好，哪家产品便能占领市场。但一味只追求客户体验却忽视风险控制的产品也是极其危险的，应做到

两者的平衡。

对于汽车金融产品设计者而言，读懂了其他公司的汽车金融产品中的风控逻辑，才能更好地完善自己的产品。对于业务前端而言，读懂了产品中的风控逻辑，才能找到精准的目标客群，通过率自然也会相应提升。市场在不断地变化，客户需求也越来越多样化，靠单一产品已经很难在市场竞争中取得优势，金融机构应通过不同产品的合理搭配来拓宽市场，同时依靠不同产品的风控逻辑来抵御不同的风险。

【拓展阅读与分析】

请阅读以下大学生的银行实习体会。其中哪些内容值得反思？

平安银行贷贷平安商务卡市场需求调查

某大学生通过前往平安银行开展实习，对银行某款产品的市场需求进行了调查，并撰写了需求调查报告。这份调查报告中，哪些内容值得我们反思？

平安银行为小企业提供了很多金融解决方案，本着高效、快速、灵活的服务理念，为小企业客户、小微商户提供各类贷款融资，并提供结算、汇兑、现金管理、理财等金融服务，目的是帮助小企业扩大经营规模，提高收益水平，赢在未来。我在平安银行实习期间，赶上了一次名为贷贷平安商务卡的产品推广活动，这个活动是为了加大产品知名度以及抓住更多的市场份额。我有幸参与其中，体验到了营销环节的特色。

一、产品

贷贷平安商务卡是平安银行向符合条件的小微企业主发放的一种"借贷合一"的联动卡，除具备普通借记卡的所有功能外，同时还可获得平安银行给予的小额信用循环授信额度。贷贷卡以小额信用循环授信为核心，为小微客户打造一个包括结算、贷款、理财等多种功能的综合金融服务平台。

贷贷卡的主要特点有：

（1）借贷合一：同时拥有借记卡和贷款的功能，支持客户的日常存款和结算；客户也可以通过该卡随时提用贷款，贷款最高额度100万元。

（2）额度长久、随借随还：额度期限为10年，单笔期限最长不超过3个月。客户可以根据实际需要随时进行提款和还款。

（3）利率低：固定日利率为万分之五。

（4）方便快捷：电话银行、个人网银、口袋银行和微信银行24小时提供客户服务，同时也支持通过传统的银行柜台渠道进行提款和还款。

（5）无须担保：无须任何担保，仅凭个人信用。

（6）申请简单：开卡、贷款申请和签约一站式服务，客户只需来银行1次。

（7）综合金融服务：根据客户的贡献度，拥有贷贷平安商务卡的客户可享受平安银行结算、贷款、理财等综合性金融服务及优惠。

除此之外，贷贷平安商务卡还拥有各种基础服务，比如任意一个月的月日均金融资产高于5万元，则贷贷卡的网银和手机银行对外转账手续费全免；可享受网点贵宾通道，快速办理业务；赠送盗刷险，最高累计赔付可达50万元；精挑细选小企业主所需信息，第一时间提供最新资讯；生日当天，还有专门温馨祝福。

二、营销

平安银行的业务模式是坚持以客户为中心，以"两圈一链"为主，服务全产业链，秉承科技引领金融创新的思路，为广大小企业客户、小微商户提供平安综合金融特色的全方位服务。"两圈一链"是指优先向有形商圈（专业市场、商业街区和购物中心）、无形商圈（第三方电子交易平台和第三方信息服务平台）、产业链上下游客户群提供小企业金融服务，开发适合不同商圈和产业链经营特色的产品和服务，更好地服务客户、满足批量客户的实际需求。服务全产业链是指从行业和全产业链金融视角出发，针对产业链上各环节小企业客户的差异化需求，提供有针对性的产品和金融解决方案，并结合平安银行行业领先的线上化产业链金融服务为小企业客户提供更便捷、实惠的产业链金融服务。依托平安集团综合金融平台优势，有效整合内外部资源，平安银行小企业金融致力于为客户提供全方位的综合金融服务。我参与其中的正是有形商圈，在一个周末我们进行贷贷卡的推广工作。

此次贷贷卡推广活动选在了一家酒店，原因是这天酒店里有某挖掘机品牌的展销会，展会很大，吸引了上千人前来。举行这个展销会的目的一来是感谢老客户多年来对于他们挖掘机的信赖，二来是借此机会发展新的客户和出售新的产品。前来参加展会的多是一些参与到路面建设、房屋建设的小老板，他们前来的目的主要是对挖掘机进行置换或购买。该展销会每年一次，已经进行很多年了。所以这些老客户很有可能会与展商进行交易，也就有很大的可能在现在或将来需要贷款。平安贷贷卡针对的客户群体正是这些需要贷款的小微企业、个体工商户，此次目标市场的选择就体现得非常合适。不仅可以借客户购买挖掘机的机会为他们介绍贷贷卡提供贷款的方法，而且参与展会的人数众多，如果做好宣传的话，可以达到很好的效果。

我们在展会舞台的旁边摆设一个小摊位以便客户咨询，包括我在内的一部分人在展会开始前便守候在各个入口分发贷贷卡的产品宣传单。为了增加影响力，我们在发宣传单的时候会强调如果现场留下个人信息还会有小礼品相送。这一招果然有用，我们的存在感大幅提升，很快大家都知道平安银行在展会旁有一个咨询处，不久后就已经有很多人围到了我们的摊位边上进行咨询。然后就像多米诺骨牌一样一传十，十传百。围观的人越来越多，以至于展会的一位负责人过来让我们在散会后再进行业务上的服务，因为我们已经有点喧宾夺主，影响到展会的进行了。我们只能等到散场后再进行业务。

散场后我们才真正体会到了效果，用人满为患来形容也绝不夸张。大家争相过来将自己的联系方式以及身份信息留下，由于我们记录缓慢，导致了无论是展厅的出口还是大门的门口都是水泄不通。让我们始料未及的是，礼物是保温杯，很快就被拿光了，叫人又送来一箱。大概过了半小时才总算把信息录入完，从宣传的角度来讲，我们这次推广应该算是成功的。

三、总结

在进行完信息的收集后，对收集到的用户数据进行整理和筛查，看看哪些客户是真正有价值的，接下来平安银行的业务模式便是分段服务。这些贷贷卡的客户群体中，有很多暂时无法给予授信额度，所以会先给客户发卡，并授予卡的权益，让客户在平安银行结算，开户3个月后，根据客户的结算流水给予授信额度。第一次授信额度较小，3个月后，根据结算流水会再次进行调整。这就是整个的流程，可以充分控制风险。

这次进入市场推广贷贷平安商务卡的经历感触还是很深的。用4P的方法，可以很清晰地看出我们在进行贷贷商务卡推广时的营销策略。产品策略上，贷贷卡有着很大的优势，针对的就是小微企业和个体户，不仅利率低，而且无须担保只需要个人信用，很多人都会被它的特点所吸引。在促销策略上，我们有现场发放礼品、发传单，而且不仅在有形的商圈，在相关网络也能看到介绍和广告，多管齐下进行宣传。在价格策略上，门槛低，能够让很多人都接受。在销售渠道方面，进行营销的地点非常不错，借着别的企业进行展会的便利，吸引大量的客户群，让很多人都知道有这么一款产品，可以说有了很好的效果。

此次推广活动的不足也有很多。首先，由于收集到的信息众多，字迹也较为混乱，所以在录入电脑时会有些麻烦。其次，录入的过程中不难发现，有很多信息是没用的，尽管有很多人会过来留下自己的联系方式，但是真正为了贷贷卡而来的倒不是很多，多数是为了送的水杯而来。甚至有人为了多拿几个水杯会发动全家来填写，还有的人在不同的工作人员那里留下信息，导致重复信息和无效信息很多。把这些无效的信息筛除之后，才是有价值的客户。之后听小微贷款经理提到过，经过筛查后发现，质量高的客户并不是很多。

平安银行贷贷平安商务卡营销策略分析

之所以选择平安银行信用卡来分析，主要是由于两个原因。第一，众所周知，2014年起中国平安集团以及平安银行在宣传方面投入了很多，如果是看中超联赛的朋友会知道，中国平安投入了4亿元赞助中超联赛，并且在很多其他领域都做了很多宣传，因此可以说平安集团及平安银行越来越被人们所熟知。第二，之前由于我在平安银行实习过，因此对平安银行信用卡有很多了解，因此会选择平安银行信用卡的营销策略来分析。

对于金融产品的营销策略分析方法有很多，我主要采用的是大众比较常见或者说是最有代表性的4P分析方法，即分析金融产品的产品策略、促销策略、价格策略、渠道策略。

一、产品策略

平安银行信用卡是深圳市商业银行与平安银行合并更名为深圳平安银行后推出的第一张信用卡，除具备信用卡的信用消费、预借现金等基本功能外，还具备众多特色功能，为持卡人提供涵盖"消费平安、居家平安、旅行平安"全方位的平安保障。平安银行为中国平安集团旗下重要成员，是中国平安集团综合金融服务平台的重要组成部分。作为一家跨区域经营的股份制商业银行，平安银行总行设在深圳，营业网点分布于深圳、上海、福州、泉州、厦门和杭州等地。平安银行信用卡（简称"平安卡"）是平安银行业务的重要组成部分。平安卡秉承"一卡相伴，平安相随"的品牌理念，依托中国平安集团专业雄厚的保险、银行、投资等综合金融资源，不仅为持卡人提供信用消费等金融理财服务，还为持卡人提供涵盖"消费平安、居家平安、旅行平安"的周全保障。

平安银行信用卡主要的特色有：卡片的版面比较新颖，平安橙色配上各种联名卡使得卡面让人觉得既温馨，又具备活力，并且让人感到放心。挂失前72小时消费损失全额保障。电子邮件提醒境外消费、人民币还款。轻松享受全方位商旅服务。同时，平安银行旗下很多的信用卡首年年费均免。

图为平安银行信用卡种类介绍。

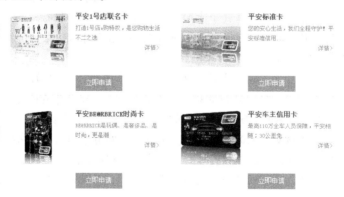

平安香港旅游卡

可以享受双城的信用卡，连接您所在城市和动

详情 ›

立即申请

平安中国旅游信用卡

平安中国旅游信用卡为旅客贴心量身定制的

详情 ›

立即申请

平安携程商旅卡

尽享3000来家特约商户的精彩优惠；同时，商

详情 ›

立即申请

平安淘宝联名卡

刷积分：淘宝享积分，还能当鲜花；刷积益；

详情 ›

立即申请

平安聚富白金一账通卡

要花得爽快，也要赚得痛快。拥有平安聚富白

详情 ›

平安创富白金一账通卡

要花得爽快，也要赚得痛快。拥有平安创富白

详情 ›

平安i车信用卡

超值加油优惠计划，让您刷卡开心。加油反佣

详情 ›

平安保险信用卡

消费享平安；出行享平安；居家享平安！

详情 ›

平安保险金卡

全天候的意外保障；全方位的医疗关爱。平安

申请平安保险　　详情 ›

平安精英白金信用卡

选择平安精英白金信用卡，尊享平安财富礼遇

详情 ›

平安白金信用卡

选择平安白金信用卡，尊享平安财富礼遇！健

详情 ›

平安钻石卡

世间凡所珍贵，不在价格，而在价值。

详情 ›

平安@卡

卡面自由定制，我的卡面我做主！

详情 ›

立即申请

平安欧尚红雀卡

欧尚五大分类指定商品每周折扣享受；高达

详情 ›

平安银行深圳公务卡

平安在握，安心之选；出行安心！用卡安心！

详情 ›

平安银行各种信用卡都非常具有特色：平安@卡可以自由定制版面，这一独特的设计可以吸引很多追求个性的客户；平安车主卡，车主享受加油打折，并且还享受免费的 ETC 装机服务，365 天免费道路救援，乘车人员更可以享受乘车人员意外险；平安淘宝卡对于网购多的客户来说非常具有吸引力，开立淘宝金账户，平安淘宝日，双倍积分等活动应有尽有。除了这些普通卡以外，平安的白金信用卡和黑钻信用卡更是对高端人士的一种认可和保障。总的来说，平安银行的信用卡可以说是种类多种多样，并且各具特色，给了客户很多的优惠。

二、促销策略

现阶段，平安银行的促销策略主要有广告宣传、公共关系宣传、促销活动、人员销售和其他推广活动等。

（1）广告宣传

接下来将以图片和文字相结合的方式来阐述平安银行信用卡促销策略。

各支行网点广告宣传牌。

平安银行信用卡官网广告宣传页面。

信用卡官网专属积分万里通广告宣传。

相关活动手册广告宣传。

手机客户端广告宣传。

（2）公共关系宣传

平安银行品牌植入《幸福从天而降》等多部电视剧。

2014-06-03

由平安银行与平安集团品牌部合作植入的都市情感剧《幸福从天而降》将于6月5日（周四）在深圳卫视、安徽卫视、山西卫视晚间黄金时段首播。该剧由涂松岩、刘涛、姜武等实力明星阵容倾力主演，关注现代人的婚姻生活，以离婚族、闪婚族和恐婚族的故事为线索，讲述了当代年轻人追求幸福的故事。

剧中围绕男女主人公生活，通过一张小小的银行卡串联起了多位主角的情感关爱，将银行柜面、自助银行、银行卡等服务、产品自然融入剧情，将平安银行品牌、产品和服务传递给广大观众。

中国平安赞助中超联赛，在球场的广告牌上为平安银行及平安保险做宣传。将平安银行平安保险与中超联赛相结合，推广一些线上线下的活动，如足球比赛比分竞猜活动、抽奖活动等。

（3）促销活动

在各个支行网点申请信用卡送礼品。

平安银行信用消费专属积分，万里通积分促销活动。通过万里通积分的促销活动，让人们对平安银行的信用卡产生兴趣，进而达到营销的目的。由于万里通积分不只限于平安银行信用卡，而对于整个平安集团全部活动都有效，因此各子公司都愿意参与平安银行信用卡的宣传和销售。

（4）人员销售

主要是各个银行支行网点的工作人员及信用卡中心专员进行销售宣传。平安保险的业务员的销售宣传。中国平安集团其他子公司的工作人员配合进行销售宣传。一些商圈的商家配合进行宣传。

三、价格策略

平安银行信用卡主要体现在年费优惠上。现阶段，平安银行许多信用卡第一年都是免年费，往后每年刷满六次便可以免次年年费。对于首年不免年费的信用卡，在刷满一定金额后也可以享受次年年费减半或全免的优惠。

四、渠道策略

平安银行渠道：由于大多数客户申请信用卡都是到银行网点，因此银行网点是最主要的营销渠道。零售部：理财经理、大堂经理进行宣传，吸引客户办理信用卡。运营部：大堂经理配合宣传，在客户办储蓄卡的同时会赠送一张信用卡。贷款部：客户经理配合宣传，在客户办理贷贷平安商务卡的同时配合销售信用卡。信用卡中心：信用卡区域经理和信用卡大使配合各个支行网点人员进行营销。

平安保险及其他子公司渠道：平安保险业务员推荐办理平安保险信用金卡；平安证券、陆金所等子公司同样会通过一些策略间接或直接配合银行网点和信用卡中心人员进行宣传销售。

商圈的商家渠道：一些和平安银行、平安保险或其他中国平安子公司有合作关系的商家也会配合宣传信用卡。

【角色模拟】请试着模拟某银行信用卡营销人员，前往当地知名餐饮城开展推介活动。

【案例思考】在此案例中，银行信用卡主管如果希望在当地进一步打开业务局面，可以采取哪些措施和策略？

【思维启蒙】如果你是这些银行的负责人，在当地多家银行竞争激烈的情况下，你会进行怎样的战略思考呢？

市场定位：华西证券轻型营业部的新定位

"如何把钱花在刀刃上，实现以小博大的优秀营销方式"是越来越多证券从业人考虑的问题。不管是有意识或无意识，也不管是用了何种方法，证券轻型营业部营销已经步入证券业务日常的管理中。其中，华西证券业务开展是别具特色的。

证券轻型营业部营销是指不通过传统的大众媒体传播的粗放营销方式，而以成本较低的个性化互动联系为主的、非常规的先进证券营销方式，它将创意、细节、关系等有机地结合起来。

证券轻型营业部营销的特征主要有：

（1）注重与投资者建立个性化的联系。

（2）采用具有互动性的传播路径，强调体验。

（3）以通过与投资者建立独特、长久的联系来确立自己的品牌为主要目标。

（4）倡导人性化和融入生活，并不需要高深缥缈的理论研究。

（5）以客户需求为中心，区别于传统证券营销以自我为中心或以证券产品为中心。

（6）营销费用低。

华西证券将很多业务推广工作都做到扎实有效，自成特色，其中比较常用的证券轻型营业部推广方式包括：

一、内部营销型

（1）营销设计图：将各个营销活动流程化，让每个执行人一目了然。

（2）营销日程表：让每个营销人知道每天需要干什么事。

（3）名片：有个性的名片在千篇一律的名片堆里让你鹤立鸡群，如将你的头像印在上面或将特色服务罗列清楚。

（4）证券机构的装修和标志：内部装修成敞开式的低柜台，拉进与客户的距离，与传统营业部高高在上的台面拉开差异；外部醒目的广告牌设计，有些营业部甚至用了点阵屏。

（5）每天营业时间：适当地延长一些营业部时间，或者在晚上接受委托等。

（6）橱窗布置和展示：整洁的营业环境、良好的专业展示让客户一进营业部就感觉到专业化。

（7）营销培训：主要包含专业技能和营销技巧。

（8）产品或服务质量：这是营销的基础，如证券产品比较少，就需要整合一些资源，设计出一些咨询产品、理财产品。

（9）接待人员的服务、笑容和语气等：很多业务能否促成在见面的第一印象就已经决定了。

（10）工作人员的服装及工作牌：让人感觉到职业化。

二、业务推广手段

（1）创立证券俱乐部：会员资格设置一定的标准，让客户有尊重感、成就感，并得到差别化的服务。

（2）电话问候：温情营销的最好方式，如生日、节日的问候。

（3）免费和收费咨询：为大众提供免费咨询；为一部分客户群提供收费的专业化咨询，提高咨询的含金量。

（4）免费股市沙龙和培训：用来聚集人气、约见陌生客户和维护现有客户，提供给大家一个日常交流的场所。

（5）竞赛和抽奖：与客户互动的方式，专业与娱乐相结合。

（6）直邮明信片和贺卡：在一定的节日或客户生日，纸质的问候让客户感觉更温馨。

（7）媒体广告：这里指的不是大型的广告，而是指如订阅报纸赠送的广告，和媒体合作开办电台、电视台的证券节目，或者在报纸杂志上的软文等广告。这类广告成本较低，但需要与媒体深入合作。

（8）突出竞争优势：除了将自己的优点明确外，还要观察竞争对手的营销策略。

（9）为公众提供的免费往返班车：主要是大型社区和营业场所之间的专线。

（10）精美的宣传材料：海报、传单、印有证券公司名称的T恤等，而且可以雇佣工作人员，穿着T恤在人口密集处宣传。

（11）投资建议书：给比较重要的客户一份投资建议书，显示证券公司良好的专业水准和服务态度。

（12）独特的赠品：在宣传活动中设计独特的赠品，加深活动效果。

（13）与有共同目标的企业结盟：可以节约成本，并使活动更专业化，如银行、保险公司、电信运营商等。

（14）与社区、团体的紧密联系：目前很多社区、团体开拓成本比较高，如果能形成长期的紧密合作，可以更加深入地挖掘客户资源。

（15）特别事件：充分利用特别事件，如行情启动的时候开股评报告会。

（16）新的业务方式：需要抓住好的业务发展方式，保持创新能力，尽量处于新业务方式的第一梯队，如以前的网上交易、B股、银证通等业务。

上述这些做法，使得华西证券与股民之间的距离更近了。

【角色模拟】请试着模拟某证券公司业务营销人员，对潜在的客户进行特色证券业务推荐活动。

【案例思考】该证券营业部营销总监希望组织一场客户活动，请为该活动策划一套方案。

【思维启蒙】请试着分析某证券营业部的营销体系架构。

产品策略：招商银行创新产品在社交媒体的推广

一、招商银行大运会营销

"2011 中国体育营销峰会暨第二届互联网体育营销颁奖典礼"在深圳举行。这是本年度中国最引人瞩目的体育营销评选活动。招商银行凭借赞助 2011 年世界大学生运动会开展的一系列品牌传播活动，获得"年度最受互联网关注体育营销案例"奖。

颁奖语点评道，招商银行作为"深圳第 26 届世界大学生夏季运动会首家全球合作伙伴和唯一指定银行"，营销活动与本次评奖主题"未来，撬动'90 后'"的主题完全贴合，充分利用自身金融服务资源和品牌优势，全力为大运会提供全面高效的金融服务；建立和年轻群体交流的桥梁，加深对世界商业未来的把握。

秉承大运精神，招商银行结合自身品牌及各项业务特色，分别展开了以激情大运、阳光大运、乐动大动、传递大运和财富大运等为核心精神的系列活动，促成招行与消费群体之间的互动，拉近招行与社会公众之间的情感距离，提高品牌的美誉度。

"中国体育营销峰会"成立于 2009 年，是中国最引人瞩目的体育营销评选活动之一。本次峰会组委会将目标放在了年轻一代的身上，在总结亚运、备战大运、展望奥运的大背景下，面对迅速崛起的"90 后"新主力消费人群，是体育营销界做出的变革与转型。

二、 招商银行微信营销

招商银行微信营销可以说是国内微信营销成功的典范之一，首先在推广环节采用漂流瓶的方式加快了粉丝的增加，而真正的亮点是招行银行实现的功能：招行信用卡中心的微信公众号可查询账户余额。

客户可以通过绑定自己的微信号和信用卡信息（通过弹出页面提交身份证、护照等证件）后，点击"金额"可以查询信用额度，同时该账号还能返回带有部分关键字的相关交互内容。该微信账号实现了电话银行的部分服务，其他电话银行具备的功能也在持续增加中。

招商银行发起了一个微信"爱心漂流瓶"的活动：微信用户用"漂流瓶"功能捡到招商银行漂流瓶，回复之后，招商银行便会通过"小积分，微慈善"平台为自闭症儿童提供帮助。根据观察，在招行展开活动期间，用户每捡十次漂流瓶便基本上有一次会捡到招行的爱心漂流瓶。不过，鉴于漂流瓶内容重复，如果可提供更加多样化的灵活信息，用户的参与度会更高。

而在功能实现方面，首先进行业务逻辑分析，将微信开放平台成功与招行信用卡中心业务程序打通，实现电话银行具备的功能，微信已成为国内运用最广泛的软件之一，在微信上开设公众号并且为客户提供服务是众多金融机构必备的运营方式。用户在招商银行微信公众平台上绑定了自己的微信号和招商银行信用卡信息后，可实现电话银行的部分服务。

招商银行为金融行业开了个好头,金融类企业、电信类企业均可参照招行案例进行微信营销。对于所有金融、电信行业企业来说，微信公众号将更加便捷地打通企业移动互联网客服与销售平台，并且成本低廉，技术性高。

但是招商银行作为微信营销的先行者还是有一些缺陷的：

（1）爱心活动将本来前期必须需要纯人工回复的工作，完全套用聊天机器人进行回复。机器人无法完全做到智能化，很多问题回答答非所问。

（2）活动页面采用非 HTML5 技术搭建，微信端打开后，非常不适合阅读体验。

对此进行相关改进的建议包括：

（1）必须配备精通业务的人工客服人员，积极应答客户疑问。在此基础上，逐渐将每日用户咨询内容进行归类整理，填充后台数据，技术开发问答知识库，实现更佳回答。

（2）将活动页面用适合手机浏览的 HTML5 技术搭建，以便建立完美的用户体验。

【角色模拟】作为某银行的客户经理，请模拟用 HTML5 制作一些邀请函，邀请微信好友参加银行本月末即将举行的感恩回馈客户活动。

【案例思考】如果你是该银行的营销经理，希望获得更多年轻用户的青睐，你能举出几个具体的营销策略吗？

【思维启蒙】银行如何更好地开展互联网营销？

实战主题四

价格策略：银行定价机制

一、我国商业银行产品定价模式

利率市场化改革旨在解除金融压抑，改善金融结构，优化金融资源配置，促进经济发展。它将自主定价权还给商业银行，使资金价格能有效反映资金的供求关系，从而有助于商业银行提高差异化定价能力和经营管理水平，推动战略转型与业务创新。

利率市场化也意味着商业银行丧失了对低资金成本渠道的垄断，存贷利差显著收窄，盈利能力面临较大冲击。但受制于长期的利率管制，国内商业银行在差异化定价的技术方法和体系建设方面都比较薄弱。因此建立一套科学有效的金融产品定价和决策机制成为利率市场化环境下商业银行维持自身可持续发展和获取竞争优势的核心和关键。

（一）我国商业银行产品定价模式的演进

伴随利率市场化的推进，商业银行产品定价模式在逐步转变。就定价方法而言，我国商业银行产品定价模式总体经历了基准利率加点法、成本加成法、风险定价法和客户关系定价法等几个阶段，与之相对应的定价模型、定价系统、定价授权体系也经历了从无到有、从简入繁的进化过程。

第一阶段：管制利率时期定价模式。在管制利率时期，商业银行基本不需要考虑自主定价问题，产品定价以盯住最终定价结果和绝对利率值为目标，采用"基准利率+点差"的方式确定价格，管理模式简单粗放，也无构建定价模型和定价系统的必要。

第二阶段：单笔业务定价模式。随着利率市场化改革推进，尤其是 2000 年以后贷款业务利率管制的逐步放开，商业银行开始探索针对单笔业务定价的自主定价方法和定价模型，成本加成法逐渐成主流的定价模式。成本加成法是以商业银行金融产品的单位总成本加上一定比率的预期利润来确定金融产品价格的定价方法，它通过对商业银行各项成本的清晰核算，确保目标利润的实现，同时为商业银行提供控制产品成本以提高竞争力的手段。其后随着风险计量水平的逐步提高，成本加成法逐渐发展为以经济资本回报率为目标的风险定价法，商业银行的差异化定价模式开始形成，定价系统和分级授权体系也开始逐步建立。

第三阶段：客户综合定价模式。单笔业务定价的局限在于只针对眼前业务，忽视了客户与业务、短期与长期的关系。在利率市场化激烈竞争的环境下，容易因价格偏高而在市场上失去竞争力，也不利于向"以客户为中心"的综合化经营转变。近年来，越来越多的商业银行开始采用基于客户综合回报的客户关系定价法，统筹考虑客户与本机构所有业务的整体风险收益水平，定价管理模式也从最终定价结果管理向定价过程管理转变，开始走向市场化、系统化、精细化和模型化。

当前来看，虽然客户综合定价模式已成为绝大多数银行的选择，但各银行在精细化管理程度和系统建设方面各行仍存在较大差异，大中型银行已普遍建立了自己的分级利率授权体系，开发了较为成熟的内外部定价模型和系统，但绝大部分小银行还停留在成本加成的单笔业务定价阶段上。此外，存款业务由于利率市场化完成时间较短，商业银行的差异化定价模式仍在探索之中，还未形成普遍认可的市场化定价模型，自主定价能力普遍薄弱，机构间差距更加明显。

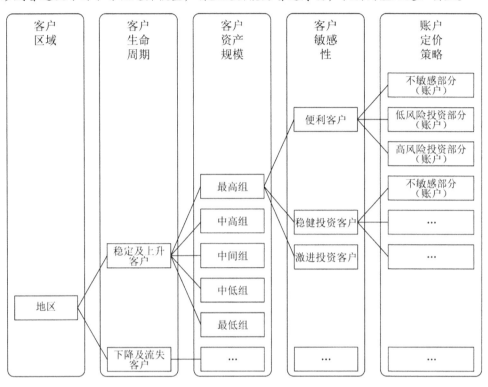

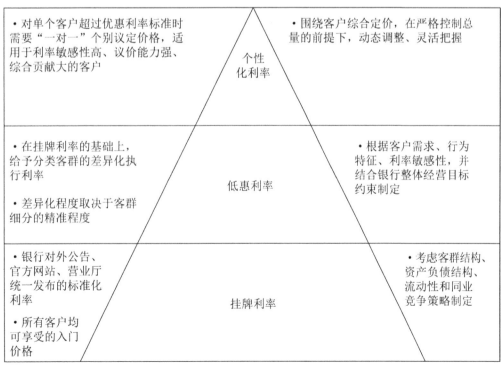

（二）利率市场化下定价管理的新要求

利率管制放开以后，产品定价的本质转变为在外部竞争情景下，银行经营目标与客户行为偏好间的博弈，并达成一种动态的量价平衡关系。因此，合理的自主定价应包含三个目标：一是清晰的客群战略，即在客群细分的基础上，将正确的价格给到正确的客户；二是科学合理的 FTP 内部资金转移定价机制，客观真实地反映基于客户行为的资金价格与成本，有效向业务终端传导经营目标，约束客户定价行为，三是基于价值创造的绩效管理和灵活可变的竞争策略，既要在绩效考核上强调风险回报与价值创造，又要在成本控制与市场份额的策略平衡中保持灵活性。定价管理目标围绕商业银行资产负债管理的总体目标制定，平衡资债配置、流动性、利润、客群战略等管理目标，在资产负债管理框架内找到新增存贷款规模、净息差、客户收益等指标多方均衡的最优价格点。

利率市场化下的自主定价目标对商业银行的产品定价管理思路、定价方法和定价体系均提出了新挑战和新要求。

一是定价管理思路亟须转变。利率市场化后，存贷利差收窄，过去依靠规模扩张获取利润增长的业务模式已难以适应当前市场化竞争环境，商业银行亟须由规模导向思维转向利润导向思维。面对客户多元化需求和更加复杂的竞争环境，"一浮到顶"与"跟随定价"策略难以为继，粗放地按照业务品种统一定价难以满足利率精细化管理要求，商业银行亟须由以业务为中心定价模式转向以客户为中心定价模式，并结合自身发展战略加强客户选择与自主定价能力。

二是考验客户差异化定价能力。受限于利率管制放开时间较晚，相对于管制放开得更早的贷款业务，目前商业银行存款定价的差异化能力显著落后。一方面，缺乏基于客户行为分析的差异化定价模式，定价策略虽有一定差异化，但总体上仍以"自上而下"的经营目标单向倒推为主，对客户行为和利率敏感性的精细化分析不够，定价管理模式也较为粗放单一；另一方面，缺乏以客户为中心的组合定价技术，存款营销仍以价格竞争为主，产品种类单一，同质化程度高，以满足客户需求为核心的差异化产品设计和客户综合定价模式尚不完善。

三是亟待建设全面的风险定价体系。利率市场化下商业银行的风险管理压力剧增，风险识别、计量、预测的难度加大，对利率定价中准确反映各项风险以及前瞻性运用定价工具引导业务发展提出了更高的要求。同时，大部分商业银行虽然已经建立了利率定价分级授权体系与内部资金转移定价模型，但缺少有效的市场跟踪与反馈机制，系统建设与定价数据积累仍处于初级阶段，定价管理中主观判断与经验主义仍然存在，量化分析技术的运用尚显不足。

二、 真正的信用卡——广发卡

广发银行信用卡营销策略分析。

（一）背景介绍

1. 广发银行简介

广东发展银行是经国务院和中国人民银行批准组建，于 1988 年 9 月成立的股份制商业银行。多年来，广发银行勇于创新，在业务快速发展的过程中，创下了多项行业第一，其中广发银行是国内较早推出先消费后还款的贷记卡，同时是较早发行美元和港币信用卡的银行之一。

2. 广发卡简介

广发卡以"创新"的精神创造了多个业界第一：国内第一张以奥运为主题的信用卡——千

禧奥运信用卡，国内第一张白金卡——广发白金卡，国内第一张女性卡——广发真情卡，国内第一张异型卡——广发南航明珠 F、M 卡等。广发卡一直都未停止探索创新的步伐，形成了目前个性化、多元化的产品格局，开发的产品还包括：针对 2002 年世界杯的世界杯主题卡、专为私家车主量身打造的车主卡、针对大学生客群的大学生卡——Fantasy 卡，还有希望卡、淘宝卡、携程卡、凡客卡、银泰卡、留学生卡、7 天卡、DIY 卡等多达 50 个卡种皆受到广大客户的推崇和喜爱。

3. 我国信用卡营销现状

我国信用卡业务呈现出发卡量多、增长速度快，但是刷卡消费低、睡眠卡不断增加、交易次数和金额少、特约商家少等特点。

信用卡业务可以分为引入期、成长期、成熟期和衰退期，我国的信用卡产业兼具有引入期、成长期和成熟期的部分特征。从全国情况来看，在大中城市，我国的信用卡已经进入成熟期，信用卡对于那里的居民来说，从少数高层人使用到普通人都可以持有，发卡规模在不断增加，信用卡业务迅速增加。而在农村和许多小城镇，当前信用卡产业在总体上刚刚处于引入期，处于唤醒和了解信用卡产品概念的阶段，人们对与信用卡观望并逐渐尝试。

（二）原因分析

1. 广发卡 SWOT 分析

（1）优势（Strength）

我国的信用卡市场需求量巨大，广发卡多卡种可以满足不同客户人群的需要，无论是失卡保障还是尽善尽美的销售服务在人们心中树立了良好的品牌形象。特约商户多，优惠力度大，锁定了大部分客户。

（2）劣势（Weaknesses）

信用卡跨行异地使用不便利，消费需要核对信息以及收取手续费对用户使用产生了一定的障碍。我国的 POS 机和 ATM 机受理环境不够普及，会对广发卡的使用有一定影响。信用卡的安全保证机制不健全，人们的风险防范意识比较低。

（3）机会（Opportunities）

我国经济发展快速，2021 年人均 GDP 达 8.1 万元人民币，这时人们就会产生较强的消费心理，而在这样的阶段人们现金消费比重下降，取而代之的就是信用卡。现在我国已进入信用卡快速发展的时期，在此基础上政府出台一系列的关于信用卡的政策法规，来进一步完善信用卡市场，使其走上健康、稳定的发展道路。

（4）威胁（Threats）

我国社会信用体系还有不完善之处，不利于促进信用卡业务的发展。信用卡的发放是面向所有具备一定偿还能力并且具备一定的稳定收入的人群，但由于我国现在没有完善的社会信用体系，无论是个人还是机构如若信誉不好，很容易给发卡机构造成坏账，这样就会阻碍信用卡的发展。我国相关的法律制度还未健全，不利于规范信用卡业务的发展。

与此同时，电子支付、消费信贷等蓬勃发展，蚂蚁花呗借呗、京东白条金条、微粒贷等在年轻一代中颇受关注，对于信用卡的推广使用等也形成了威胁。

2. 广发卡的 4P 分析

（1）产品策略

广发银行推出了高达 50 个信用卡卡种供顾客选择，满足不同人群的消费使用需要，并且拥有行业内最优的信用卡保障机制，48小时有密卡100%赔付，自动还款业务方便快捷，解决了客户的还款不方便问题。刷卡可以减免年费，积分可以兑换礼品、兑换航空里程，更可以兑换超市购物券抵钱花。完善的服务和优质的信用卡奠定了广发庞大用户群的基础。

（2）价格策略

广发卡在制定年费上根据不同的用户需求和层次需要制定了不同的年费卡来满足顾客的使用。有免年费卡和年费卡之分，更有尊贵的金卡、白金卡来彰显顾客的身份价值。

（3）渠道策略

广发卡和众多商家合作联名，如7天卡、淘宝卡、携程卡、联通卡等拓展了办卡营销的服务渠道，例如车主卡，银行的工作人员利用休息时间去出租车公司、洗车店、加油站等进行宣传和讲解，将加油返现这一优势拓展开来，赢得广大司机的青睐。广发银行同时也进行网络营销和电话营销，营业网点的柜面营销，多种渠道共同联合延伸了市场，也减少了成本。

（4）促销策略

广发卡将周五定位为"广发日"，在每周五顾客可以去特约商户消费，低至五折优惠，同时全年观影21元不限次数、不限人数。为了减少睡眠卡，广发银行还有开卡送礼，激活卡送积分的优惠活动。不同卡种有不同的优惠信息，更有机场、高铁贵宾厅等候礼遇，高尔夫球、马术等体验活动，同时还有留学生关爱、全球救援，服务涉及全面，满足不同客户人群的需求。

（三）优化方案

1. 提供优势服务

以优势的服务挽留原有的客户，吸引新的客户到来。信用卡产品同质化比较厉害，容易被竞争对手模仿。广发银行要想在信用卡市场保持领先地位，产品不但要新颖、有创新，还要提供额外的服务。建立客户群，根据潜在客户的职业、年龄、收入、生活方式等将潜在的客户分为不同的目标群，根据不同的客户群，提供不同的附加服务。

2. 产品的科学市场细分

信用卡市场把客户分为五类：A类优先群体、B类次优先群体、C类一般群体、D类特殊群体、E类拒绝群体，他们是根据客户的职业、收入、生活方式、消费习惯等进行分类的。A类客户是广发银行最优质的客户群体，信用卡使用率高，刷卡额度大，对信用卡的忠诚度高，是广发信用卡的最大的利润来源，因此要满足他们的基本要求。广发银行应将自身的经营条件与市场需求结合起来，充分发挥企业企业自身的优势，进一步完善市场的科学细分。

3. 加强产品创新意识

广发卡是中国第一个发行真正意义上的信用卡，也是第一个宣布信用卡开始盈利的银行，要想一直在信用卡市场占据领导地位，必须做产品创新的领导者，加强产品创新意识，加快建立信用卡产品研发队伍，建立和完善产品创新流程，不断研发新产品。

4. 完善营销渠道

营销渠道是营销活动中的关键性因素，广发银行应加以完善加强营销队伍建设。广发银行信用卡营销队伍可分两方面：一是柜台营销队伍，二是直销队伍。加强营销队伍的建设，增强对营销人员的业务培训，加强营销人员对信用卡知识的掌握，提高营销成效和服务能力。

同时，应加强信用卡电子营销渠道建设。广发银行每个分支机构虽然都有自己的营销中心，但是没有独立的客户服务中心，95508客服热线也主要负责挂失、密码修改、信用卡常见问题咨询等客服工作，还未实现信用卡的电子营销。因此广发银行应该加强信用卡电子渠道建设，不断完善和丰富电子渠道服务功能，充分利用现代化信息与网络技术等，大力推进电子营销方式，提高信用卡市场营销管理工作效率。

【角色模拟】请模拟某银行应用卡营销人员，向某一特定人群（如职场女性等）推介相关金融服务。

【案例思考】如果你是某银行信用卡中心营销总监，你将如何建设互联网营销渠道？

【思维启蒙】从历史的角度看，某些银行率先在信用卡服务领域主动探索，成为"改革先行者"，不过随着时间的推移，这些发卡量较高的银行面临着消费者投诉多的困境，请以战略发展的维度进行思考。

实战主题五

促销策略：工商银行资金池现金管理

一、背景介绍

现金管理业务经历了 30 多年的发展，已成为一些欧美银行面向集团客户开展的重要中间业务之一。随着国内经济的持续快速发展，给众多的跨国公司、企业集团等对公类客户提供现金管理服务，已受到国内商业银行越来越多的关注和重视。

对于企业集团而言，其经济链中任何一项生产经营活动都将直接影响整个企业集团的成本和效益，对其所属的资金进行全面整合和集中化管理，以最大限度地发挥企业集团各项资金的协同效应，不仅是企业集团客户的目标，也由此产生了集团客户对商业银行现金管理业务的需求。同时，商业银行在整合企业集团资金方面也发挥着重要作用，一方面可通过账务系统及完善的电子银行系统，充当高效的结算工具，完成上下游合作伙伴融资供应；另一方面可以通过银行反映企业的信誉度，并提供专业的风险控制服务。所以工商银行推出了"资金池现金管理"这项金融业务。

二、原因分析

现金管理业务作为中间业务的高端产品，国内商业银行已经开展了一些现金管理业务，主要内容包括：其一，收付款管理。收付款管理包括：委托收款、代理收款、异地通存通兑、支票实时支付、预约收款、电子汇兑、代发工资、外汇汇款、清算服务等。其二，流动性管理。流动性管理包括：收支两条线和一条线管理下按时间、余额、周期、归集路径的不同定义的多种方式的资金归集、资金下划、资金划拨、现金池、资金头寸管理，短期融资、流动资金循环贷款、外汇交易、外汇管理、代客理财服务等。其三，信息报告。信息报告包括客户信息报告、账户信息报告、交易信息报告、市场信息报告和电子对账信息报告等。

现在的商业银行竞争非常激烈，国内商业银行在现金管理业务方面提供的产品功能类似，但产品体系零散，多是单纯的某一业务处理功能的简单叠加，缺乏现金流预算、资金授信、外汇等业务管理功能，难以构成完整的集团资金管理体系，并且无法为企业提供管理和决策支持。同时，国内商业银行提供给企业的系统服务往往缺乏有效集成，企业用户进行业务处理时需要通过不同的系统来获得全部服务，有的服务又需要通过多个系统获得，而同一服务各系统的内容可能还不一致，甚至提供的业务信息也不完全一致，这样的现金管理服务就难以满足企业高效利用资金和密切监控资金的要求。所以，工商银行推出"资金池现金管理"业务后并没有特色的地方来吸引客户。

三、解决方案

用 4P 和 4C 的组合来进一步介绍工商银行"资金池现金管理"的解决方案。

4P 包含产品策略（product）、促销策略（promotion）、价格策略（price）和渠道策略（place）；4C 包含顾客问题解决（customer solution）、顾客成本（customer cost）、沟通（communication）、便利程度（convenience）。

（一）账户管理解决方案

集团客户对集团内部众多的账户进行管理时，工商银行可以为客户提供账户管理解决方案。协助客户建立满足现金管理目标的账户结构，实施灵活的账户支付控制，并以完整、可靠和及时的账户信息，全面支持客户财智管理决策。以客户为导向，重点倾向于客户的需求和价值，来提升客户占有率。

工行功能强大的电子化账户信息管理平台，可以让客户足不出户掌握集团内所有成员单位银行账户的余额、当日明细、历史明细等全面信息；个性化信息补录服务，将资金跨行清算过程中遗失的重要交易信息补充到有关信息报告中；账户信息定制服务，向客户端财务系统实时发送特定内容的交易结果反馈文件，帮助客户事先自动记账和对账；以短信或邮件的形式第一时间向客户提示账户资金变动。应用渠道策略通过强大的电子信息网络平台，可以让客户足不出户就可以了解到信息，免去了需要到银行柜台的一系列烦琐程序。

此外，工行还可根据客户需求，主动控制其付款、收款对象，为实现收支两条线等管理提供技术保证。还可对账户的累计交易额、余额实施控制，全面满足客户不同的账户管理需求。

（二）电子银行解决方案

主要是沿用渠道策略，运用高科技的网络和手机等手段进行电子银行的推广，并且降低了顾客成本，提高了便利程度。

集团客户财务管理的电子化，需要银行平台的协助。工商银行为客户提供功能强大的电子银行解决方案，帮助客户以电子化平台全面实现头寸集中、账户管理等整套现金管理功能，提高现金管理效率，降低管理成本。

工行为客户提供互联网、专线、电话、手机等多样化的电子交易通道；可按照客户的个性化需求，定制开发电子交易功能，实现银行系统与客户端财务、企业资源管理系统的无缝对接，实现现金管理全程电子化运作；通过证书机制实现对支付额度和支付方向的双重控制，确保客户资金和交易信息安全；工行电子银行 7×24 小时、365 天无间断的支付系统可以全面保障客户随时随地的支付需要。

（三）临时融资解决方案

通过产品策略，丰富服务项目，提高服务质量，可以为客户提供更加优质有保障的融资方法。

工商银行协助客户应对临时性资金不足，为客户提供多样化临时融资选择，简化办理手续，实现快速融资。

工行提供法人账户透支服务，在核定账户透支额度后，允许客户在结算账户存款不足支付时，在核定的透支额度内直接取得资金；提供日间透支服务，客户在银行营业时间内，可直接在透支额度内办理对外付款，日终从指定账户进行资金清算，补平日间透支；提供流动资金循环贷款服务，客户签订一次性借款合同，有效期内可多次提取、逐笔归还、循环使用。

（四）供应链金融解决方案

稳定的供应链对客户的发展具有重要的意义，由此催生了客户供应链管理。对处于供应链核心地位的企业，工商银行提出供应链金融解决方案。通过为其上游企业提供融资服务，巩固上下游企业合作关系，提升整个供应链的价值。

工商银行基于核心企业强大的实力和良好的信誉状况，为核心企业的供应商核定专项授信额度，提供信用支持；根据企业的资金需求情况，工商银行为企业快速提供贸易融资服务；根据核心企业订单，按比例为供应商提供贸易融资，用于生产或采购商品；供应商向核心企业出售商品后应收账款的债权，也可转让给工商银行，达到快速融资的目的。

（五）短期投资解决方案

短期投资解决方案主要应用了产品策略。工商银行为客户量身定制短期投资解决方案。在保障资金安全性、流动性的基础上，提高资金收益，满足客户多样化的短期投资需求。

工商银行提供丰富的投资品种选择，客户可投资于记账式国债、基金、债券、保险、协定存款、通知存款、工商银行债市通等多种产品，实现收益和风险偏好的最佳结合。

工商银行为客户提供专业投资咨询服务，总行专设理财工作室，为企业的投资需求进行信息咨询和信托服务。投资品种较多、质量较高、并且产品的服务很好。

（六）风险管理解决方案

顾客问题解决方案的应用，帮助顾客有效控制风险。汇率、利率市场化使企业财资与风险管理面临新的挑战。工商银行凭借丰富的业务经验和风险管理产品，为客户提供风险管理解决方案。确保客户在追求资金收益的同时，有新途径控制汇率和利率的波动风险。

工商银行协助客户有效管理汇率风险。客户通过远期外汇交易和远期结售汇，可约定远期交割币种、金额及汇率，规避因成交日汇率波动造成的资金损失。工商银行还可提供外汇期权、货币掉期和结构性汇率风险管理工具等服务，有效规避汇率波动为客户带来的市场风险。通过较强的风险管理方案，有效帮助客户解决问题。

（七）外汇资金集中管理解决方案

实施外汇资金集中管理，是跨国公司构建一体化现金管理体系的必然选择。工商银行凭借强大的业务实力，为客户提供高品质外汇资金集中管理解决方案，实现外汇资金集中管理目标。

工商银行提供内部结售汇、统一收付汇、外汇委托贷款等全面服务，帮助客户在现行外汇管理政策框架内，实现集中管理的最大价值。

工商银行深刻理解外汇管理政策，并拥有为大型跨国公司提供服务的成功经验，能够为客户提供全面的业务辅导和人员培训服务，帮助企业胜任外汇集中管理要求。

工商银行外汇资金规模优势突出，可向客户提供充足的交易授信和临时性融资安排，保证客户大额外汇交易和跨境汇款的用款需求。

（八）集中支付解决方案

当集团公司设置了财务中心或共享服务中心后，公司将面临统一支付的课题。工商银行可以为客户提供集中支付解决方案，通过建立集中支付体系提供高品质解决方案。集中支付解决方案将原来分散于各成员单位的支付业务集中到集团财务中心或共享服务中心办理，实现了全国统一支付，可以为企业带来成本、效率、风险控制等全面价值。

（九）资金池解决方案

资金池解决方案主要应用了渠道策略。针对集团客户资金集中管理的需求，工商银行可以为客户提供资金池解决方案。工商银行协助客户建立集团内部资金池，最大限度发挥内部资金潜力，降低对外部资金的依赖，达到客户现金管理的主要目标。

工行可以为客户建立覆盖全国的资金池，将全部成员单位纳入资金池，实现资金统一安排和调度；工行强大的资金汇划系统，为资金池提供高效率运行平台；工行可以为客户提供灵活多用的资金池功能定制服务。

（十）收款解决方案

收款解决方案主要应用了渠道策略方案。快速回笼货款，是高品质现金管理的基本要义。工商银行设计和提供多样化收款工具，帮助客户快速回收货款，优化现金流状况。

工商银行拥有遍布全国的服务网络，更加容易将客户与下游企业之间的支付纳入行内清算，压缩资金在途时间，加快资金到账速度。

客户可主动向付款人发起收款要求，实现从付款人账户直接扣款，实现全国范围内资金实时到账。

工行提供无账户收款服务。客户无须开立银行账户，即可将收取到的支票、现金就近存入工商银行服务网点，并在规定的时间自动汇往指定工商银行账户。

【角色模拟】请分别模拟银行对公业务客户经理和零售业务客户经理的日常工作片段，指出他们工作上的不同之处。

【案例思考】如果你是某银行对公业务部门主管，希望能够更多地吸收对公存款，你有哪些具体的措施。

【思维启蒙】请思考你熟悉的银行中，哪家对公业务更庞大？并通过查阅年报进行分析。

渠道策略：宠物保险的销售渠道

随着人们对于宠物陪伴的精神需求与日俱增，包括宠物主粮、零食、日用品、美容、保险相关的宠物经济市场规模也越来越大。

宠物保险是针对宠物的保险品种，在宠物生病、丢失或被偷时，保险公司可以为其主人提供经济理赔。对于不同的宠物，如稀有鸟类、哺乳动物或爬行动物等，全球不同保险公司都有量身定制相关保单条款。

据瑞士再保险发布《中国宠物保险发展报告》预测，如从 2023 年开始以 25% 左右的增长率增长，2025 年中国宠物保险保费规模有望达到 14 亿元左右，宠物保险渗透率有望达到 1.2% 以上。同时该报告也表示，宠物保险仍有诸多挑战亟待克服，有效路径尚待在实践中探索和检验。《Z 世代的"底气"——2022 年新青年互联网保险服务体验趋势洞察》报告显示，新时代人群有超过 60% 的人拥有两份以上的保单，他们不仅为自己购买保险，更有超五成消费者主动为家人及宠物购买保险。

一、医疗费用高催生宠物保险

在养宠群体不断扩大的同时，动辄成千、过万的宠物医疗费用，也让不少宠物主在财力方面倍感压力。

在广州独自租房生活的宠物主蓝女士向记者表示，她家的英国短毛猫前段时间经常食欲不振并伴有呕吐，"去医院检查发现是肠胃炎，检查加治疗花了将近 2000 元，如果产生超过 5000 元的宠物治疗费，在资金上还是挺有压力的。"蓝女士说。

为减轻宠物主的医疗负担，宠物医疗险应运而生。据了解，宠物保险作为近几年兴起的保险产品，主要提供宠物意外伤害、医疗、疫苗等相关保障。同给人配置的保险一样，宠物保险也是帮助宠物主人转移部分因宠物伤害、医疗等花费带来的经济负担。

二、出现新的"识别"技术

目前市面上常见的宠物保险主要分为两种：宠物医疗险及宠物责任险。前者主要报销宠物生病或意外伤害所产生的医疗费用，后者则是赔偿宠物袭伤他人或弄坏他人的财物所造成的经济损失，减轻宠物主的经济压力。

分析人士表示，如今宠物险产品经过多次迭代，公司现在合作的定点宠物医疗机构已超过 8000 家，覆盖了全国绝大多数城市，定点医院可报销 60% 费用，非定点医院为 40%。

据了解，为了能在不伤及宠物的情况下确定宠物身份，近年来国内宠物保险行业也出现了一些新的"识别"技术。比如，众安保险推出的宠物鼻纹识别技术，在宠物主配合输入宠物昵称、种类、年龄等简单信息和照片后，建立在积累足够测试集的基础上，其宠物鼻纹识别技术的识别成功率超过 99%。

三、销售渠道日益多样

目前，平安财险、众安保险、阳光保险、太平洋保险、大地保险及人保财险等多家保险公司可提供宠物保险业务。

此外，微保、支付宝、京东等互联网平台也已加入相关宠物医疗险的销售行列。各家险企保险项目的涵盖范围有所不同，保费也从每月几十元到每月几百元不等。

不同保险公司的宠物保险产品不同，包括等待期、保费、保障内容、投保限制等都存在差异。例如，众安的宠物保险就属于宠物医疗险，年龄在 2 个月到 10 岁之间的宠物可投保。除了一些意外伤害在众安宠物保险的保障范围内，如摔伤、误食、烫伤等，一些常见的重大疾病，如肠胃道疾病、结石病、猫传腹、猫/犬瘟、细小等也在保障范围内。由于产品分为不同版本，保费也分别为每月 16.58 元、33.25 元、66.58 元不等，最高报销额度为 30000 元/年。

资料来源 http://tradeinservices.mofcom.gov.cn/article.

【角色模拟】请试着模拟互联网保险营销人员，向亲朋好友介绍宠物保险。

【案例思考】如果你担任某保险公司营销总监，你会采取哪些具体措施，来推广宠物保险？

【思维启蒙】如果你作为某互联网保险公司的负责人，你会将宠物保险纳入重要发展战略吗？为什么？

实战主题七

品牌策略：招商银行"Young"卡的营销

一、背景介绍

信用卡作为一种新的银行信用工具，已成为提高社会支付效率、降低交易成本、提高交易安全性的重要支付工具。随着信用卡在社会经济生活中的作用日益增大，信用卡支付比例逐步攀升，信用卡贷款比重逐年加大，信用卡业务为金融机构带来的利润占总利润的比重也在不断提高。信用卡在逐渐成为商业银行新的利润增长点的同时，也在方便人民生活、刺激消费需求、促进电子信息产业、商业、零售业、航空旅游业等相关产业的发展等方面起到越来越关键的作用。

随着信用卡市场的蓬勃发展，中国人的消费习惯也得到极大转变。自 1985 年中国银行在珠海发行中国第一张信用卡开始，30 多年间，中国信用卡行业取得了突飞猛进的发展。现如今，信用卡付款已成为多数家庭大额消费的首选方式。截至 2021 年末，中国信用卡市场信用卡累计发卡量为 8 亿张，信用卡消费已经成为推动中国社会向消费型社会转变的重要推动力量。

早在 2002 年 12 月 3 日，招商银行率先在国内大规模发行了符合国际标准的双币信用卡。截至 2021 年末，招商银行信用卡消费金额超过 4 万亿元，居国内银行之首。中国信用卡市场依然是中国个人金融服务市场中成长最快的产品线之一，虽然行业经济效益充满挑战，但受规模效益以及消费者支出增长的推动，盈利状况趋向好转，未来发展前景广阔。

二、 营销特色

用 4P 原则来说明招商银行 Young 信用卡的营销策略及特色。

（一）产品策略（product）

1. 外观

Young 卡的设计大胆明快，鲜艳、缤纷的色彩吸引着每一位崇尚时尚的大学生的眼球。卡面朝气蓬勃的色彩象征着大学生有着年轻的心，轻盈明快而又五彩缤纷；大胆而明快的"Young"字样，则仿佛是以卡面作为青春的画卷，随性涂鸦的杰作，把青春的风采挥洒得淋漓尽致；卡片上金色的葵花，则是招行的象征——客户是太阳，招行就是随着太阳转动的向日葵，葵花代表的是招商银行"因您而变"的承诺。

百事纪念 Young 卡，竖版外形，外观新颖时尚。卡片中央，招商银行全球合作商百事可乐的瓶形赫然呈现，蔚蓝的色彩、网络化符号语言以及颇具张力与动感的设计，亦被年轻一代视作拥有 Young 卡，即拥有年轻、激情与时尚。

2. 功能

先消费，后还款。使用 Young 卡，无须预先存款，先消费后还款，拥有最长 50 天的免息还款期，更可使用循环信用功能。免息分期，在上千家分期合作商户购买指定产品时，可按总价款均分成若干月并按月支付。可在全国近两万家优惠商户中享受 VIP 待遇，旅游、美食、打折、抽奖等活动。刷卡消费可同时积累积分，积分永久有效。可兑换多种品牌好礼，免费送到。五重安全，刷卡无忧。专设五重安全保障："签名"或"签名+密码"两种刷卡消费验证方式随心选择、消费短信提醒即时保障用卡安全、"24 小时异常消费检测"系统有效防御用卡风险、消费明细电子邮件翔实汇报卡片交易情况、失卡万全保障服务分担挂失前 48 小时的被盗用损失。取现优惠，为大学生提供"每自然月第一笔取现免手续费"的优惠，全国所有银联联网 ATM 机以及所有招商银行网点均可完成取现，真正做到随时随地，想取就取。毕业转卡，在使用 Young 卡期间，累计诚信，用户毕业后就能够简单升级招商银行发行的标准信用卡。毕业转卡完全通过网络完成，在校期间使用 Young 卡所获得的信用记录和积分和新核发的标准信用卡获得的信用记录和积分合并积累。

（二）价格策略（price）

Young 卡开通激活当年不收取任何手续费，刷满六笔免次年年费，以后以此类推。Young 卡每自然月第一笔取现免手续费，从第二笔开始，按交易金的 1%、最低 10 元/笔收取境内手续费，取现费用的收取无本异地无跨行区别。同其他银行相比，招商行的 Young 卡在年费和取现收利两方面具有一定优势。

招商银行 Young 卡收费标准一览表

收 费 项 目	收 费 标 准
循环信用利息	日息万分之五
年费	每卡每年 100 元，首年免年费，刷卡 6 次免下年年费，刷卡无金额限制，网上支付计入刷卡次数。
滞纳金	账单应还款额未还部分的 5%，最低收取 10 元或 1 美元
挂失费	60 元/卡
境外补发紧急替代卡手续费	威士卡：　175 美元/卡；万事达卡：　155 美元/卡
调阅签购单手续费	正本：国内 50 元/笔；国外 8 美元/笔
	副本：国内 20 元/笔；国外 5 美元/笔
损坏换卡手续费	15 元/张，使用快递则为 35 元/张
开具证明手续费	RMB20 元/份
外汇兑换手续费	交易金额的 1.5%结付

（三）渠道策略（place）

（1）直效行销：直接针对目标群体大学生现场办卡。特别是在大学开学季的时候，办公人员会在校园附近设立办公点、张贴宣传单等，以此来吸引用户办理信用卡。

（2）亲情渠道：作为父母信用卡附属卡的申请办理。父母可以通过限制额度来管理孩子的现金消费，同时也可免每月现存现取的手续，较为方便快捷。

（3）网络渠道：招商行网上银行有专属的信用卡网页，用户通过浏览网页了解 Young 卡，以及一些 Young 卡的相关功能，如年费、还款、优惠活动等基本事项。

（4）公共渠道：用户经校园、网络、报刊、海报等广告媒介介绍及了解后，由网上银行或银行柜台办理信用卡。

（四）促销策略（promotion）

1. 活动宣传

（1）采取办卡送礼品、办卡抽奖的方式来吸引大学生办卡。

（2）开展针对大学生的积分送礼活动。刷 Young 卡送礼，通过刷卡获得积分，积分可兑换年轻新潮的工艺品、装饰物、公交"一卡通"或航空里程等。

（3）刷卡免年费。招商银行推行：首年年费由招商银行代付。刷卡 6 次免下年年费，刷卡无金额限制，网上支付计入刷卡次数。

（4）在业务推出的同时，进行了大规模的宣传。大学生是使用网络最多的人群之一，在腾讯QQ——目标群体大学生最喜欢的网络应用、淘宝——学生使用人数较多购物平台，品牌个性符合 Young 的特性等网络媒体上提供相关 Young 卡新闻报道和开设专门的版面介绍和推广 Young卡。同时，选择时尚电视媒体进行扩大传播效果。

2. 广告策略

（1）网络，现代网络可以实现信息交换，信息发布者和信息接受者可以便捷地交流信息，发布者可以更好地掌握网络传播的效果。招商银行可以通过互联网植入信用卡广告扩大 Young 卡的知名度，并呈现出办卡后的优惠活动，以吸引更多的消费者。

（2）海报，给人以视觉感强烈的海报比较容易吸引人们的眼球。在招商银行的所有支行的大堂中、车站台的海报、地下通道的墙纸等都会有相关的宣传海报。

（3）电视，选择在电视节目的间隙播放广告。

（4）制作宣传图册、电子书等，扩大大学生对于 Young 信用卡的了解，打消消费者对信用卡的各种顾虑，促进 Young 信用卡的开卡量以及消费量。

三、解决方案

使用 SWOT 分析方法分析营销策略的优劣势。

（一）优势（strength）

具有自身的经营理念和经营特色，并且较早涉足信用卡市场，经验丰富、创新能力强，信用卡品种多样，收入可观，市场占有率较高、服务质量好，特色鲜明。优惠活动较多，促使客户更多的刷卡消费。招商银行和海内外众多优质商户鼎力合作，为消费者全面打造招商精选优惠商户网络。个性化突出信用卡本身还是招商银行的优质服务，都突出了其他银行没有的年轻新一代，青春活力的特征。招商银行推出了 24 小时免费服务热线，客户通过拨打这一电话，可以得到专业化的问题解答。另外，商业银行通过信用卡所提供的附加服务也越来越多，涉及生活的各个方面，如招商银行的信用卡可以使持卡人在苏宁电器等商场购买家电时享受免息分期付款等。

（二）劣势（weakness）

只计数量，不顾质量。招商银行在营销信用卡时不断通过各种优惠政策和营销手段大力推进信用卡发行量，但却不能及时跟进对消费者和持卡人信用卡知识的普及和刷卡消费的推动。信用卡销售人员在营销新客户时往往一味地强调信用卡的透支消费功能。据调查显示，部分地区一些居民每人拥有 3~8 张信用卡，但是真正使用的就只有一张或两张。营销人员大力推销的同时也增加了招商银行承担的风险和责任。Young 卡的消费人群主要针对的是当代大学生，学生现在还不具有一定的经济偿还能力，也没有信用值，再加上信用卡容易出现套现的危险。

（三）机会（opportunity）

学生消费观点的改变。当代大学生在消费方面越来越求新求异、追求时尚、追究高品位。从而导致大学生消费水平的不断提升，为 Young 卡的发行量提供了更多的提升空间。

市场经济的发展，国内外经济的相互沟通合作，越快越多外国产品受国内民众的喜爱，海外购物成为了消费者一个新的购物方式。

（四）威胁（threat）

近年来，国内其他商业银行的信用卡产品品种也在不断丰富，各行都争相在原有信用卡的基础上推出新的信用卡并不断丰富其功能。品种如此之多，使消费者可以根据自己的需要选择不同的信用卡，不但增大了选择的余地，更使消费者可以从中享受到各具特色的优惠服务。无形之中，这些国内其他发展较快的商业银行也会为招商银行的信用卡营销带来威胁。如何开发和发展自身的优势去获取更多的客户源，是招商行多要面临的挑战。

【角色模拟】请试着模拟一位年轻人投诉某银行信用卡的场景，并互换消费者和银行工作人员的角色，模拟后请分享对投诉处理的感受和看法。

【案例思考】如果你是信用卡主管部门负责人，你会采用哪些具体措施减少信用卡相关的投诉和客户抱怨？

【思维启蒙】请对比分析蚂蚁花呗和银行信用卡的优劣势，并思考如何提升银行信用卡的用户体验感。

客户资源管理：用 DWYER 方法计算客户生命周期价值

DWYER 方法是由美国人 Dwyer（杜瓦尔）在 1989 年率先提出的一种 CLV 的计算模型。它首先依据客户的属性（如收入、年龄、性别、职业、地理区域等），采用一定的分组策略进行分组，然后针对一组客户分别统计这组客户在各年的销售额、成本费用，得到企业从这组客户获得的利润。由于利润是各年的累计，基于资金的时间价值，再考虑贴现率，计算出这组客户每年净现值及累计净现值，即可得到这组客户的生命周期价值。为对营销决策提供更好的数据支持，年销售额中考虑了客户数、客户保持率、客户平均每月交易次数、客户平均每次交易金额；成本及费用则分为可变成本、营销费用和客户获得费用。

1. 销售额

我们来设想，通过市场营销第 1 年我们获得了一批客户，产生了交易，其中有一组客户数为 20000 个，该组客户在 4 年中各项指标如表 1 所示：

表 1

	第 1 年	第 2 年	第 3 年	第 4 年
销售数据				
客户数	20000	13000	9100	6825
客户保持率	65%	70%	75%	80%
平均每月交易次数	0.50	0.60	0.70	0.80
平均每次交易金额（元）	650.00	700.00	750.00	800.00
年销售额（元）	78000000.00	65520000.00	57330000.00	52416000.00

到了第 2 年，这一组客户保留下来的比例是 65%，第 2 年继续采购的客户数为 20000×65%=13000。随着时间的推移，由于客户流失，这一组客户的数量逐渐减少，但是保持率从 65% 到 80% 在逐年提高。换句话说，持续交易时间越长的客户越忠诚。

第 1 年，平均每个客户每个月交易的次数是 0.50 次，平均每次的交易金额是 650.00 元，因此第 1 年的销售额是 650.00×（0.5 次/月×12 个月）×20000 = 78000000.00 元。随着时间的推移，保留下来的老客户平均每个月的交易次数逐步从 0.50 次上升到 0.80 次，而且每次采购的金额也逐步从 650.00 元提高到 800.00 元；但是由于这一组客户的数量不断减少，年销售额逐步从 78000000.00 元下降到 52416000.00 元。

2. 成本及费用

表 2

		第 1 年	第 2 年	第 3 年	第 4 年
销售数据					
客户数		20000	13000	9100	6825
客户保持率		65%	70%	75%	80%
平均每月交易次数		0.50	0.60	0.70	0.80
平均每次交易金额（元）		650.00	700.00	750.00	800.00
年销售额（元）		78000000.00	65520000.00	57330000.00	52416000.00
成本及费用					
可变成本（元）		58500000.00	42.588.000.00	36117900.00	32497920.00
营销费用（元）	120.00	2400000.00	1560000.00	1092000.00	819000.00
客户获得费用（元）	450.00	9000000.00			
成本及费用总额（元）		69900000.00	44148000.00	37209900.00	33316920.00

　　该组客户成本及费用方面的指标如表 2 所示。销售不可避免地伴随着成本和费用。假设我们把产品的采购成本、一对一的销售、服务费用归入"可变成本"，那么第 1 年的可变成本是销售额的 75%（78000000.00×75%=58500000.00），然后逐年递减到 62%。递减的原因，主要是由于交易双方建立了默契，一对一的销售和服务费用会有所下降。

　　营销费用，在这里是指广告、公共关系、促销活动等方面的开销。假设每年平均用于每个客户的营销费用都是 120 元，那么第 1 年的营销费用是 120.00×20000＝2400000.00 元。对这一组客户而言，只有第 1 年存在客户获得费用，平均每获得一个新客户需要花费 450.00 元。这个平均金额比较高的原因是，您可能是向 450000 个客户发出了邀请之后才获得了这 20000 个客户，这 20000 个成交客户要分摊 450000 个潜在客户的邀请成本。

　　我们把各个年度的可变成本、营销费用、客户获得费用分别相加后，就得到了各个年度的成本及费用总额。随着这一组客户数量的减少，成本及费用总额也呈现出逐年递减的趋势。

3. 利润

表 3

		第 1 年	第 2 年	第 3 年	第 4 年
销售数据					
客户数		20000	13000	9100	6825
客户保持率		65%	70%	75%	80%
平均每月交易次数		0.50	0.60	0.70	0.80
平均每次交易金额（元）		650.00	700.00	750.00	800.00
年销售额（元）		78000000.00	65520000.00	57330000.00	52416000.00
成本及费用		75%	65%	63%	62%
可变成本（元）		58500000.00	42588000.00	36117900.00	32497920.00
营销费用（元）	120.00	2400000.00	1560000.00	1092000.00	819000.00
客户获得费用（元）	450.00	9000000.00			
成本及费用总额（元）		69900000.00	44148000.00	37209900.00	33316920.00
利润（元）		8100000.00	21372000.00	20120100.00	19099080.00

如表3所示，将各年的销售额减去成本及费用，就得到各年度的利润额。我们发现这一组客户贡献的利润，从第1年的8100000.00元到第2年的21372000.00元，有显著上升；利润在第2年达到顶点后，逐年缓慢下降，下降的幅度比较小。

4. 客户生命周期价值

表4

		第1年	第2年	第3年	第4年
销售数据					
客户数		20000	13000	9100	6825
客户保持率		65%	70%	75%	80%
平均每月交易次数		0.50	0.60	0.70	0.80
平均每次交易金额（元）		650.00	700.00	750.00	800.00
年销售额（元）		7800000.00	65520000.00	57330000.00	52416000.00
成本及费用		75%	65%	63%	62%
可变成本（元）		58500000.00	42.588.000.00	36117900.00	32497920.00
营销费用（元）	120.00	2400000.00	1560000.00	1092000.00	819000.00
客户获得费用（元）	450.00	9000000.00			
成本及费用总额（元）		69900000.00	44148000.00	37209900.00	33316920.00
利润（元）		8100000.00	21372000.00	20120100.00	19099080.00
贴现率	14%	1.00	1.14	1.30	1.48
当期净价值（元）		8100000.00	18747368.42	15477000.00	12904783.78
累计当期净价值（元）		8100000.00	26847368.42	4232468.42	55229152.20
生命周期价值（元）		405.00	1342.37	2116.22	2761.46

在考虑未来的价值的时候，有必要考虑一个金融领域常用的概念——贴现率。它是利率的反面。例如，有人承诺给您100.00元，但是要在1年后兑现；如果您急等着用钱，需要现在就拿到这100.00元，那么您就要倒贴14.00元的现金，只能拿到100.00-14.00=86.00元。就是每年的贴现率为14%。假如是要提前两年兑现的话，两年的贴现率就是30%，同理，三年的贴现率是48%。

每年度的利润除以贴现率，得到未来那个年度在当前（第1年度）的当期净价值（net present value）利润。例如，第2年度的利润21372000.00/1.14=18747368.42元。第2年的当期净价值为18747368.42元加上第1年的当期净价值8100000.00元，得到第二年的累计当期净价值26847368.42元。我们发现随着时间的推移，这一组客户的累计当期净价值在不断提高。它在CRM中的含义是：假设您能按照上述方法较好地与这一组客户维系长期的关系，那么他们将给您长期的、丰厚的回报。第4年的累计当期净价值55229152.20元除以第1年获得的20000元个客户，得到2761.46元。

也就是说在当前（第1年），这20000个客户中，平均每个客户对您意味着2761.46元的客户生命周期价值。如果客户的生命周期继续延长，这个价值还将继续增长。所以我们不要只为第1年的区区405.00元的客户生命周期价值耿耿于怀。事实上，很多时候刚刚招募到的新客户，在第1年的生命周期价值是负值！

这再一次让我们感叹，获得一个新客户，尤其是从竞争对手那里抢夺来一个新客户是多么昂贵。如果我们能从组织保障、客户沟通和计算机信息系统上更好地做到以客户为中心，那么我们的客户保持率将会更高，客户生命周期价值的提升也将十分明显。

DWYER模型绝非唯一的客户生命周期价值计算模型。它通常要结合市场细分方法才能更好地发挥作用。事实上，它主要是针对一组客户，而不是针对单个客户进行生命周期价值计算，除非您的某一组客户里面只有一个客户。

【角色模拟】建立客户档案管理，可以有所帮助吗？

【案例思考】是否发现随着时间的推移，这一组客户的累计当期净价值不断提高，它在客户管理中的含义是：假设能按照上述方法较好地与这一组客户维系长期的关系，那么他们将给您长期的、丰富的回报。

【思维启蒙】刚刚招募到的新员工，在第一年的生命周期价值可能是负值。如果客户的生命周期不断延长，客户生命周期价值还将继续增长。如果我们能从组织保障、客户沟通和计算机信息系统上更好地做到以客户为中心，那么客户的保持率将会更高，客户生命周期价值的提升也将更加明显。

服务组合：花旗银行办起了留学？

随着社会的经济发展，金融界已经成为以服务和创新为重要主题的领域了。各类金融企业根据金融产品本身的特点和金融服务的人性化特征来加强市场营销，以获取竞争优势。各个金融机构等为了成功地营销自己，在关注产品本身的同时也更加关注服务营销。在全球经济一体化、现代通信技术的发展等因素的作用下，一方面人们的金融消费需求呈多样化、复杂化；另一方面金融业竞争日益激烈，这些因素促使金融企业将现代市场营销理念引入金融商品和金融服务的经营中，以更好地满足客户需求，有效地开展金融服务深层次上的竞争，从而增强金融企业的竞争力，实现企业战略目标。越来越多的金融企业不断探索，形成了一些成功的案例值得借鉴和学习。

下面，将以花旗银行成功地营销一款保险业务为案例，深入分析其营销过程及营销特点等。

花旗银行通过与留学机构合作，以此吸收大量顾客的存款（包括人民币和外币）。具体过程如下：有出国留学计划的学生都会找到留学机构中介来办理相关手续，在此期间留学机构会提供给学生所有有关出国的，包括参加英语考试和申请时间等一切相关信息，其中还包括告诉学生如何提升学生自身背景。因为如果想申请到好的学校，除了需要各项的成绩外，还需要有一些实习经历等，这会在申请学校时给学生大大加分。所以通常来讲，留学机构都会给学生们提供一些实习机会。当然，参加实习也是要有条件的，这就关系到花旗银行了。

花旗银行通过与留学机构合作，提供给学生们到花旗银行实习的机会，并会在实习结束后开具相关实习证明手续和推荐信。而有意参与此项目的学生需要在花旗银行有最低50万元人民币的存款。花旗银行是美国最大的银行之一，也是一间在全球近150个国家及地区设有分支机构的国际大银行。很多家长为了让孩子有机会参加此项目，都在花旗银行开立了新的户头并存入了最低50万元人民币。这笔存款的期限是3个月，在此期间家长可以把这笔钱作为固定存款存入，也可以买入理财产品等相关金融产品。

在第一天的调研中，我们发现这批项目的参与学生有40人左右。在进行了一些交谈后，我们得知，这里的学生全部都参与了此项目，即每人都在花旗银行有最低50万元人民币的存款。这样的话，这批项目学生的存款就有最低2000万元人民币。

随后，我们又和负责这些学生的一名花旗银行项目经理进行了交流，他介绍说，北京地区每年大概有200名学生参与此项目，这样的话就有最低200×50万=1亿元人民币的存款。通过这样简单的计算后，我颇感惊讶，这样一个看似不费力气的服务就被轻松且成功地营销出去了。

我们又进行了进一步的了解。家长存入的50万元大多数不会放入固定存款，而是会购买一些理财产品或者换购一些外汇做外汇交易。当然，因为受到外汇局交易的限制，每人每年最高可换3万美元，因此大多数家长会将其中的20万元左右人民币换为美元做外汇，也有换为英镑或欧元等做外汇市场交易的。对于剩下的资金，有的人会在花旗银行购买保险，也有的人做一些投资。客户经理会对投资者的资金分配进行优质安排，这都基于这些投资者的子女未来有出国留学的计划，因此这项营销产品就是针对客户群在30至50岁，子女在未来3年内有出国留学计划且投资者资金能力相对较强的客户。客户经理会对这些投资者的资金做一些安排。据统计，这些家长中的 70% 都会给孩子购买"少儿精英成长计划保险"。

"少儿精英成长计划保险"是花旗银行推出的，为客户子女在大学教育、持续深造等多个人生阶段做好资金储备的计划。这项保险可以为投资者提前规划教育基金，为子女创造最佳成长环境；周全的重疾保障，为子女成长保驾护航；从容应对各种突发事件，资金储备确保无忧。这样，花旗银行就成功地营销了自己公司推出的一款保险，即"少儿精英成长计划保险"。这款产品本身的特点，就是可以满足有出国留学计划的学生的需求，为将来做好规划，将需要的预计资金先预留出来。这样可以防止家长因突然的财务问题，而致使孩子无法按照正常计划出国读书等一些不可预测的事件。

花旗留学服务的特点，在于花旗私人客户业务采用精英团队的服务方式，专属资深花旗私人客户经理和专属专家团队为每位私人客户提供全方位的理财建议。花旗私人客户业务专家团队由多名经验丰富的顾问组成，包括财富管理顾问、房贷顾问、保险顾问和企业银行顾问。其中，对于本项保险产品，有专业的保险顾问进行理财指导。他们与亚太地区及遍布全球的花旗银行专业顾问团队保持紧密联系，及时获得信托服务、商贸、保险及投资银行等方面的资讯。对于购买这款保险客户来讲，客户不仅可以及时得到有关此保险的各方面全球信息，也可以了解到其他金融产品的各项资讯。这种一对一的贴身服务，是其他商业银行很少具备的。或者说，在国内，可能只有极其少量的 VIP 有可能获得这么贴身的服务。花旗银行通过与客户的直接交流，自身团队将充分了解客户的各方面需求，为客户提供快速准确的资讯分析。

花旗银行之所以能成功地将包含保险产品的系列产品营销出去，是基于以下几点：

第一，花旗银行与留学机构进行合作，以最直接而且最快的方式接触到有此类保险业务需求的客户。这些客户的子女有在未来几年内出国留学的计划，而且是资金能力相对较强的客户。这样这些客户才有能力将自己的闲余资金转存到花旗银行。仅这些客户的基本存款，每年就可以达到一个相当可观的存款数量。经过我们简单计算，仅北京地区，每年参与此项目的人数在 200 人左右，每人存款按照最低 50 万元人民币计算，每年就可以吸收到 1 亿元存款。此外，花旗银行在上海、广州、深圳等 14 个地区设有网点。因此，仅通过这一项目而获得的存款就是一个很可观的数目。

第二，花旗银行凭借其在全球范围内的地位，赢得了很多同学及家长对其的向往之情，因此很多同学都会希望有机会到花旗银行实习。这样一来，参加花旗银行项目的同学数量便会增加，其家长的投入资金量也会增加，可以说花旗银行是不怎么费力气就得到了如此多的客户资源。

第三，也是最重要的一点，就是花旗银行为何能够成功地营销其产品和服务，是因为花旗银行会有针对性地向客户介绍此产品，也就是向这些子女有出国留学计划的客户介绍"少儿精英成长计划保险"。对于有此类计划的家长而言，为子女购买这个保险是很有必要的。在这一批实习项目的大约 40 名学生中，我了解到其 70% 左右的家长都给孩子购买了此保险。可以说，花旗银行是有针对性地对客户进行有目的、有针对性的营销。

第四，也是尤为重要的一点，就是花旗银行的自身服务。金融营销服务，一方面是重在产品，另一方面就是重在服务了。花旗银行通过与中介机构合作，就轻而易举地将自己的产品营销出去。在成功地营销后，花旗银行会给每名客户配置一名客户经理，对于客户在花旗银行存入资金的动态，客户经理都会定期向客户告知。有些客户对外币感兴趣却又不太了解，客户经理会帮客户操作并及时观察行情，对其资产进行买卖操作，使客户的利益最大化。同时，客户经理也会精选优质基金，为投资者洞悉先机，把握中国股市成长动能。

第五，就是这款金融产品的本身价值很高，为子女成长求学的道路提供了很好的保障。如今，家长们很注重子女的学习环境和教学质量，因此越来越多的人把子女送往国外读书，所以这款保险的本身价值也是在不断提高。

第六，便是政策使然。据了解，很多国家要求留学生在申请留学之前在国内购买医疗保险才能入学，如进入美国、英国、法国等国大学学习的学生需要购买有效期一年的医疗保险，这是办理外国学生在当地居住留学所必须的。因此，很多中国留学生家长会在孩子留学之前为其投保一份医疗保险。而且，国内也推出了全球皆可承保的重疾保险，适合留学生投保，因为该保险没有地域限制，留学生可自己选择回国治疗还是在当地治疗。据了解，大都会人寿推出的精选重疾保险种中便有一项免费国际二次诊疗的服务，内容为从全球顶尖的医疗机构网络平台中筛选出三家权威最高的专科医院供客户选择，可以协助客户到所选的当地医院进行治疗。由于重疾治疗费用高昂，建议留学生在出国前就做好寿险、重疾的保障。所以，这也是花旗银行的这项保险越来越受欢迎的原因。

通过对花旗银行金融服务营销案例进行分析后，我们体会到，如果要成功营销一款金融产品和服务的话，要做到以下几点：

第一，提高顾客盈利性。在当前的社会背景下，人的经济性特征表现很明显，期盼获得较大的经济利益。如果没有利益可得的话，人们就不会去购买此金融产品。而且，要在保证顾客有盈利性的前提下，尽量确保收益的稳定性，这样顾客才会放心地购买该款产品。

第二，盈利环境的舒适性，主要是指金融企业的环境和工作人员的服务态度。要让顾客感到舒适且有安全感，对于工作人员的要求就是要培养其服务意识、服务热情和服务技巧，比如大方的性格、舒心的微笑、细致且耐心地解决客户的问题、敏捷的动作、温馨的话语。金融服务形式上是一种金融产品的交易，实质上是一种交心的过程，只有做到一切为了客户，才能保证交心的过程是愉悦的、高效的和持久的。

第三，坚持营销的连贯性和持续性。金融营销要满足客户的需求就必须要坚持营销的连续性和持续性。一般来讲，客户未来的收入和支出都会表现出一定的连贯性，除非有意外情况发生。他们对金融产品的消费具有惯性和递增性。金融营销人员在营销金融产品时，就要保持金融产品的一致性。营销理论指出，留住老客户比开发新客户成本要低得多，收益高得多，一个客户一旦成为老客户甚至忠诚客户，对金融企业和客户都是有利的。对金融企业来讲，它几乎不需要增加任何成本就可以保持业务规模稳定或者迅速增长。对客户来讲，他可以省下更多的时间来搜寻金融企业及金融产品。当然，持续营销也是因为客户对金融产品的消费需求会随着各种因素的改变而进行相应的调整，如果金融营销不能保持动态适应就能难取得长期稳定的收益。

第四，提高顾客价值。要改变旧的服务质量观念，它是一种单项实施的服务模式，顾客只是单纯的银行服务接受者。而全方位金融营销观念要求金融企业必须重视客户本身在产品和服务营销过程中的重要作用，构建双向式服务。服务营销带来的变化是企业对营销功能的重塑。首先，应该让客户参与金融企业服务的生产过程，只有客户最了解客户的实际需要，让客户参与决策，能使金融企业准确把握其产品与服务质量的定位，并使客户本身对金融企业产生归属感与认同感。这自然更有利于产品与服务营销，更符合现在营销管理的要求。其次，在金融企业内部树立全方位营销服务思想，让各部门都投入建立完善的服务网络的工作中来，让金融企业服务渗入社会、家庭、各行各业，让金融企业成为整个社会产销网络的衷心，使金融企业产品与服务有更高的效用。

第五，提升金融产品的价值。产品价值有核心价值、有形价值和延伸价值构成。一种产品附加的有形和无形的特点越多，顾客感受到的价值就越高。金融产品的创新空间不在于活期账户、储蓄账户和各种形式的贷款等核心产品，而在于如何将这些产品捆绑、连接、个性化和相互利用。

第六，提升服务的价值。由被动服务转向主动服务。挖掘客户潜在需求，对已有客户需求的纵深挖掘是银行客户管理的重要方向。客户不可能对银行提供的每个服务项目都有所了解，银行通过对客户以往消费习惯的分析，综合客户的收入、年龄等因素，向客户推荐适合的金融产品。

通过以上的分析，我们认为要想成功的营销金融服务，就是不仅要关注金融产品的本身，同时也要关注服务营销。与此同时也要关注到，金融服务营销由于其产品的特殊性而有别于其他类型的服务营销。在金融市场竞争加剧、外资机构的渗入和市场需求多样化的大背景下，我国的金融服务部门面临着前所未有挑战。国内金融服务水平还有待发展，要想真正做到成功的金融服务营销，就必须要改变过去不关心营销或把营销应用在浅层的做法，重视服务营销并正确应用营销策略的方法。同时，把握市场定位，注重市场细分。金融服务要坚持人性化原则，也就是说金融营销的全过程都要贯彻以人为本的营销理念，把合适的服务，以合适的价格提供给合适的客户。在顾客需求多样化以及需求不断演变的今天，金融企业应该强化市场细分工作，确立自己在市场中的位置。

【角色模拟】请模拟银行的客户经理，向某位潜在客户进行关联产品组合推介。

【案例思考】如果你是某银行营销总监，希望提高银行交叉营销的绩效，你有哪些具体措施？

【思维启蒙】请思考支付宝是如何实现与客户的多场景互动的，银行可以借鉴吗？

实战主题十

风险与社会责任：濒临绝境的冰岛金融业

冰岛金融业曾长期执行高于世界上许多国家的利率。冰岛金融企业首先从国外借入资金，比如，从实际利率为零的日本借得大量资金；然后，再将资金借给高利率的经济体，比如英国。英国的投资者发现一家名为考普兴的冰岛银行提供的利率颇有吸引力，而且这家银行还收购了小而精的信纳及弗里德兰德银行（Singer&Friedlander）。

人们常说，凭借低息借入、息贷出的运作，冰岛的经济迅速扩张，成为欧洲最富有的国家之一。

不过早有评论指出，冰岛的这种增长是建立在大量负债基础上的，风险重重。实际上，冰岛的 GDP 大约是 200 亿美元，但是冰岛的大银行从国外的借款总额高达 1200 亿美元，以冰岛国力，实际上无法承受如此大规模债务。

2008 年全球金融危机时，冰岛将其几家大银行收归国有，一时间冰岛的通货膨胀率达到 14%，冰岛克朗对欧元的汇率在一个月内下跌了 32%，冰岛这个曾经"最幸福的国家"，一段时间以来频频传出国家"濒临破产"。

那么，该国居民的情况如何呢？冰岛居民阿特拉松是一名旅店老板，他在雷克雅未克市郊有一栋别墅，是用贷款购买的，当时贷款额大约合 500 万元人民币，后来银行劝说他将贷款与外汇挂钩，结果导致阿特拉松的房贷，已经高达约合 900 多万元人民币之多，月供涨了将近 2 倍，以致阿特拉松不得不考虑放弃还贷。而类似的问题还发生在众多冰岛人身上。有资料说，冰岛家庭平均承担的债务达到可支配收入的 213%，比美国 140% 的比例还高很多。

冰岛以渔业起家，但出海打鱼毕竟是苦差事，所以曾几何时，冰岛确立了"快速发展金融业"的方针。经过一段时间的发展，金融产业在国民经济中的比重高居首位，甚至冰岛股市的主力，也是银行系统。此外，冰岛银行的投资遍布几乎全世界。当危机到来时，银行面临破产，国家便面临一个两难选择：如果任凭破产的银行自生自灭，则国民财产将全部化为乌有；若将银行收归国有，资产巨大的冰岛的银行负债总额已经是冰岛国内生产总值的若干倍之多，这笔债转给国家，又让国家如何偿还？

旅店老板阿特拉松还说道，最早传出冰岛面临严重金融危机消息时，很多人确实很紧张，但或许是媒体报道得太多了，人们开始变得麻木，所以，虽然国际上对冰岛议论纷纷，但在冰岛大多数百姓中，生活还得如常过下去。

阿特拉松说道，在实行高福利政策的冰岛，居民银行存款占个人或家庭资产的比例并不高。投在股市上的钱虽然损失惨重，但毕竟是闲钱，还不至于严重地影响生活。同时，冰岛克朗虽然严重贬值，还好在物价还算比较稳定。

对于未来，阿特拉松表现得比较乐观，他说，金融市场有跌就有涨，没有什么会只变坏、不变好的，更何况冰岛只有 30 万人口，只相当于很多国家的一个小城市，虽说很容易就陷入了危机，但所谓"船小好调头"，摆脱危机也会比较快的。

与冰岛人的乐观相比，冰岛政府就紧张得多了，其必须接连面对最大三家银行被国家接收、货币崩盘、股票暂停交易等坏消息。

【角色模拟】请试着模拟如果物价上涨 14%，你的每月开销变化情况和生活状态。

【案例思考】金融机构开展营销活动，存在风险吗？可能有哪些潜在的风险？

【思维启蒙】如果你作为金融机构的负责人，你会认为赚取利润是金融机构的唯一目标吗？为什么？

参考文献

[1] 菲利普·科特勒. 营销管理[M]. 上海：上海人民出版社，2001.

[2] 菲利普·科特勒，加里·阿姆斯特朗. 市场营销[M]. 北京：华夏出版社，2003.

[3] 蒂娜·哈里森. 金融服务营销[M]. 北京：机械工业出版社，2004.

[4] 菲利普·科特勒. 营销管理[M]. 北京：中国人民大学出版社，2009.

[5] 伯特·罗森布洛姆. 营销渠道——管理的视野（第7版）[M]. 北京：中国人民大学出版社，2006.

[6] 迈克尔·波特. 竞争战略[M]. 北京：华夏出版社，1997.

[7] 萨布哈什·杰恩. 市场营销策划与战略案例（第六版）[M]. 北京：中信出版社，2003.

[8] 阿尔文·柏恩斯等. 营销调研（第二版）[M]. 北京：中国人民大学出版社，2001.

[9] 雷吉·德·范尼克斯. 重塑金融服务业[M]. 北京：中国金融出版社，2014.

[10] 石井荣造. 市场调研[M]. 北京：科学出版社，2006.

[11] 张雪兰，黄彬. 金融营销学[M]. 北京：中国财政经济出版社，2009.

[12] 郭国庆. 服务营销管理[M]. 北京：中国人民大学出版社，2013.

[13] 赵占波. 金融营销学[M]. 北京：北京大学出版社，2014.

[14] 姚旭. 金融营销学[M]. 北京：中国金融出版社，2013.

[15] 唐小飞，周晓明. 金融市场营销[M]. 北京：机械工业出版社，2010.

[16] 陆剑清. 金融营销学[M]. 北京：清华大学出版社，2013.

[17] 叶伟春. 金融营销[M]. 北京：首都经济贸易大学出版社，2009.

[18] 万后芬. 金融营销学[M]. 北京：中国金融出版社，2008.

[19] 周晓明，唐小飞. 金融服务营销[M]. 北京：机械工业出版社，2014.

[19] 韩宗英，王玮薇. 金融服务营销[M]. 北京：化学工业出版社，2012.

[20] 邱华. 服务营销[M]. 北京：科学出版社，2010.

[21] 李怀斌，王子言，毕贺轩. 服务营销学教程[M]. 大连：东北财经大学出版社，2013.

[22] 韩天放. 银行服务品质管理[M]. 北京：企业管理出版社，2014.

[23] 王映霞. 华融湘江银行H分行客户满意度研究[D]. 湖南工业大学，2013.

[24] 符国群. 消费者行为学[M]. 北京：高等教育出版社，2002.

[25] 郭国庆. 市场营销学通论[M]. 北京：中国人民大学出版社，1999.

[26] 吴健安. 市场营销学[M]. 北京：高等教育出版社，2000.

[27] 卢泰宏. 营销在中国[M]. 广州：广州出版社，2001.

[28] 宋小敏. 市场营销案例实例与评析[M]. 武汉：武汉工业大学出版社，1992.

[29] 叶生洪等. 市场营销经典案例与解读[M]. 广州：暨南大学出版社，2006.

[30] 郭贤达等. 战略市场营销——经理人精要指南[M]. 北京：北京大学出版社，2006.

[31] 岑詠霆等. 市场营销策划[M]. 北京：高等教育出版社，2006.

[32] 王瑜， 居长志. 现代市场营销学（第二版）[M]. 北京：高等教育出版社， 2006.

[33] 曹刚等. 国内外市场营销案例集（第一版）[M]. 武汉：武汉大学出版社， 2002.

[34] 苗锡哲. 葛树荣， 现代市场营销案例分析[M]. 青岛：青岛出版社， 2003.

[35] 中国就业培训技术指导中心. 营销师国家职业资格培训教程（助理营销师）[M]. 北京：中央广播电视大学出版社， 2006.

[36] 中国就业培训技术指导中心. 营销师国家职业资格培训教程（基础知识）[M]. 北京：中央广播电视大学出版社， 2006.

后记

从最初的创意、构思到写作、完稿，本教材历时已逾 5 载。本教材的出版恰逢信息技术对金融服务营销产生冲击性影响，众多金融机构谋求突破之际。写作过程中，编写组沉浸于金融服务一线，力求汲取百家之长，从战略性视角探讨金融服务营销的一系列关键主题，如金融服务的环境与消费者特征、金融服务的市场细分和目标市场、金融服务的品牌创建和维护、金融服务的定价与价值创造等，并佐以大量鲜活的实证案例，在理论与案例相互印证和视角切换中突显价值。

本教材的读者群首先是财经类专业的学生，内容与金融专业营销能力的教学要求相吻合，可以起到专业课教材、拓展教材的作用，并能结合高校学生在战略合作的银行、证券等金融机构实习实训中典型情景予以分析，与现有的金融实习实训教程相比，具有较强的针对性。

其次，本教材的读者也包括高校授课教师和企事业单位的行业指导教师。行业导师应如何制定实习生的营销实习指导方案，也在本书中予以涉及，这在以往同类教材中并不多见，适合对高校学生的营销实习实训起到指导和借鉴作用，也能为加强校企合作、规范学生实习实训起到指导作用。

最后，每位身处现代社会的公民，不可避免地是金融消费者，有必要了解金融营销基本情况。本教材吸收借鉴近年来国内外金融服务营销学科和相关科学研究领域的最新研究成果，汲取互联网金融思维及成果，具有一定的前瞻性。本教材案例选取具有代表性，表达通俗易懂，适合公民了解金融营销过程，具有较为突出的应用价值和良好的社会影响。

本教材的初稿写作离不开众多学者和金融机构管理人士的辛勤努力和共同创造：北京城市学院高级经济师宋彤担任主编；北京城市学院副教授王超萃、精诚财富中心副总经理吴荣、中国期货市场监控中心杨雪君、北京城市学院尹晓峰及信泽金集团培训部黄玲作为编写组成员，参加了教材的编写工作。宋彤担任编写组主任，提出了全书的撰写视角和思路，设计了整体框架，并对全书进行了统编定稿。

各章具体分工如下：宋彤（第一、二、十章，案例）；王超萃 （第三、六、七章）；尹晓峰（第四、五章）；黄玲（第八、九章）。中国人民银行调研统计部门李青审阅了政策法规及数据，吴荣审阅了相关营销案例。

在本教材的撰写及再版过程中，始终得到产教协同战略合作单位工商银行、平安银行、光大银行、浦发银行、邮政储蓄银行、华西证券、招商证券、中信证券、民生银行、北京国际信托、北京银行、格上理财等的大力支持，并引用了经典案例，在此表示衷心感谢！

中国人民银行总行、香港金管局、中国银行业协会、中国金融出版社、中国保险学会、哈佛大学、中央财经大学、中欧国际工商学院等相关学者提供了宝贵建议。实事求是地说，没有诸位学者们的帮助，本书是无法顺利完成的。与此同时，一本好书的出版离不开好的编辑，清华大学出版社的多位编辑老师是本教材的价值共同创造者，在此致以谢意！

最后，请允许我再次对曾经和正在关心着金融服务营销发展的所有良师益友表示最衷心的感谢。在第二版完稿之时，作者深感其中还存在诸多不足，在此恳请广大读者和同行批评指正，以便再版时加以补充和修正。反馈邮件请发至：songtong1025@163.com。

宋彤

2022 年 8 月于北京顺义